本书为 上海文化发展基金会 资助项目

Audio Description

无障碍电影

向 善 向 美 之 路

马 卫 ◎著

上海人民出版社

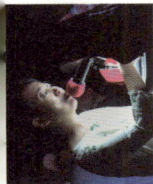

解说志愿者在行动

无障碍电影日

徐 珂　　袁 晶　　韩 煦　　于 江　　曲大鹏

复旦大学 TECC 首届无障碍电影节

志愿者赵菁在解说
《邹碧华》

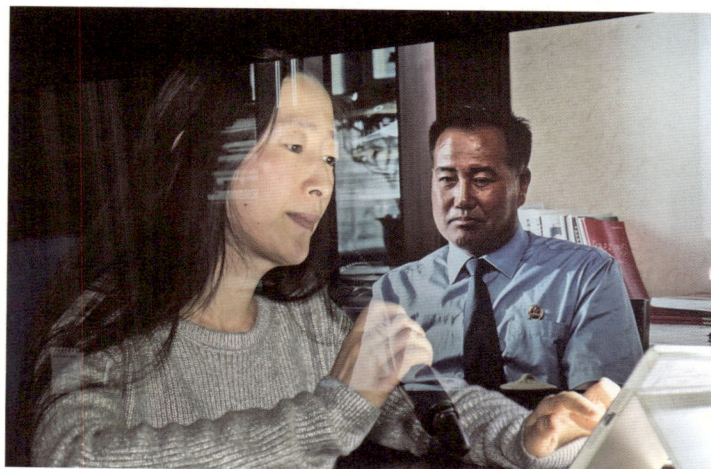

志愿者刘斐珩在解说
《不一样的火焰》

志愿者
曲大鹏在解说

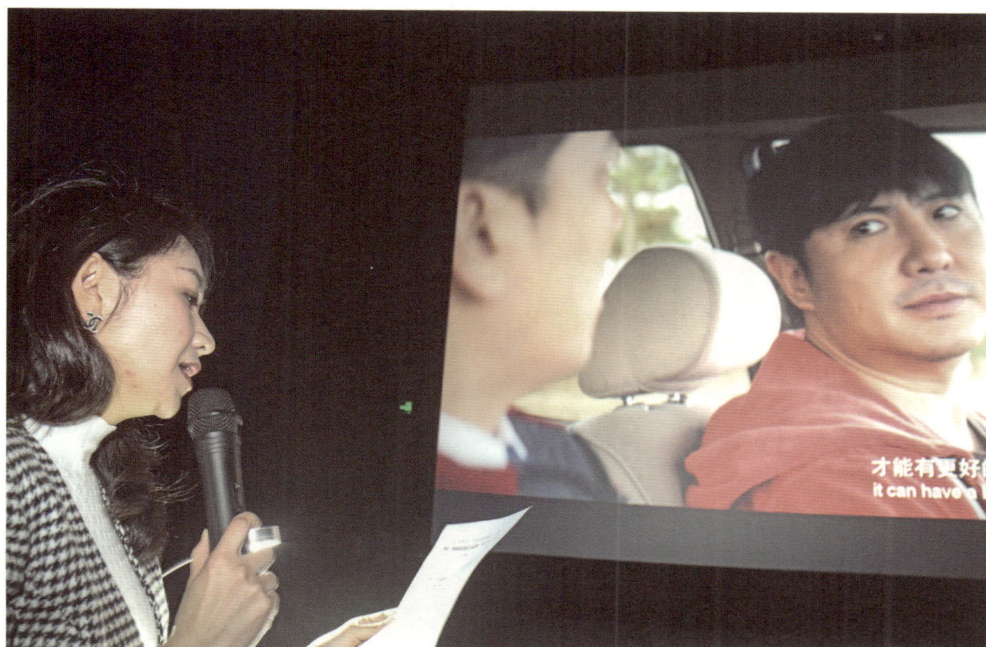

志愿者朱亚南在解说《飞驰人生》

我观影我快乐

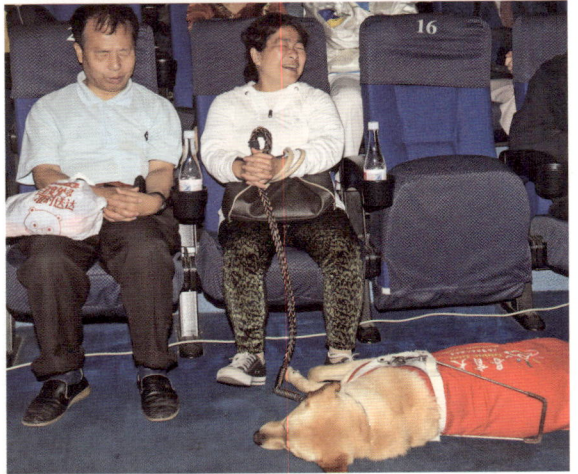

观看无障碍电影

广大视障朋友在观看无障碍电影

领到观影券的视障人士

我们去看《盲行者》

专注的盲人观众

文化助残一定有我

孩子们快乐我快乐

为残疾人服务一定有我

职责所在

小小志愿者

志愿者在行动

谨以此书

献给热爱、关心、支持无障碍电影的朋友

目 录

1

序 一

　　当我看完《无障碍电影：向善向美之路》长篇书稿，合上书卷，浮想联翩。

　　无障碍电影是为了方便视听障碍人士观看而经过专门加工的电影，比较小众，但是作者用了 20 多万字的篇幅，详细叙说了它的发展脉络，让我们从横向看到了无障碍电影的广阔空间，从纵向看到了无障碍电影的人文影响。我认为，作者用不懈的探索确立了本书的特色：引经据典不乏亮点、娓娓道来引人深思；内容务实、语言清新、视角新颖，读了能增广知识，又颇受启发。它不像小说那样具有扣人心弦的故事情节，也不像诗歌那么优美抒情，但可以让人真实地感受到字里行间跳动着爱心，满卷书文洋溢着情怀。

　　上海目前有 17 万多持证的视力和听力残疾人，每年还以一定的比例增长。由于视觉或听觉的障碍，他们在欣赏文化艺术特别是电影时会遇到困难。无障碍电影通过在普通电影中添加解说和字幕从而让视听障碍人士容易理解和欣赏。这些年来，上海携手专业机构开展无障碍电影的制作和推广工作，越来越多的社会人士和志愿者参与其中，担任电影解说和脚本撰写等工作。目前上海市已制作了数百部无障碍电影，239 个社区建有无障碍电影放映点，50 家星级影院开设无障碍影厅、安装专业无障碍观影设备，19 家商业影院设有无障碍电影公益专场。每年 10 月 15 日

1

的上海无障碍电影日,全市都会举办各种形式的无障碍电影宣传活动。无障碍电影让广大视听障碍群众享受到电影艺术的乐趣,满足他们对精神文化生活的向往,受到残疾人群体的热烈欢迎,得到了社会广泛关注,体现了城市的文明进步,已然成为上海残疾人事业的金色名片和知名品牌。

发展无障碍电影是残疾人文化建设补短板、展亮点的重要工作。上海在发展无障碍电影中取得了一定成绩,但是发展速度和发展质量还有待提高。目前影响无障碍电影发展的主要因素有无障碍电影的规范化和标准化不够、电影版权的限制、专业人才的缺乏以及无障碍电影服务渠道不够多元等问题,需要有关部门和社会各界持续关心支持无障碍电影发展,推进无障碍电影立法,建设无障碍电影标准,减少无障碍电影的版权限制,完善电影放映场馆的无障碍观影设施,进一步拓展无障碍电影的服务渠道和服务范围,不断提高无障碍电影的服务效果。

党和政府历来重视残疾人工作,支持残疾人事业发展,关心帮助残疾人的社会氛围在我们这座城市越来越浓厚。残疾人事业作为人道主义事业,它的重要意义在于改变对残疾人的态度,消除影响残疾人平等参与共享的障碍。本书的出版,将有助于促进社会对残疾人的关注,支持维护残疾人的文化权利。

众人拾柴火焰高。我相信,在社会有识之士、爱心人士的鼎力支持下,在全社会的共同努力下,我们一定能够把制度优势更好地转化为发展动能,推动包括无障碍电影在内的残疾人文化事业更加繁荣,让公共文化走进每一个残疾人的生活,让残疾人群众更加充分地共享城市发展和人类文明成果!

上海市残疾人联合会理事长

王爱芬

2020 年 8 月 15 日

序 二

一部中国无障碍电影研究的奠基之作

我是带着深深的感动和钦佩读完马卫老师的这本《无障碍电影：向善向美之路》的，多次被书中所介绍的盲人朋友对正常社交活动、对社会给予的尊重、对欣赏电影艺术的渴望，以及马卫老师等一群致力于无障碍电影工作的志愿者的爱心和艰苦感动得热泪盈眶。

上海电影评论学会早在 2009 年就与上海市残疾人联合会、上海图书馆联合成立了全国首个"无障碍电影工作室"，参与无障碍电影的制作和放映，十余年来，在黄一庆秘书长的坚持下，一直未曾中断，这也是我们学会值得骄傲的一个项目。我虽然自2015 年开始参与了学会的一些工作，但对该项目仅限于知道，并未介入，也了解不深。此次学会会员马卫老师携其凭多年实践经验写就的研究著作找我写点文字，我起初诚惶诚恐，同时又觉得是一个先睹为快、了解无障碍电影活动的机会，仔细拜读之后，深感该书意义重大，或将成为国内研究无障碍电影事业的开山之作。

马卫老师的著作首先是一本总结中国无障碍电影运动历史的史著。无障碍电影运动起步于 2005 年王伟力、郑晓洁夫妇在北京创立的"心目影院",记得当时中央电视台有过报道,此后在全国有所推广,迄今已有 15 年。时间不长,但故事不少。马卫老师广为收罗全国各地的运动实践、发展概况,重点梳理上海模式和上海经验,更难能可贵的是整理了欧美和港台的实践,给读者一个世界性视野。

马卫老师之所以对无障碍电影在国内外的发展历史如数家珍,很重要的一点在于他是这一运动的身体力行者。原本就职于上海市人民检察院宣传部门的马卫自 2014 年退休后,踏入无障碍电影事业,迄今已撰稿审稿超过 25 部无障碍电影解说脚本,可以说积累了丰富的实践经验。这也就为该书带来了第二个特点,那就是专业性。作者在书中对无障碍电影篇目的选择、解说脚本撰写者的素质和准备、撰写的流程、具体写作技巧等均有非亲历者不足以知晓的体会,他经常引用自己撰写或者审阅的解说词为案例予以说明,不乏真知灼见、屡见精彩阐述。因为有极强的专业性和可操作性,因此该书的指导价值就十分突出,完全可以作为初学者的入门书、培训者的参考书。

令我惊讶也是惊喜的是,除了在创作论部分体现出很强的实践性,这本书还是一本有一定理论深度的研究型著作,作者对电影理论的经典著作、国内外知名电影学者的论文都有所涉猎,作为自身写作和研究的支撑。作者还对未来无障碍电影理论研究的领域和议题做了初步规划,显示出作者很强的理论自觉性。作者在书中大声呼吁,有更多的高校、更多专业学者关注无障碍电影事业、开展无障碍电影研究,乃至开设相关教学和研究方向,都是很有现实意义的。

该书文笔优美,无论是谈理论、叙历史还是论写作,都有理有据,明白晓畅之余多有精彩提炼,更有真情流露。因此,读这本书,既有史论所得,也有情动于中,是一次真善美的熏陶。

2019 年 3 月全国两会期间,全国人大代表,著名导演贾樟柯向大会提交了《关于发展我国无障碍电影事业的议案》,是两会历史上第一份关于无障碍电影的提案。彼时我们在上海温哥华电影学院共事,我也向贾导转交了包括上海电影评论学会在内的上海志愿者们在这方面做的一些工作的报告。其实,贾导早在 2007 年就曾提供他获得威尼斯电影节金狮奖的影片《三峡好人》制作无障碍电影,可以说是国内最早的无障碍电影事业参与者。近年来,韩寒、徐峥等国内一线导演也纷纷身体力行,授权制作自己新片的无障碍版本。相信随着无障碍电影事业得到越来越多人的认知和理解,加上国家层面的推动,这项暂时艰难的事业一定可以迎来光明的未来。

感谢王伟力、王世杰、蒋鸿源、曲大鹏、于江、马卫老师等对无障碍电影事业的探索和坚持,希望能有更多人参与到无障碍电影的创作、制作、推广和研究中来。希望中国的无障碍电影事业的蓬勃开展成为我国社会主义精神文明的靓丽名片。

上海电影评论学会副会长,
上海大学上海电影学院教授
刘海波
2020 年 5 月 26 日

前　　言

或许是命运的安排，我与无障碍电影有个约会。

2014 年末，即将退休的我还没有跨出供职的机关大门，却一脚踏进了无障碍电影志愿者圈子。一个偶然的机会，我参加了由上海市残疾人联合会举办的"无障碍电影剧本写作培训会"，从这一天起，初步认识无障碍电影，也有幸结识了王世杰先生等一批热心无障碍电影的人士。更没有想到，我对电影的爱好获得了别样延续和崭新意义。

2015 年初，在上海国泰电影院，我第一次体验无障碍电影，大银幕放映影片，专业人士举着话筒依稿解说。这是我所未曾见识的电影讲述。看到那么多盲人相聚在电影院，他们的欢乐、期待和满足，当时的我还很难理解。

据有关部门统计，2018 年我国的视障群体达 1 731 万人，而 1997 年的统计数字是约 900 万人，20 年间竟然翻了一番。上海有持证和未持证的视障人士 16 万余。这些数字虽然难说确切，但是始终在增长，这是一个无法回避的事实。也许我们在公共场合很少遇到盲人，但他们切切实实地存在着。

"2020 年全面建成小康社会，残疾人一个也不能少。"这是习近平总书记的殷切期望，也是全社会的共同心愿。残障人士的小康,应当既包括健康与康复、就业与教育等权利的有效提升,也包括文化娱乐方面的平等参与和分享。

对于正常人来说,看电影是再普通不过的娱乐方式。而对于盲人而言,特别是对相当数量的,有过观影经历的后天致盲者和老年视障者来说,观赏电影则成为一种奢望,一种梦想。正是无障碍电影使他们又可以回到影院,回到或大或小的屏幕前,陶醉于电影的场景和艺术当中,体验虚拟现实、或超越现实的喜怒哀乐爱憎欲。

我愿为无障碍电影做些什么。在王世杰的指导下,我尝试为无障碍电影撰写解说脚本。从此,我才真正走进了无障碍电影事业,无障碍电影也走进了我的心中。

我国的无障碍电影 2005 年发轫于北京。钟鼓楼附近一座普通的四合院里有一间每周为盲人讲电影的"心目影院"。2007 年上海也有了类似的尝试,2012 年全面铺开。全国还有不少城市都在积极探索服务于视障人群的无障碍电影。无数志愿者秉持良善,用言语重塑光影,让声音穿透银幕,温润视障人的心田。十几年来,我国无障碍电影事业前行的道路艰辛而充满希望。

曾经有人问,无障碍电影到底有什么意义?盲人不是可以听广播小说吗?不是还有电影录音剪辑吗?

一般来讲,无障碍电影丰富了视障人士的文化生活,让他们能够与正常人一样平等分享电影文化成果,体现了社会对残疾人的关心。同时,还可以发挥电影的引导和教化作用,帮助残疾人接触和融入社会。

有识之士评价道,无障碍电影是城市对残疾人的温度测试,是城市文明程度的缩影。

诚然,在偌大世界,千万级人口的城市,无障碍电影毕竟还是小众的欢乐,知之者尚少,从事者更少。要满足广大视障人群的需求,无障碍电影需要培育和成长。

在了解中,我对无障碍电影研究产生了兴趣。

经过十几年的成长,无障碍电影已经是一名少年。从手持话筒现场发挥的初级阶段,到依据解说脚本有节奏有规范解说的常规阶段,再到精准插入解说,讲究艺术效果,制作数字化无障碍电影作品的高级阶段,无障碍电影走着一条努力追求质量的道路。

可惜的是,国内大多无障碍电影公益服务仍然处在初级阶段和常规阶段。作为无障碍电影基础的解说脚本,尚停留在撰写各自探索,质量原地踏步的现状。许多有心开展无障碍电影公益活动的人士,往往一碰到撰写解说脚本就挠头呼难。缺少熟练的撰稿人,缺少优质的解说脚本成为制约无障碍电影发展的瓶颈和痛点。

什么是优质的解说脚本呢?一两句话很难说清。形象地说,它应当是通过字字句句的斟酌,点点滴滴的描述,帮助视障人士在耳朵倾听中解读影片密码,换一种方式享受电影快乐;应当是对电影灵魂的透视和复活,把电影中的故事、人物、情感和色彩还给视障人士,在他们色彩阙如,满怀追求,尤富想象的心灵大地上或游弋或高翔。

我注意到,在北京、上海、广州、无锡、武汉、成都……都有一批可爱又耐得住寂寞的解说脚本撰稿者,默默看片构思,精心写稿修饰,他们是无障碍电影的幕后耕耘者,也有一些还担任台前解说志愿者。有所不便的是,他们大多数有着自己的本职工作,在有限的时间里,无暇对撰稿中的经验方法,实践中的体验真知进行持续的、全面的思考和梳理,更难以形成系统,诉诸文字,方便传播交流和学习培训。

我又去检视网络,搜寻书海。无障碍电影研究方面亦是文章寥寥,专著阙如,一片贫瘠。在国内,无障碍电影发展和撰稿方面研究尚属空白。究其难度，主要在于没有一定的理论基础和丰富的经验积累，很难进行深入的研究，提出有说服力、有指导性的见地。

纵观中外，无障碍电影（欧美多称口述影像）从来都是向善而生。但是，从质量和发展视角看，无障碍电影更需向美而行。我们可以怀疑许多事情，但是唯独应当相信，向善向美是人类共同的信仰和追求！

更何况，我们面对的是一个题材越来越丰富，表现手段越来越多样的电影世界，面对的是视障人群欣赏需求不断提高的客观现实。

遥望着这片待开垦处女地，有心耕耘者期盼的条件正在逐步具备，尤其是在上海这座城市。

历史上，上海是中国电影的发祥地；改革开放以来，上海被誉为电影之城，在电影制作生产、电影艺术理论研究方面，上海拥有雄厚的实力。上海的无障碍电影服务在市残疾人联合会的指导下，在志愿者坚持不懈的努力下，以及方方面面的支持下，创造了多个"全国第一"，已然成为上海文化助残的金色名片：

第一个建立"无障碍电影工作室"，有组织地开展影片制作和放映活动；

第一个由省（直辖市）级人大常委会立法规定，设立无障碍电影日，并已经连续七年（截止到 2019 年）开展无障碍电影日活动；

第一个在全市各区设点，在商业影院定期开设无障碍电影放映专场，由市广播电视系统播音员主持人担任志愿者现场解说；

第一个在由省（直辖市）级人民政府印发的市残疾人事业"十三五"发展规划中，明确提出到 2020 年底实现街道乡镇无障碍电影放映点全覆盖；

第一个成立每年制作 50 部以上数字化无障碍电影的社会组

织，而且举办了第一次无障碍电影撰稿研讨会和第一次中外无障碍电影经验交流会，拟定了第一部《无障碍电影解说稿撰写规范》；

……

这座国际大都市对无障碍电影公益行动的探索和坚持，给我以底气；新老无障碍电影志愿者的奉献精神，让我自觉应有担当，我有心去做一个无障碍电影的实践者、探求者和记录者。

于是，写一本有关无障碍电影的书的念头油然而生；

于是，我踏上了"学、记、访、思、写"的漫长旅途。

学，温习补充电影理论及相关知识，带着特别的"眼镜"深度观看影片；

记，将撰稿审稿中的案例心得记录下来，将同仁们的体会见地采撷起来，将历史资料等检索收集起来；

访，拜访、电访上海乃至国内的无障碍电影人士，向资深撰稿者请教，与撰稿新人互动，与盲人无障碍电影体验员、盲人心理咨询师交流；

思，思考此书的出发点和落足点，构思篇章结构、逻辑体系和撰述重点；

写，这是学、记、访、思的总结和新的起点，我的落笔原则：解放思想，探究规律，盲人至上，无问西东，不惧路途艰险，只求知音相遇。

用三年时间下定决心，又用三年时间实现心愿。

本书稿之特点有三：

理论性——并非泛泛论述无障碍电影的政治社会意义，而是结合对残疾人心理学、残疾人社会学，以及盲人、视障人士接受信息的特点规律的研究，梳理无障碍电影发展的状态和趋势，探索论证如何写好无障碍电影解说脚本，辨析理论及实践中产生的分歧争议。

实践性——本书试图撩开无障碍电影脚本撰写的神秘面纱，对撰稿中的疑难问题尝试提出解决方案：既有精神方面，又有艺术方面；既有宏观，又有微观；既有基础性的描述要求，又有拓展性的表现手法。总之，为撰稿者，特别是新人铺设一条小径，为其解决一些既说不清难在何处，又不知道如何下手的困惑。

资料性——笔者广为查阅收集资料，对国内外有关无障碍电影（口述影像）方面的著述多有辑录、翻译、引用、评析，介绍欧美口述影像和国内无障碍电影的情况，特别是详细收录了上海无障碍电影十几年来的大事记和大量资料照片。这既是对无障碍电影发展历程的回望，也是向为此作出贡献的朋友致敬。当然，本书还可为无障碍电影研究者提供参考。

对本人来说，记录无障碍电影成长足迹，研究无障碍电影制作规律，执念无他，就在于客观展示其自身成长刻度，形象体现其内在艺术追求。我仅仅是笨拙地涂写，试图还原和张扬善意和美丽。

我只是以为，对于残障人群而言，每一种渴求都应予以善待；对于无障碍电影制作而言，每一处精彩都不应辜负！

我只想呼吁，中国无障碍电影故事，要由中国的无障碍电影人来讲述！

我只是觉得，从事无障碍电影事业，充实了我的退休生活，丰富了我的生命内容！

此书有幸出版，自然是众人智慧的结晶。诸多无障碍电影实践者，用他们的肩膀，让我站得更高，看得更远。我愿将此书奉献给所有热爱、关心、支持无障碍电影的朋友们。

当本书付梓之时，我仍然忐忑于此书的不够成熟。这是一个并不专业的人，在做一件专业的事情，所做只可谓抛砖引玉，最多是开了一个头，拓了一片荒。盼望专家的批评指正，期待观点的砥砺碰撞，共同助力无障碍电影事业健康前行。

第一章　无障碍电影的产生和发展

一、概念界定

无障碍电影,这是一个陌生而有意义的课题,请允许笔者从基本的概念起步,开始一场探索之旅。

无障碍电影是国内对服务于视障、听障人士电影的称呼,它是跟随无障碍设施、无障碍通道等概念衍生而来的,也有人称之为"电影讲述"。

先看看各家之言。

百度百科:

无障碍电影是专门为了方便残障人士观看的经过加工过的电影节目。分为专供盲人和专供聋人两个版本,一个版本通过重新剪辑增补大量配音解说的方式,让视力障碍者完全了解整部电影的内容,享受电影艺术乐趣;另一个版本通过增配字幕方式,让听力障碍者无障碍欣赏电影。

北京市红丹丹视障文化服务中心(北京"心目影院"的创办机构)印制的《视觉讲述手册——电影讲述》:

电影讲述是讲述人在电影的连续播放中,对画面和画面的创作意图进行口语讲述,通过讲述,把电影的镜头语言和电影的主题思想传递给盲人观众,使他们在内心形成一个流动的、有形有色、有思想、有运动状态的心理视像,在"听"的方式中建立视听一体的电影模式。[①]

上海光影之声无障碍影视文化发展中心《无障碍电影解说稿撰写规范(试行)》：

> 无障碍电影是指：用准确精练的文字,对电影中没有对白的画面加以恰当的表述,并进行解说配音,从而帮助视障观众无障碍地理解、欣赏的电影。[②]

在欧美国家和我国的香港台湾,电影的无障碍服务包含在口述影像,或者称为影像描述、视觉描述等服务之内,电影是其中的主要服务内容。

百度百科：

> 口述影像,即视障口述影像服务(英文：audio description,或 descriptive video service),是透过口语或文字叙述,将视觉障碍者无法观看的影像讯息加以告知,使他们绕过视觉障碍,协助他们克服生活、学习和就业环境中各种影像障碍的服务。简单地说,口述影像就是把"看见"的"说"出来。

> 视障口述影像服务与应用的范围从对电视、电影、博物馆展览、自然景观的口语描述、到教科书插图之文字解说等,乃至对任何视觉属性之传播媒介讯息的口语转述皆属之。以电影为例,口述影像便是在不干扰正常节目的声音讯息和对白的情况下,将影片中的视觉成分,如空间布景、场景、人

---

① 北京市红丹丹视障文化服务中心编：《视觉讲述手册——电影讲述》,内部资料,2015 年,第 2 页。

② 上海光影之声无障碍影视文化发展中心：《无障碍电影解说稿撰写规范(试行)》,第 1 页。

物表情、动作等用语言加以解释与描述的技术。①

美国口述影像协会 LLC 的主席、美国盲人理事会口述影像项目的负责人施耐德博士(Joel Snyder):

> 口述影像就是把看见的东西变成可描述的文字形式的东西,方便那些相对不容易接受那些艺术的人有一种可供享用的资源。又可称为无障碍描述,除了用于电影放映之外,还已经被用到了各种各样的形式之中,如电视、展览、戏剧等等的讲解。②

台湾淡水大学教授赵雅丽著作《言语世界中的流动光影——口述影像的理论建构》:

> 所谓的口述影像或音频描述(Audio Description,简称 AD)的技术,主要就是在节目中对白停顿或本身之叙述暂停处,在不干扰原节目的声音和对白部分成音的原则下,对影像节目中出现之视觉成分加以解释和描述,这些视觉元素包含了诸如时间和空间情境的说明,人物角色的关系、场景、布景以及人物的肢体语言等。换言之,就是在影像节目中适时加入一些与情境架构相关的描绘,而不去干扰正常节目中的声音和对白部分,以帮助视障者对整体节目的内容,得到较完整丰富与正确之意象与理解。③

笔者认为,我们所说的无障碍电影,其概念不能与口述影像完全重合。因为无障碍电影可以分为盲人(视障)无障碍电影和聋人(听障)无障碍电影。前者是通过用语言对画面进行描述和阐释,帮助视障观众"收听"影片、理解影片内容。这包括在口述

---

① 参百度百科"口述影像"条目。
② 据 2018 年 10 月 29 日"中美无障碍电影制作交流会"录音整理。
③ 赵雅丽:《言语世界中的流动光影——口述影像的理论构建》,五南图书出版股份有限公司 2002 年版,第 5 页。

影像概念之中。后者是服务于听障人群的聋人无障碍电影,通过听障者特有字幕(有别于电影节目中的对白字幕),以及插入手语翻译图像的形式,帮助听障观众感受电影中的声音元素及对白,理解其内容。这就不属于口述影像。还有一种盲聋综合版无障碍电影,是电影无障碍传播服务的整合方案,即:口述影像+声音字幕+手语图像。这个方案可以同时服务于视听障碍者,以及老年失能者等更大范畴的群体。

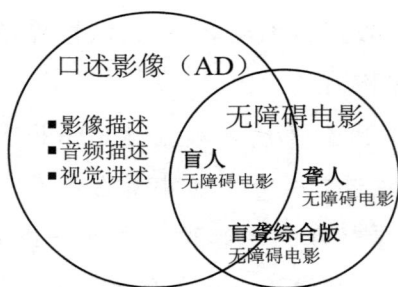

图 1-1　口述影像与无障碍电影关系示意图

上述中外涉及无障碍电影或曰口述影像的概念或释义,虽说各自出发点不同、角度不同,但是通览之后,可作如下归纳说明:

第一,口述影像是指为残障人士提供的一种文化服务,是一种转换表达方式,具有显著的工具性质,可以应用于电影、电视、戏剧、展览、体育等活动,电影是口述影像服务应用的一个重要场景或目标项目。

第二,无障碍电影的受益对象应当包括视障人士和听障人士。上海市残疾人联合会的一位专家还与笔者探讨,是否还应当有为智障人士服务的无障碍电影。这是广义的无障碍电影了。但是根据中外在无障碍电影社会需求量、普及情况以及成熟程度来看,无障碍电影主要还是面对并服务于视障人群。本书所研究的也是服务于视障人士的无障碍电影。当然,随着无障碍电影的发展和服务领域的扩大,为听障人士甚至为智障人士服务的无障碍电影或许也有一天会成为研究的对象。

第三,视障人士版无障碍电影应当不影响原片架构和对白音响,只是在空白处加入视障人士理解所需的解说,这种解说应当是恰当的、艺术的和符合电影特点的。

概而言之,本书研究的无障碍电影是为方便视障人士、特别是盲人观看的、经过专门加工的影片。影片在保留原版音效和对白的前提下,在声音空白处,用准确简洁易懂的语言对电影中的画面信息、镜头语言及所包含的情感与内涵进行描述解说,以帮助视障人士理解电影内容,享受电影乐趣。

发展无障碍电影、开展无障碍电影服务具有积极的社会意义,在当下已经成为文化助残,残健融合的有效渠道。不仅能够使那些身陷残疾的视障人士突破黑暗,走出狭窄空间,接触优秀电影,丰富文化生活,更重要的是可以让他们在平等享受社会文化成果过程中,感受社会关注,融入社会群体。

无论是欧美还是国内,为什么总是把对盲人的无障碍电影服务作为重点研究和发展的方向呢?笔者以为,尽管根据相关统计显示,一般来说,视障人群体与听障人群体的规模大体相当。但是实际上,视障群体在接触电影中,所受到的局限更多,障碍更大,于是对帮助就更加迫切。

在一次参加听障人士观看无障碍电影活动时,一位从事无障碍电影制作的资深人士与笔者说起,他们在考虑制作无障碍电影初期,曾经设想将视障的解说和听障的手语翻译一并加入无障碍版电影。就此,他们听取了听障人士的意见。一些听障人士反映,他们观看电影时,根据画面内容及对白字幕,大部分可以看懂。即便观看配有手语翻译的无障碍电影,实际上并不注意去看

5

有手语翻译图像的小框,因为这样会分散注意力,影响观影效果。有关无障碍电影人士认为,服务听障人士的无障碍电影,并非必须加配手语翻译,而是需要丰富字幕内容,对一些特殊的声效、音响用字幕或图示表达出来即可。

二、欧美国家的发展情况

欧美各国通常将口述影像或影像描述(Audio Description)简称为 AD。

(一) 欧美主要国家口述影像发展情况一瞥

1. 西班牙

西班牙是欧洲最早出现口述影像的国家,其发源可以追溯到20 世纪 40 年代的广播媒体,当时就有电台播出配有口述影像的电影录音,由新闻从业者评述,每周一期,成为西班牙口述影像实践的源头。口述影像涉及的电影有 1946 年的《吉尔达》和 1950年的《Francis》。直到电视出现以后,这类节目才逐渐消失。1995 年 2 月,西班牙安达卢西亚自治区公共电视台播出了一档配有口述影像的商业性电视节目,内容包括电影和电视节目,被认为是西班牙最早在电视媒体中播出的口述影像节目。在节目中播出的电影不仅为视障者提供口述影像,还为听障者提供字幕。2003 年,第一个商业用途的无障碍电视剧数字多功能光盘(DVD)问世。西班牙有关法律规定,国有电视台每周最少要提供 10 个小时的口述影像节目。

在西班牙,通常也是大学以及口述影像服务机构提供口述影像的教育和培训项目。在本科阶段,巴塞罗那自治大学有选修课"电影翻译",课程中老师会提到口述影像和听障者字幕。在研究生阶段,则有好几所大学提供"听障者字幕""手语""口述影像"等学位课程,这种课程一般称作 media accessibility(媒体可访问性)。

西班牙学者 Orero 根据实施口述影像培训的经验,对合格的口述影像描述者需要具备的基本标准进行了归纳,包括:准确、客观地提炼信息的能力;良好的工作语言;清晰且令人愉悦的声音;好的视力和听力;团队合作能力;乐于接触残疾人,致力于为视障者提供高质量的口述影像产品。

2. 英国

英国的口述影像实践最早出现在电影院。在 20 世纪 80 年代中期,就有人在影院尝试为盲人观众播放配有口述影像的电影,看到了这一潜在的观众需求以后,有人呼吁设立为视障者提供无障碍电影(即配有影像描述的电影)的长效机制。这一机制从 1988 年 2 月份开始运行。

在英国,口述影像的制作过程基本上都是一样的,即由制作者撰写需要描述的影像脚本,对脚本进行修改和完善。有时候,可由两三个人分别撰写脚本,完成后大家讨论决定最后版本。由专业人员将文字脚本录制成声音。口述影像录制完成以后,再由专人对声音质量、流利程度进行检查,检查通过后,文件便以合适的格式保存,以备使用。

在法律规定方面,英国在这方面的相关法律体系已经成熟,主要有 1995 年的残疾人歧视法案、1996 年的《广播法案》(Broadcasting Act)、2003 年的《传播法案》(Communication Act,又叫通信法案)、2010 年的《平等法》(Equality Act),都明确规定了所有电视台制作的节目至少有 10% 的节目有无障碍电影,包括了口述影像的电影。在英国,第一个提供口述影像服务的部门于 2000 年成立,第一部配备口述影像的电影于 2002 年发行。

英国广播公司 BBC 播客服务 iplayer 的第四频道,主要播放高清电视剧、纪录片、音乐、电影喜剧和新闻节目。据说,这里的节目都有口述影像。

图 1-2 是该频道的页面。截屏左上角 iplayer 下面的 Audio Described 就是口述影像的意思。因此,在英国,视障人士只要坐在家中,就可以看到有口述影像的电视节目。2019 年 5 月下旬,笔者通过网络打开该频道,检索了目录中显示的 287 个节目目录,其中多为电视连续剧、综艺节目、纪录片、动画片等,在线节目中尚未发现一部口述影像电影故事片。

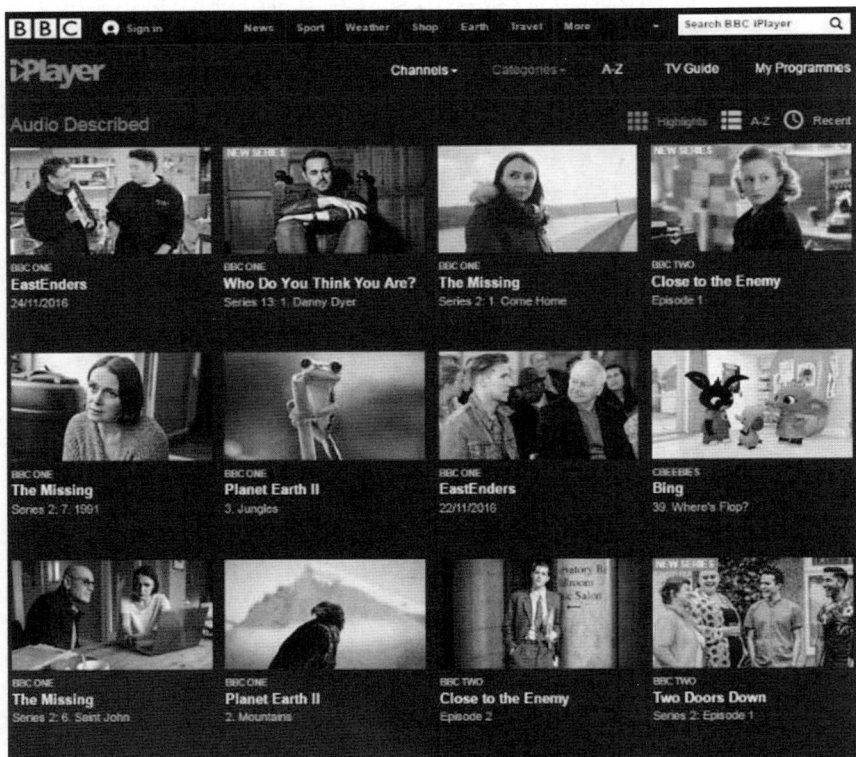

图 1-2　BBC 频道的口述影像(Audio Described)专栏

2000 年英国口述影像协会推出了一系列有关口述影像的培训课程,并出台了资质认证机制。2005 年,开始改革培训课程,使课程更加细化。随着获得资质或者受过培训的口述影像描述者参与到口述影像实践中来,口述影像有可能逐渐成为一种职业。

在英国,一个合格的口述影像者需要具备的基本素质包括:能够快速准确地总结;能够绘声绘色地表达;能够用一种生动且客观的方式描述动态的画面;能够用与节目相匹配的语调、适宜的语速以及有分辨力的音色对文本内容进行描述等。

总体上说,英国的口述影像实践走在了世界前列。

2010 年,英国皇家盲人学会(RNIB)的出版机构出版了《不同国家流行的口述影像指南比较研究》,对英国、德国、法国、西班牙、瑞典、比利时和希腊等国推出的制作口述影像的指导标准进行比较研究,最后得出结论,最全面的是来自控制英国商业电视广播的独立电视委员会(ITC)制定的口述影像指南。

3. 德国

德国口述影像事业的发轫与欧美其他国家相比要晚一些。1993 年 11 月,在德国的慕尼黑电影节上,放映了一部配有现场口述影像的电影。这部电影随后成为德国公共广播电视机构播放的第一部配有口述影像的电影。

德国的电影院主要有两种方式提供口述影像。一种是将口述影像的内容写在光盘(CD)上,与电影一同播放,并通过红外的方式传到观众的耳机上。另一种方式是通过普通声音系统,以混音的方式加入光盘(CD)内容,一并播放。此外,盲人可以通过机顶盒订看无障碍节目享受无障碍电影服务。各大书店、影像店有出售无障碍电影光盘。

制作流程方面,德国的电视节目或电影的口述影像脚本一般是由一个三人团队完成。通常由一位盲人和两位正常人组成制作团队。正常人负责观看影像,并描述各自看到的内容,盲人听取后,告诉两位正常人哪些地方需要添加影像描述,描述到何种程度,以及哪些信息对于盲人观众准确理解影像内容比较重要。文字脚本完成后,交由有关公共广播机构(BR)影像描述部进行审阅修改,最后录制语音,并将其混入影像节目的音频当中。巴伐利亚公共广播机构是德国影像描述实践的重要推动者。它不仅有专门的部门制作口述影像,还为学习者提供培训以及举办一些研讨会,以提高口述影像配备的质量。2004 年,其还专门编撰了口述影像制作标准。

从国家法规层面上看,由于德国没有强制性的规定,所以只有公共电视台提供口述影像服务,且配有口述影像的节目比例不足百分之一。

4. 美国

从电影媒体无障碍的产生发展来说,美国与英国一起被认为是听障者字幕的发源地,早在 20 世纪 40 年代,就有一名聋人将供聋人阅读的字幕叠加在无声电影的胶片中。50 年代末、60 年代初期又有了相关法律出台。

关于口述影像方面,美国《1973 康复法案》规定任何接受联邦政府资助的企业都必须考虑到残疾人士的需求,该法案提到了口述影像。从 20 世纪 80 年代开始,电视台就开始在副声道为盲人提供部分节目的口述服务。美国的联邦通讯委员会(FCC)在 2000 年 7 月就通过一项规定,要求全国 25 个最大的电视广播市场内四大电视网络旗下的联营广播商,必须在 2002 年 4 月份前提供口述影像服务。拥有 5 万名订户或以上的有线及卫星电视服务供应商,也需要为频道内五大电视网络的节目提供同类服务,帮助视障人士。但是这个规定被美国全国广播商协会及全国有线电视协会以技术上有困难为由予以反对。直到 2010 年,时任总统奥巴马签署通过的《21 世纪通信和视频无障碍法案》中作了相关解释,各类视频节目都应该符合口述影像方面的规定(直播节目类可以获得一定豁免），又规定 2011 年以后，四大广播网和五大有线频道必须每周提供 4 小时的无障碍电影服务。

2005 年，美国纽约州宣布 8 条连锁电影院线在全国提供新设备为视听残障者欣赏电影服务。

美国在 2010 年成立了口述影像协会（Audio Description Associates，LLC），是美国盲人协会（American Council of the Blind）的子机构。协会的座右铭是：把看见的东西变成可描述的文字。乔尔·施奈德（Joel Snyder）博士是创始人和项目主管。他是国际上最著名的"口述影像者"之一，已经从事了至少 20 年的口述影像服务，出版过一本专著，书名为《将视觉制作成语言》（*The Visual Made Verbal*）。施耐德博士先后在全世界的三十几个国家和地区介绍口述影像，举办研讨会，其中包括中国上海。

美国的网飞公司（Netflix）作为全球最大的收费视频网站，也十分重视为客户提供本公司节目的无障碍化服务，特别是视障人士的口述影像服务。根据 Netflix 网站说明中心"电影与节目的口述影像"一栏所称：口述影像是一项选用说明。客户可以启用音讯旁白，就像启用字幕和替代音讯一样。大多数的 Netflix 原创影片及其他特定的电影与节目皆提供口述影像。但在说明中也表示，有些节目并非每一季或者每一集都提供口述影像。

尽管并非如前传说，网飞公司所有影片都带有无障碍解说，并且可分为不同语种。但是，从总体上说，该公司已经是做得非常值得肯定和效仿的了。该公司从中国购买了走红的网剧，还与中国有关机构合作，进行电影的口述影像制作尝试。

总的看来，口述影像（AD）的发展和普及之所以没有像字幕和手语一样迅速，一个重要的原因在于口述影像的制作尚未成为一种职业得到人们的认可。当前世界各国的绝大部分口述影像制作者都是由志愿者担当的，且缺乏专门机构提供此方面的技能培训。欧美当前主要有两种机构从事口述影像的研究和培训工作,一个是高校,另一个是服务于组织内部需求的专业机构,比如媒体或残疾人协会。因此,从某种角度讲,口述影像的发展仍然面临许多困难。

(二) 欧美关于口述影像的基本要求

1. 美国公共电视台 WGBH 的制作原则性建议

  (1) 不要将所有对白间停顿的空隙都填满;

  (2) 不要预测任何行动与情节;

  (3) 持续与清晰地说明场景的变化;

  (4) 利用名称与关系来辨识演员;

  (5) 在描述场景的情境后,仅对悬疑的声音做解释;

  (6) 以说故事而非播音员的语调来口述;

  (7) 报读经挑选的有关节目的评价。

因为这些原则建议多属于为视障者进行报读时的一般性原则,可以作为一般性参考。

2. 美国网飞公司(Netflix)《口述影像撰写指导手册》(第一版)

该手册旨在帮助撰写者能够简要客观地向视障人士叙述电影内容的关键剧情和(或)主要角色的信息。手册共分为五个部分,涉及 20 个具体问题。比如:

基本规范:在撰写音频叙述时,要叙述与电影内容最为相关、最为重要的情节;切忌过度描述;不要描述对于电影内容的理解意义不大的视觉影像;要为对话、音效、音乐以及有意的沉默留出空间。

人物描述:应该首先描述他们的外貌,突出他们最重要的体态特征,如肤色、头发、体格、身高以及穿着。如剧情需要,可以描述角色的年龄,如近四十岁、五十几岁、十几岁等等。

动作描述:叙述应该客观地描写人物的面部表情、手势、举动和肢体语言,与剧情相关的位置移动也应该被囊括其中,叙述应该尽可能明确清晰,与场景相关的颜色信息也应一并提及。

预示情节:在叙述中,为了让观众更好进入剧情,在没有其他方法的情况下,可以调整时间线,提前交代一些情节。

摄影角度和镜头变化:对于对剧情理解十分重要的镜头变化,叙述者要将其加入叙述中,描述在新镜头中角色位置和动作的变化。只需要介绍与剧情相贴合的摄影角度(如"俯拍镜头"和"鸟瞰镜头")。不要使用一些诸如"长镜头"和"移动摄影车"等专业术语。如时间允许,描述使用蒙太奇效果的画面或一系列静止图像时,当这些画面与剧情相关,但是时间有限不能全部介绍,则只需要强调最关键的图像即可。

时间推移:叙述中要始终介绍相对角色而言的时间变化。当介绍诸如闪回或梦境等的时间变化时,要描述一些视觉提示,并且在全片中保持一致。

语速:一般观众可接受的语速为每分钟160个英文单词。朗读应随意自然,并在需要的地方沉默或停顿。

3. 欧盟《用语言画的画——ADLABPRO项目的口述影像指南》①

在欧洲,西班牙、比利时、法国、英国、希腊、意大利、波兰等国家都有关于口述影像的指南性文件。后来,欧盟成立以后,根据统一标准,提高质量的需要,欧洲的几所著名大学,如西班牙巴塞罗那自治大学、比利时安特卫普大学、意大利的里雅斯特大学、葡萄牙克里亚理工学院、波兰波兹南密茨凯维奇大学等的专家参与,共同编写了一份在欧盟范围内通用的口述影像指南:《用语言

---

① 参见 ADLABPRO 项目官方网站(http://www.adlabproject.eu/Docs/adlab％20book/index.html)。

画的画——ADLABPRO 项目的口述影像指南》，并于 2015 年公布。这是欧盟资助的"促进终身学习项目"中的一个子项目。该项目的主要任务是资助一些口述影像的培训课程以及研发设计一些可靠的，可持续性地保障口述影像技术运用于实践的方法。

图 1-3　"欧盟口述影像指南"网络截图

在网络页面上有一个可爱的标志，上面写着：口述影像，为盲人提供终身服务。

该指南有 33 000 多字，内容十分丰富。指南的前言开篇明义：本指南是由欧盟终身学习计划(LLP)资助的盲人和视障人士口述影像(AD)研究项目的成果，目的在于帮助撰稿人士和学习者提供高质量的口述影像服务。

指南共分为三个部分。第一部分是口述影像(AD)的介绍；第二部分是编写电影电视的口述影像脚本的具体指导方针；第三部分是关于口述影像的一些其他功能，比如剧场实时口述影像，博物馆、文化活动、文物古迹的描述性导览等。最后是附录，包括脚本示例、术语表、建议阅读书目和电影作品年表等。

笔者对该指南中的两张图示很感兴趣。

一张是"口述影像电影作品制作步骤",见图 1-4：

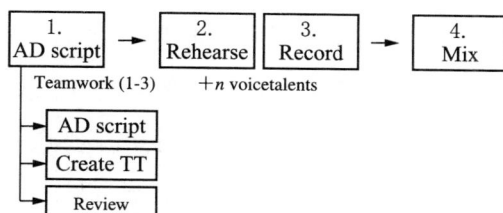

图 1-4　欧盟口述影像电影作品制作步骤

图 1-4 说明：

AD script：撰写口述影像脚本（包括检视口述影像素材资料；撰写描述并进行计时，以免与原声对白重叠；对照影片检查口述脚本，可与视障人士合作完成）。

Rehearse：预演描述稿，并作最后修改。

Record：录制脚本。

Mix：混合原声录音并以适当形式（数字多功能光盘、影院、节日活动等）储存或播放。

由此可以看出，在欧洲的大多国家，口述影像电影作品制作已经比较普遍实施规范的制作流程和比较先进的数字混录技术。

另一张是"视障人群故事重构中的心理模型"，见图 1-5：

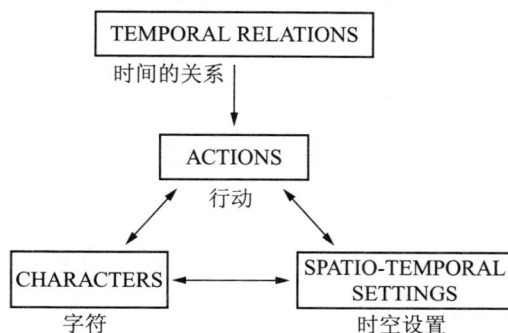

图 1-5　视障人群故事重构中的心理模型

这里是对盲人和视障人士听取口述影像效果的一个推演分析。这是笔者第一次接触到以如此角度来研究的资料。该指南对于这个问题的论述十分详细,还有举例。其核心观点是故事由盲人和视障观众进行重构。当观众处理和解释一个故事时,他们首先会依据接收到的不同动作之间的时间顺序,看到正在进行的动作,并将其与故事中的其他信息结合起来,包括它们发生的时空背景。随着故事的发展,观众不断更新他们对故事的心理模型,向其中添加新的信息,确认已经存在的或他们推断的内容,并根据他们后来收到的信息,改变现有的信息或假设。

笔者认为,这种"重构论",实际上与国内撰稿者提出的"再现论"或"还原论"是一样的道理。从这个角度进行研究,有助于帮助撰稿者更加清楚在影像描述时,哪一些必须要写,哪一些可选择性写,先写什么、后写什么,而不是随意地跟着感觉走。

笔者虽然并没有对该指南进行全面翻译和精细阅读,但还是觉得,该指南兼具研究性、通俗性和实务性。既注意概念的阐述、方法的构建,又重视实际的操作指导。指南列举了大量案例,从影片源文本到目标文本脚本创建,分析得十分细致,对于口述影像学习和实践具有很强的实用性。如果有中译本,将可以帮到更多的无障碍电影同道者。

(三)关于口述影像的研究

欧美等主要国家的口述影像实际应用还是比较领先的,但是在口述影像的理论研究方面,总的来说还是处于观点发散、角度多元的状况。在学界,口述影像有时被视为翻译的形式之一,属于视听翻译大家族。在某些翻译杂志上,会刊登一些有关口述影像的论文。其理由是"因为它都创造了一种新的连贯的视听文本,其中既涉及到符号间的凝聚力,也涉及到源文本信息和新添加的翻译之间的交互作用"。有研究者认为,从广义上来说,口述影像也是翻译的一种,是一种口头语言对屏幕影像的翻译。如果说,听障者字幕提供的是对影片中的声音语言所做的文字翻译的话,口述影像则是将画面语言用声音语言描述出来。①

除此之外,学界还普遍认同口述影像的研究具有跨学科性质。有学者从视障受众的角度进行障碍研究,有的则从电影的角度或叙事的角度进行研究,甚至研究视障人士对口述影像中加入电影术语(如摄影技巧和剪辑手法)的反应,等等。总的目的还是为了更好地帮助口述影像员完成从图像到语言的转换,确定需要描述的内容,并且把这些内容有效地描述出来,使视障受众更多更好地接受电影信息,以实现某些方面的社会公平。这样的出发点也就决定了理论研究更加趋向于实用价值,以前面提到的美国口述影像专家乔尔·施奈德(Joel Snyder)博士的专著《将视觉制作成语言》(*The Visual Made Verbal*)为例。该书 440 多页,总共分为八章。除引言和作者介绍外,主要内容有口述影像的定义,口述影像简史和在美国的发展,口述影像的撰写、语言和声音技巧,口述影像的动作与用词,口述影像的社区服务及结论等。该书的特点是有技巧指引、案例、练习以及大量资料,包括美国和国际口述影像会议纪要、完整和片段的电影口述影像脚本,还有设备、场地要求等等。

总之,没有一定量的口述影像脚本撰写实践,没有从实践上升到基础理论的自觉,也没有用理论去指导实践,这种研究大多还是比较空泛的,缺乏有说服力的案例实证支撑。

三、国内无障碍电影广角扫描

据人民网 2019 年 3 月的报道,我国视障者接近 2 000 万,是

---

① [比利时]Aline Remael:《从视听翻译到无障碍传播:实时字幕、口述影像与声音字幕》,丁方舟译,《浙江传媒学院学报》第 21 卷第 4 期,2014 年 8 月。

图 1-6　北京志愿者王伟力和他的"心目影院"

世界上视障者最多的国家,而且每年还将增加数十万。这从一个侧面说明了我国无障碍电影的需求面有多么大,发展无障碍电影的要求是多么迫切。

(一)无障碍电影发轫

2005 年 7 月,王伟力、郑晓洁夫妇的北京市红丹丹视障文化服务中心创办了中国第一个专门为盲人讲述电影的民间电影院"心目影院"。他们在租来的钟鼓楼附近四合院中十几平方米的房间里,每周六为盲人放映并讲述电影。讲述人通过语言不断提示画面,让盲人了解银幕上的内容,以弥补视觉障碍带来的缺失,从而使盲人也能欣赏和感悟电影艺术的魅力。为了更好地为盲人提供服务,讲述人王伟力每一部电影都要观看四五遍,然后精心准备讲述词。

2006 年,红丹丹视障文化服务中心先后与北京人民广播电台和中央人民广播电台开办了广播版"心目影院",为盲人听众提供电影欣赏服务。2006 年 10 月 15 日国际盲人节,中央电视台《新闻联播》播出了对红丹丹"心目影院"的新闻报道,长达一分多钟。2015 年 4 月,该中心编印了一本《视觉讲述手册——电影讲述》,为参与"心目影院"讲述电影的志愿者提供操作指导。2018 年 5 月 26 日,北京市红丹丹视障文化服务中心举办了"感恩十四年毕业典礼暨'心目影院'(鼓楼)息影仪式",王伟力在此为盲人们讲解了第 739 场

图 1-7　《视觉讲述手册——电影讲述》

电影,也是这里的最后一场。创始人郑晓洁在现场发布了"心目影院"新战略——走出鼓楼小院,带领盲人朋友融入更广阔的社会生活。①

　　2018 年 7 月 1 日,"心目影院"离开四合院,正式入驻商业影院,每周讲述一部院线影片,位于前门的保利影城成了盲人影迷的新"据点"。王伟力的"心目影院"十几年来吸引了一批又一批的志愿者,其中有不少中央电视台和北京电视台的知名主持人。截至 2019 年 6 月 22 日,"心目影院"共组织讲述电影 816 场,带动 8 000 多名志愿者为 23 900 余人次的盲人提供服务。而且,"心目影院"已在全国 30 余座城市建立伙伴网络,十余年来为视

---

　　① 《视障人士的电影院——"心目影院"(鼓楼)在京息影,整装再出发》,新浪网 2018 年 5 月 27 日。

障人士讲述电影 700 余部。毫无争议地成为我国最早的盲人无障碍电影起点和坚持服务时间最长,影响面最广的典型。

沉寂了一段时间的"心目影院"在 2020 年 5 月 21 日全球无障碍宣传日当天,有了新消息。当日,腾讯 QQ 联合红丹丹"心目影院"发起一项"光影听映室"网上活动,通过 QQ 群的"一起看"功能,放映了影片《流浪地球》,王伟力以及电影博主大象放映室联合对影片进行了无障碍版演绎。视障 QQ 用户可以从任意群聊中进入观看。

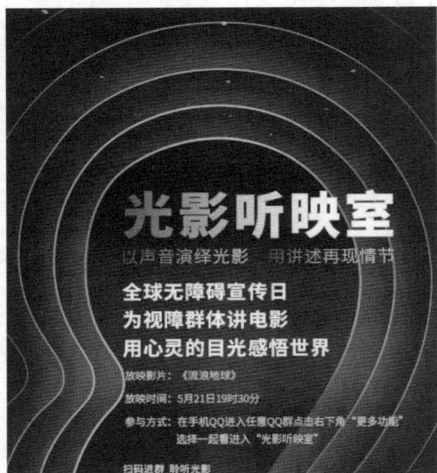

图 1-8 "光影听映室"活动广告

其实,早在 2008 年就有专家学者提出,"心目影院"是一个具有非凡社会意义的福利工程,并呼吁各级政府和社会各界广泛重视。为盲人讲述电影,在我们的社会中,还是一项崭新的公益事业,还有很大的拓展空间。如果政府能够更多地参与其中,并从政策和资金上给予支持,将会积极促进这项公益事业的发展。①

---

① 魏骅:《新华调查:探访北京为盲人讲电影的"心目影院"》,新华网 2008 年 9 月 10 日。何志宁系东南大学人文学院社会学系副教授。

何志宁教授所指的无障碍电影公益事业,后来逐渐引起了一些地方政府和公益慈善资金的关注和支持。

(二)各地发展状况

1. 天津

2007 年 11 月,由天津市和平区文化宫副主任郑伟创办的公益性质的"心目影院"向盲人敞开大门,在每个月的第三个星期六上午 9:30 准时讲电影。该公益项目有志愿者 100 多人。12 年来,郑伟带领"心目影院"团队,一共讲述过 150 多部电影,累计为 2 万余人次的盲人朋友提供观影服务。

2. 北京

2010 年,中国盲文图书馆建立了"口述影像馆",设置专业工作人员看片、选片、创作脚本和讲解电影,每周二为盲人讲解一部电影,截至目前已经坚持了 10 年。

图 1-9　口述影像工作人员乌日娜和田珈宁在口述影像馆(乌日娜提供)

21

2012年7月,国家广电总局启动"口述影像文化助残"公益行动。7月18日,广电总局所属中国电影科研所、中国电影艺术研究中心、电影频道节目中心和电影数字节目中心在中国盲文图书馆启动了"口述影像文化助盲"公益行动。4家单位捐助了100部电影资料,招募了98名职工加入志愿者队伍,其中大多数为电影创作和研究人员。

2013年3月14日,经民政部批复同意,由中国盲文出版社、上海电影音像出版社发起的康艺无障碍影视发展中心成立。该中心为承担国家"十二五"重大音像出版骨干工程中国无障碍电影项目建设的公益机构,旨在打造专业化团队,运用社会化工作方式,发掘社会资源,为全国视听残障人士制作、推广无障碍电影作品。中心成立以来,制作无障碍影像作品一百多部,内容涵盖电影、电视剧、动漫、科教片等多个领域。中心还在无障碍电影制作标准、学术研究、人才培训方面积极开展探索。

2018年5月20日正值"全国助残日",由中国传媒大学、北京歌华有线电视网络服务股份有限公司、东方嘉影电视院线传媒股份公司倾力打造的"光明影院"项目启动,旨在为视障人群提供电影公益服务,温暖人心。其时,中国传媒大学师生团队已制作完成《战狼2》《建军大业》《大唐玄奘》《我的战争》《钱学森》等多部无障碍影片。50多名视障人士参加了无障碍电影《战狼2》试映会。2018年10月15日,在中国传媒大学"光明影院"融合创新研讨会现场,"光明影院"正式揭牌,包括制作百部无障碍电影、建设百家社区光明电影院在内的"光明工程"正式启动。会上,项目团队发出倡议,号召社会各界汇集资源,共同行动,服务视障人群,支持公益事业,为促进文化共享作出贡献。由中国传媒大学新闻传播学院牵头创办的"光明影院"项目是院校学界开始关注和助力无障碍电影的一个重要标志。

2019 年 12 月 8 日,第二届海南岛国际电影节闭幕式暨"金椰奖"颁奖典礼上,中国传媒大学"光明影院"项目获得"海南岛国际电影节公益大奖",这是无障碍电影项目首次获得国际电影节公益大奖。①

2019 年 12 月 17 日,由中国盲人协会、中国残联宣文部主办的无障碍电影发展与推广研讨会在北京召开。研讨会总结近年来我国无障碍电影发展的经验,研讨无障碍电影发展过程中的主要问题。会议通过《关于支持无障碍电影发展的倡议》,并为"无障碍移动电影平台"揭牌。这意味着中国视力残疾人有了属于自己的无障碍线上"观"影新通道,可以随时随地享受电影乐趣。值得一提的是,移动电影院无障碍版特接入中国残疾人联合会大数据,对通过认证的用户免费开放观影权限。

2019 年 12 月 28 日,由中国盲人出版社牵头负责、中国视障文化资讯服务中心、康艺无障碍影视发展中心和上海俏佳人文化传媒有限公司联手打造的专业性平台"无障碍电影"App 正式上线。首批上传的有主题教育片、中外经典影片、现代剧情片 207 部,热播电视剧 7 部,随后还将制作上传康复科教片等。影片均采用先进技术与专业设备合成制作,是专供视障听障人士欣赏的电影作品。残疾人只要通过手机下载"无障碍电影"App,凭借残疾人证号或者身份证验证,即可登录使用。该 App 亦可实现与手机语音导航操作功能无缝衔接,以方便残疾人享受精彩的电影文化服务。平台的上线,填补了残疾人无障碍电影文化建设方面移动应用的空白,以满足视听障碍者不断增长的视听文化需求。该项目被列为国家出版基金项目和"十三五"国家重点

---

① 《"光明影院"首获国际电影节公益大奖》,微信公众号"中传新闻传播学部" 2019 年 12 月 10 日推送文章。

出版物规划项目。

3. 武汉

2010 年开始,武汉市青山区科苑社区服务中心残疾人协理员杜诚诚在"盲人电影院"为视障人士讲述电影,至 2017 年 3 月,共讲述了 200 场。她还在企鹅直播打造盲人看电影的直播平台。

4. 广东

2012 年 1 月发布的《广东省残疾人事业"十二五"发展规划纲要》中提出:"各级政府和文化部门要重视残疾人文化艺术产品生产和盲人读物出版等公益性文化事业发展。……建立完善省级网络无障碍电影播放平台。"同年,广东省立中山图书馆联合广州青年志愿者协会助残服务总队开始运作"心聆感影"无障碍电影现场讲解文化志愿服务活动项目。七年来,受益群体涵盖各类型残障人士以及市民体验者。"心聆感影"还多次举办口述影像志愿服务培训活动。2019 年 10 月 1 日,在广州图书馆,口述影像志愿者帮助百余名视障者"观看"了属于他们自己的国庆阅兵仪式。听众们不仅听到了电视讲解,还能听到口述影像员描绘的接受检阅部队的服饰、颜色,装备的外形和运载方式等细节。据悉,这是对于大型活动电视直播进行口述影像的首次尝试。

5. 济南

2013 年起,济南广播电视台推出"用我的声音做你的眼睛"口述电影公益活动,在举办了多次大型视障人士电影讲述活动之后,还衍生出志愿者陪伴观影公益活动,并为这些爱心人士制定了一份《口述电影及陪伴观影使用手册》。

6. 杭州

2015 年 6 月 3 日,杭州市无障碍电影院授牌仪式在杭州市图书馆举行。两家影院成为杭州市首批无障碍影院。在此之前,杭州市图书馆已经为视障人士放映无障碍电影 27 场,参与视障人士达 1 500 余人。此外,还成立了首批"杭州市无障碍送影队",为更多的视障人士提供观影服务。

7. 成都

从 2016 年 6 月,成都贺麟教育基金会青芒无障碍电影放映团队正式成立,他们的口号是:"我的声音,你的眼"。此后,他们每个月在成都市特殊教育学校举行无障碍电影放映活动。2018年起,该放映活动逐步向西安、重庆、杭州等城市辐射。

根据笔者搜集到的资料,还有南京、无锡、贵州、昆明、洛阳、黑龙江,直至海南岛等地,都有开展无障碍电影服务活动的信息。打开中国残疾人联合会官网,搜索关键词"无障碍电影",可以看到自 2009 年 1 月至 2019 年 12 月间,有关无障碍电影的专文或包含无障碍电影关键词的信息共计有 438 篇。

总的看来,这些无障碍电影活动,有的已经默默坚持多年,有的则阶段性地开展;有的是"国家队"性质的动作,有的则是民间自发行动。当然也不排除有一些因种种制约,宣传操作动静很大,而后则虎头蛇尾或悄无声息了。

我国的无障碍电影活动开展的现实状态是星星之火全国燃,燎原之势难形成。个中原因将在后面予以剖析。

(三) 我国台湾、香港的无障碍电影

在台湾和香港,无障碍电影一般还是跟随欧美的叫法,称之为"影像描述"或"口述影像"。

1. 台湾

电影的无障碍服务往往都是首先从电视的无障碍服务开始并发展过渡的。

相较于香港,台湾的电视无障碍服务要广泛深入一些。2007年,台湾当局将原《身心障碍者保护法》更名为《身心障碍者权益保护法》,积极倡导身心障碍者作为公民所享有的各项平等权利。

2009 年 5 月,台湾又通过了《身心障碍权益保护白皮书》,其中有关"沟通无障碍"的规定,涉及视听障碍者的媒体使用权的问题。在实践当中,无论是电视增设新闻手语翻译,还是编配实时字幕,主要目的是解决听障人群的困难。

就无障碍电影所涉及的口述影像而言,1990 年,台湾第一个从事口述影像推广的民间组织"影像描述联盟"(ADA)成立,发起人及总干事为台湾淡江大学传播系赵雅丽教授,联盟工作包括编写口述影像方面的教材并开展志愿者培训。2000 年,ADA 开始向剧院提供口述影像服务,次年开始为播放的电视剧提供影像描述服务。

赵雅丽教授于 2001 年为公共电视台制作了第一部戏曲节目《孙中山》的口述影像版,并于同年 8 月在电视台播映。这个阶段,公共电视台也制作了一些单元剧的口述影像版(戏剧节目视障版),工作人员由戏剧组的成员组成,担负脚本的制作工作。

2002 年 6 月,台湾"口述影像发展协会"成立,协会整合了台湾传播界及文化界从事口述影像的人士,通过口述影像技术的开发,帮助视障者克服电影媒体的使用障碍,共同推广无障碍电影服务。协会具体任务之一就是为评价较好的影片制作口述影像。在协会的推动下,无障碍电影在台湾得到了较大的发展。在台湾档案馆以及戏剧公司的合作下,为大批的电影和戏剧配备了口述影像。

台湾还有一个专门的"口述影像服务网",主要介绍什么是口述影像,口述影像的基本服务类型,开展口述影像培训报名等。培训课程包括口述影像推广讲座、口述影像服务研习、初级口述影像撰稿员训练等。

在台湾学术界,有不少学者加入了口述影像研究的行列。必须提到的是赵雅丽教授在口述影像研究和实践上所做的基础性和开拓性的工作。2002 年赵雅丽教授出版专著《言语世界中的流动光影——口述影像的理论建构》,该书的研究成果在本书后面部分将进行评述。尽管岛上有人曾经质疑,台湾的 2 300 万人口中,视障人口只有五六万人,赵雅丽教授这样的研究是否拥有足够的意义和影响? 其实,赵雅丽教授在其专著的自序中坦言:"视障研究像一支魔棒,点触着我原本平淡无奇的生命,在不期中,为我展现了许多学术的心意,与生活的情趣,也让我领会了一份近乎'修行'后,静观自得的心境。"她说,面对研究中遇到的艰难与挫折仍会坚持,"因为如今我深信,'口述影像服务'是开启视障者进入主流世界的一把'神奇的钥匙',更是关照与开阔主流传播理论视野的一条路径"。①

2. 香港

香港地区从 20 世纪 90 年代开始有了电视字幕的实践,主要编配的还是英语字幕。香港艺术与残疾人协会秘书长奥古斯丁·默克先生与他的同事珍妮特做了许多影像描述的探索和技术推广活动。在此基础上,香港浸会大学教授杨慧仪在 2005 年,设计了 30 小时的口述影像教学课程,组织学生进行影像描述方面的研究和课程训练。但是,这种影像描述的研究和实践推广,并没有促进香港电视节目和电影,包括数字多功能光盘(DVD)影像制品配备影像描述工作的实际进展。

随着 1997 年香港回归以后中文节目的增多,电视节目开始配备中文普通话字幕。2009 年 3 月,香港盲人辅导会讯息无障碍中心与影音使团合办了首支"视障人士电影导赏"义工队。2010 年 6 月 21 日,首次在戏院(影院)举行口述影像电影欣赏会。由导演关信辉讲述他本人执导的影片《流浪汉世界杯》。2011

---

① 赵雅丽:《自序——一桩因缘际会的"偶然"》,《言语世界中的流动光影——口述影像的理论建构》,台湾五南图书出版股份有限公司 2002 年版,第 v 页。

年3月,香港特别行政区政府商务及经济发展局下的"创意香港"拨款,与香港盲人辅导会合作,推出了为期一年的"香港电影口述影像发展计划",邀请国际口述影像专家为大约200名口述影像旁述员和撰稿员进行了5天的培训,其后又举行了研讨会,专门研讨为华语电影提供口述影像服务的问题。在随后的一年时间里,共举办了15场口述影像电影欣赏会,使口述影像人才得到学习和实习的机会。

2015年,曾经参加香港口述影像工作坊培训的梁凯程女士,在取得英国伦敦大学学院口述影像哲学博士学位后,成为当时香港唯一的全职口述影像员。2015年,梁凯程申请政府社创基金,成立"香港口述影像协会",协会致力于推广口述影像及培训口述影像员,提供多元化的口述影像服务,比如电影、电视节目、表演、展览等,促进社会共融。(参见香港口述影像官网)在香港,现在大部分为视障人而设的电影口述影像场次均提供现场口述影像服务。但是,能够进入口述影像服务的首轮电影还是很少,一年

图 1-10　香港口述影像协会官网

只有三四部。而且,一旦有著名影星的电影或是外国大片,片商也会拒绝在正式上映前让口述员撰稿员"先看片写稿"。①

2016年2月,在香港国际电影节上,香港盲人辅导会首次与国际电影节合作,举办了"口述影像电影欣赏会",放映《华丽的上班族》等四部影片,让视障朋友也能分享电影节的快乐,放映后举行座谈会,听取受众的意见和改进建议。

2018年8月,香港首部预先录制解说的口述影像电影《逆流大叔》在铜锣湾和青衣城的两间UA戏院放映。戏院增设了"口述影像"视障人士观影辅助设施。视障人士使用类似博物馆语言导览的设备,接收器会预先开机并调好频道,视障人士入座以后戴上耳机,口述影像声轨与电影同步播放,视障人士就可以跟其他观众一起欣赏最新上映的电影了。

2019年7月,由香港盲人辅导会策划,资深媒体人与口述影像义工徐婉珊著的《连接两个世界的声音——香港口述影像十年》在香港三联书店出版。该书记录了口述影像2009年3月开始在香港从萌芽至成熟的发展历程。作者徐婉珊,历任彭博、路透旗下《基点》、国际海运新闻平台Lloyd's List及Containerisation International记者。香港盲人辅导会"口述影像训练工作坊2013"学员,曾为电影《玻璃之城》、《点五步》及《唥咕唥咕新年财》作现场口述影像。②作者访问了许多位口述影像人士,通过他们的故事展现视障人士接触口述影像的经历和电影节如何积极参与口述影像项目的义举。书中透露,2009年至2019年间,香港盲人辅导会共举办了三百余场口述电影欣赏会。该书的第二章谈及的一个问题"口述版电影应当是口述者的一件新作品,还是对导

---

① 《全职口述影像员　香港仅一人》,《大公报》2018年10月14日。
② 参香港盲人辅导会策划、徐婉珊著:《连接两个世界的声音——香港口述影像十年》,香港三联书店2019年版,扉页。

演作品的一个诠释?"这个问题是许多从事无障碍电影人士考虑并探讨的问题。当年的 8 月 31 日,香港盲人辅导会邀请作者徐婉珊举办了新书分享会暨口述影像体验会。

通过这些相对有限的信息来看,与香港比较,台湾在口述影像方面还存在着一些差距。此外应当看到,这两个地区坚持推动影像描述和无障碍电影实践的力量主要还是来自民间,来自志愿者(义工)的投入和参与。从时间上看,与大陆无障碍电影的萌芽起步的时间段也大体相当。但从对影像无障碍的认知、研究和培训方面看,台湾和香港地区,都略领先于内地。

(四) 上海无障碍电影的起始和发展

之所以用专节讲述上海的无障碍电影,并不仅仅是因为笔者生活在上海,是上海的从事无障碍电影撰稿审稿人和研究者,更是因为,上海的无障碍电影在国内起步不算最早,但是加速较快,发展均衡、稳定、持久,无论是规模、机制,还是志愿者团队的成熟度、撰稿艺术研究的深入度、向长三角区域和全国城市的辐射力度,目前都已经走在了全国的前列。以下三点或可作为标志。

第一,2012 年 6 月起,上海的无障碍电影公益活动在全国最早进入商业影院场所,全市各区均设立放映点,每月定期放映无障碍电影专场,由广播电视台的播音员主持人志愿者现场解说。定点影院之多,活动覆盖面之广,具专业背景志愿者之众,持续时间之长为全国之仅有。[①]

第二,2013 年 11 月 21 日,《上海市实施〈中华人民共和国残疾人保障法〉办法》(以下简称《办法》)由上海市第十四届人民代表大会常务委员会第九次会议修订通过,自 2014 年 4 月 1 日起

---

① 数据显示,截至 2019 年 10 月,上海市已有 21 家商业影院定期放映无障碍电影,参见"上海发布"微博、微信公众号等。

施行。《办法》中对开设无障碍电影专场、举办无障碍电影日作出了明确的规定。这是全国省级人大常委会中首个用法规形式设立的无障碍电影日。自 2014 年起，每年的 10 月 15 日无障碍电影日上海都会举办各种形式的无障碍电影活动。

第三，无障碍电影已经列入上海市残疾人联合会工作统计。据中国残疾人联合会编辑的《中国残疾人事业统计年鉴》(2018)刊载的《2017 年上海市残疾人事业发展统计公报》中，公布了无障碍电影制作和放映场次的数据。笔者查阅了该年度其余 31 个省、自治区、直辖市，及新疆生产建设兵团的统计公报，公布这方面数据的只有上海一家。

虽然，上海的视障残疾人总数与兄弟省市相比并不算多，据统计，也就是十六七万，对于庞大的总人口来说，视障人口比例极小，但是从绝对数来看，这是一个客观存在、不容忽视的特殊社会群体。

上海作为中国电影的发源地和国际化大都市，努力通过无障碍电影丰富视障人士的精神文化生活，已经成为一种社会共识，并逐步得到有关部门的重视支持，获得不少公益组织、社会各界志愿者的积极参与，无障碍电影服务已经成上海文化助残的知名品牌。十几年来，上海无障碍电影事业走着一条不断探索进步的道路。上海的做法和模式具有不少值得思考总结的地方。

上海无障碍电影的发展可从纵向与横向两个维度来审视。

1. 纵向发展的五个阶段

第一阶段，始于 2007 年的"为社区盲人讲电影"，由一批志愿者在社区活动室为盲人们讲解电影，这是上海无障碍电影的最初阶段。活动时间不固定，播放讲述的影片为多年前的老片，受益盲人观众比较少。上海无障碍电影第一位讲解志愿者为上海科技馆退休研究馆员王世杰，视障观众对他的讲解评价是"讲解到位，文字优美，声音洪亮，语调抑扬顿挫"。

图 1-11　王世杰首次为盲人讲解电影（王世杰提供）

第二阶段，2009 年上海市残联、上海电影评论学会①和上海图书馆联合成立了"无障碍电影工作室"，借助上海电影译制片厂、美术电影制片厂、上海电影音像出版社等电影机构的社会资源，制作配有解说的无障碍电影光盘，以图书馆和各级残联为载体和渠道，向残疾人提供借阅和放映服务。截至 2019 年底，工作室共制作 163 部无障碍影片，分发至市区两级公共图书馆、区县残联、社区文化中心等，免费为残疾人提供借阅或定期组织残疾人观看。

图 1-12　上海无障碍电影
工作室 LOGO

第三阶段，2012 年 6 月，有着近百

———————

① 　成立于 1986 年，以推动影评，促进创作，繁荣电影为宗旨，从事电影评论及有关活动的学术团体，学会几届领导都把支持和开展造福于视障听障和失能老年人的无障碍电影活动作为己任，成为上海无障碍电影服务的一支重要力量。

年历史的上海国泰电影院挂牌成为上海乃至全国首家无障碍电影院，并推出无障碍电影专场，每月定期放映一部新片，组织残疾人走进影院免费观影。

无障碍电影专场由上海电影制片厂退休员工蒋鸿源等志愿者撰写解说稿，上海广播电视台播音员主持人现场讲解。随后，全市各区陆续在本区一家商业影院开设无障碍电影专场。从此，无障碍电影服务走上正轨、形

图 1-13　淮海中路上的国泰电影院

图 1-14　无障碍电影院揭牌仪式（国泰电影院提供）

成规模，每月放映比较新的影片，每年能够放映 200 多场次，服务视障人士达 2 万多人次。为了方便残疾人观影，上海市残疾人联合会官网、"上海发布"公布了影院名单，如图 1-15 所示。各区残

区	电影院	地址	联系电话	备注
上海市市级（黄浦区）	国泰电影院	黄浦区淮海中路870号（茂名南路口）	021-26060200	每月放映一次
徐汇区	徐汇新衡山电影院	徐汇区衡山路838号（近天平路）	021-54960742	每月放映一次
静安区	静安沪北电影院	洛川东路500号3楼	021-56318139	每月放映一次
长宁区	上海影城	长宁区新华路160号	021-62280268	双月放映一次
普陀区	长风大悦城华谊兄弟影院	普陀区大渡河路178号4-5层	021-51600168	每月放映一次
虹口区	曲阳影都	虹口区曲阳路570号（近玉田路）	021-66530222	每月放映一次
杨浦区	杨浦sfc百联影城（义·城店）	杨浦区淞沪路8号（百联义·城购物中心）8楼	021-65247801	每月放映一次
浦东新区	浦东新区兰馨悦立方	浦东新区张杨路400号	021-50281097	每月放映一次
宝山区	宝山区 UME国际影城	宝山区牡丹江路318号诺亚新天地广场4楼	021-56577776	9月放映一次
闵行区	泰禾影城	闵行区浦江镇陈行公路2688号401A	021-64127172	7、8月各放映一次
	华夏卡尚国际影城	闵行区华漕镇运乐路569弄3号2楼310单元		1月、2月、3月、4月、5月、6月、10月各放映一次
	海上国际影城	沪闵路6088号龙之梦4楼		11月、12月各放映一次
	保利国际影城（江川店）	鹤庆路900号老闵行碧江广场4号楼3层		
嘉定区	嘉定影剧院	嘉定区城中路149号	021-69992022	每月放映一次
	嘉定区美亚影城	嘉定区马陆镇宝安公路3718号永润星辰购物中心3楼		每月放映一次
金山区	朱泾电影院（大光明）	金山区朱泾人民路160号朱泾图书影视商厦6楼（近方安街）	021-67329892	每月放映一次
松江区	松江太平洋影城	松江区文诚路500弄1号4楼	021-67663951	每月放映一次
奉贤区	奉贤南桥电影院	奉贤区南桥镇南桥路333号	021-57101542	单月放映一次
	泰日影院	奉贤区金汇镇泰日社区泰青路318号		双月放映一次
青浦区	青浦永乐国际影城	青浦区青松路37号	021-59729295	每月放映一次
崇明区	崇明影剧院	崇明区八一路488号（近北门路）	021-69610160	每月放映一次

图 1-15　无障碍电影院名单（2019 年）

图 1-16　无障碍电影放映活动："我和无障碍电影有个约会"

联委派专人负责联络组织残疾人观影,有的区还通过街镇残联协助组织观影。

第四阶段,成立专门制作机构,建立社区无障碍电影阳光院线。2016 年 2 月,上海光影之声无障碍影视文化发展中心(简称"上海光影之声")经市民政局批准成立。该中心是专事电影作品无障碍化加工的民办非企业单位。创办并担任主任的盲人韩颖女士,曾获得"全国自强模范"、"上海市三八红旗手"等称号,多年来一直参与无障碍电影相关项目及宣传活动。

图 1-17　韩颖在电脑前工作(上海光影之声提供)

这些年来,"上海光影之声"已经逐步形成了无障碍电影解说稿撰稿审稿志愿者团队、无障碍电影配音志愿者团队。每年都制作完成 50 余部质量较高的无障碍影片,并通过阳光院线网络,传输至基层社区 100 多个无障碍电影放映点。自此,上海的无障碍电影事业跨入了精准化、规范化、艺术化、数字化的发展新阶段。

据《上海市残疾人事业"十三五"发展规划实施情况中期评估报告》披露:至 2018 年,上海市街镇(乡)无障碍电影放映点覆盖率已经达到 80%。2019 年,市残联、上海光影之声与徐汇区残联开展了阳光院线管理运营机制探索创新试点,试点成功后将在全市推广,在 2020 年底实现全市各街镇设立阳光院线无障碍电影放映点。

第五阶段,由"至爱影院——无障碍观影"项目方制作的配有无障碍音轨的新片《囧妈》定于 2020 年 1 月 25 日大年初一,在上海 50 家影院与《囧妈》通行版同步上映。上海的视障人群又有一种无障碍电影观影新模式、新渠道。这意味着上海率先成为我国无障碍同步观看新上线影片的城市。据介绍,"至爱影院"配备了接受无障碍音轨的电子解码器和特制耳机,放映厅可以在放映普通影片版本的同时,通过电子射频向特制耳机发送无障碍音频,由此实现视障人群与普通人同场观影。当影片放映时,视障人士不仅可以听到原汁原味的声音效果,享受听觉盛宴,同时可以收听无障碍解说。该项目由上海市电影局、中央宣传部电影技术检测所、长三角电影发行放映联盟指导,上海市电影发行放映行业协会联合上海电影家协会、上海电影评论学会、上海电影技术厂有限公司联合设立"至爱影院"平台。著名演员、导演徐峥作为项目的第一批响应者,提供片源并参与了《囧妈》无障碍音轨制作。关于"至爱影院"项目诞生的意义,用应邀出席启动仪式的中国传媒大学教授秦喻明的话说,"今天'至爱影院'的技术,使得视障人士和非视障人士能够真正平等地享受电影这项文化产品,从本质上进入到一个人人平等的世界。"①

---

① 程晓筠:《让视障人士享受电影,"至爱影院"上海启动》,澎湃新闻 2019 年 11 月 28 日。

图 1-18　"至爱影院"无障碍观影项目开幕式

　　上海市电影发行放映行业协会根据"2019 年上海市星级电影院"名单在全市范围内甄选出 50 家影院作为首批"至爱影院"并发布。影院分布于全上海主要城区及商圈。上海还将通过长三角电影发行放映联盟,将"至爱影院——无障碍观影"项目辐射到长三角各重要城市。

　　小荷才露尖尖角,不期"疫情"来摧残。因突发新冠肺炎疫情,影院全面停业,《囧妈》改为网络播映,首部无障碍版电影于春节在各大影院与视障观众见面的计划流产。但是,"至爱影院"项目并没有停止运行。9 月 30 日,上海市电影发行放映行业协会举办"走向美的生活,全面建成小康社会"主题影展,并在开幕仪式上宣布,新片《我和我的家乡》无障碍版将于 10 月 1 日与通行版同时上映,"至爱影院——无障碍观影"项目重新启动。

　　分阶段说,只是为了体现上海无障碍电影起步发展提升的一个主要脉络和应用技术表征。其实,它们并不是彼此独立的,而是一个各具功能、并行互补、接力传承、发展提升的过程。比如,第四阶段是第三阶段向乡镇社区的发展和延伸,同时体现了质量提升、技术进步的方向。第五阶段又是无障碍观影技术和服务的迭代发展,是与国际先进水平接轨的新动作。它们在上海的无障碍电影发展历程中,有着各自的生命力和存在理由。无论是从历史发展还是现实需要来看,上海的无障碍电影都需要几条腿同时迈进。

2. 横向存在的四个组织

上海无障碍电影服务发展到当下的格局,主要依靠四大团队的存在和运行。客观地说,这些不同的存在,贴合了广大残障人士对无障碍电影不同层面的需求,我们还可以从中窥见无障碍电影发展具有前途,且有可行性的方向。

第一种存在,是影院每月一场的现场解说无障碍电影活动。这个已经进入第九个年头的无障碍电影服务形式,仍然深受视障残疾人的欢迎。其主要原因在于观影者能够踏入正规电影院观影,更具有平等感和仪式感;广播电视主持人等专业的现场解说具有亲和力,有时观影残疾人还可以与自己喜欢的播音主持人近距离接触;这里环境宽松宽敞,便于视障人员聚集交流,满足社交需求。

这里必须提到由东方广播中心发起的上海广播电视台无障碍电影公益解说志愿者团队。2012 年 6 月正式成立时,团队只有 8 位播音主持人,9 年来不断发展壮大,如今已经成为有着近400 名成员的大型公益志愿者团体。其中成员包括 SMG(上海东方传媒集团有限公司)众多播音主持人,区级广播电视台播音主持人,上海市部分高校播音专业师生,以及国内电影演员等。2019 年 5 月 16 日,在第六次全国自强模范暨助残先进表彰大会上,该无障碍电影公益解说团队获"全国助残先进集体"荣誉称号。截至 2019 年 5 月,该无障碍电影解说团队已经成功举办

1 200 余场无障碍电影放映活动,受益残疾人已经达 14 万余人次。

近年来,这种现场解说无障碍电影活动还呈现出新的特点:

一是内容的丰富性。志愿者组织方积极争取各方面的支持,想方设法在电影放映现场开展互动,营造"彩蛋效果",给前来观影的视障人士带来惊喜。2016 年,上海星格影业拿出最新电影《探秘者》的样片,委托上海广播电视台无障碍电影公益团队解说。影片放映结束后,影片男、女主角及制片人突然现身,与盲人朋友展开了一场精彩的互动。第一次与"电影中的人物"亲密接触,一时间,可容纳 150 个座位的影厅沸腾了起来,盲人朋友激动万分。有了非常成功的第一次,从此开始,无障碍电影放映活动中经常会有类似的惊喜。比如:在放映无障碍电影《摆渡人》时,邀请该片导演张嘉佳、配音演员叶青与视障观众交流互动;在放映纪录电影《盲行者》时,邀请该片导演韩轶和主人公盲人曹晟康到场,参与解说并与视障观众进行互动;在放映故事片《那些女人》时,邀请主演之一、上海演员剧团团长佟瑞欣与视障观众现场交流,并参与影片的现场解说。2019 年 10 月,第七届上海无障碍电影节为视障观众放映新片《攀登者》,为此,组织方还邀请到了登山家、"2019 年劳伦斯体育奖"获得者夏伯渝与现场的视障观众分享自己的登山经历,重温肢残后登顶珠峰的激动心情,还有残奥会冠军赵继红和张冲为大家回顾了自己体育生涯中最难忘的时刻,传递他们身残志坚,勇敢无畏,攀登高峰的精神力量。配合随后放映的无障碍电影《攀登者》,在残疾人心中引起了强烈的共鸣,激发出满满的正能量。

这些活动逐渐成为上海无障碍电影影院放映活动的有机组成部分。不仅在形式上丰富了无障碍电影放映活动内容,更为重要的是把无障碍电影放映和电影界人士等互动结合起来,既开阔了视障人群的社会接触面,建立起一种更广泛的文化沟通,使他们更多地感受到被尊重。同时,又让电影界人士乃至社会组织更多地关注到视障群体,了解无障碍电影公益活动和视障人群对电影的需求,更愿意在可能的范围内对无障碍电影给予支持。就如2019年5月,新上线的影片《进京城》的导演胡玫在与200多名残疾人一同观看《进京城》无障碍版后所说,她真正体会到了无障碍电影的意义,今后很愿意用自己拍的影片制作无障碍版,为残疾人做公益。

图 1-19　导演胡玫与上海市残疾人联合会副理事长郭咏军在活动现场

二是充分利用片源和解说脚本的资源,把无障碍电影现场解说这种形式向长三角地区延伸,向全国边远城市辐射,惠及更多的盲童和视障者。2019年5月13日的全国助残日到"六一"儿童节期间,上海广播电视台无障碍电影解说志愿者团队举办"无障碍电影进校园全国爱心联动"(第三季)《飞驰人生》放映专场活动。在《飞驰人生》制片方和解说脚本提供方的大力支持下,联合南京、杭州、青岛、西安、重庆、乌鲁木齐等 23 个城市的盲童学校和特殊教育学校举行无障碍影片《飞驰人生》放映活动，当地广播电视台播音主持人参与现场解说。据反馈消息，许多视障孩子人生第一次用耳朵欣赏了电影，感到无比激动。同年 10 月 15 日的国际盲人节期间，开展了"无障碍电影进校园全国爱心联动"（第四季）活动，共有全国各城市的 41 家盲校特校参与，共同放映无障碍电影《烈火英雄》。

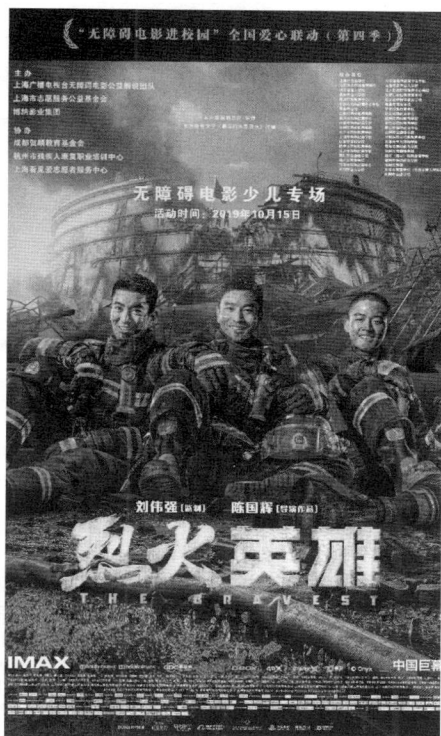

图 1-20 全国 41 家盲校特校联动放映《烈火英雄》宣传画（主办方提供）

第二种存在，是上海光影之声与上海新华数字电影院线有限公司高智网络科技公司联合制作的数字化无障碍电影。就其特点而言，一是以服务社区为中心，积极响应市残疾人联合会制定的《上海市残疾人事业"十三五"发展规划》中提出的，到 2020 年实现街道乡镇无障碍电影放映点全覆盖的目标要求，面向基层社区批量制作数字版无障碍电影。二是精心撰稿，讲究规范性和艺术性。上海光影之声从诞生之日起，就以质量为生命，倡导"让电影更像电影"的无障碍电影创作理念，制定撰稿规范，召开无障碍电影艺术研讨会，探索撰稿艺术规律，吸引和培养志愿者，组建有追求、有生机的撰稿审稿人队伍。三是配音专业，让好的解说稿变成好声音。上海广播电视台"无障碍电影公益解说团队"的专业播音员、主持人为配音录制的主要力量。据不完全统计，2016年至2019年10月，该团队共为"光影之声"录制了140多部电影解说脚本。四是后期采用解说词数字化合成，制作成数字电影同步放映电子文件，通过机顶盒储存传播，具有较大的便利性，为无障碍电影社区放映服务解决了片源问题。这方面存在，代表了无障碍电影从普及到提高的方向，只有不断提高质量，无障碍电影才能随着残疾人群文化程度和欣赏水平的提高，始终受到他们的追捧和喜爱，才能拥有真正的生命力。四年来，"光影之声"制作的无障碍电影有200余部，通过数字渠道传送到全市230个社区放映点播放。

图1-21 社区无障碍电影放映活动广泛开展

第三种存在，是以依托互联网为主的存在。上海电影评论学会十余年来坚持开展无障碍电影服务活动。他们将视障、听障和失能老人都作为服务对象，同时还开展具有电影特征的关联活动,比如,"电影造型人物、电影道具艺术展览""中外著名影片解析会"等,使无障碍电影活动具有了一定丰富性。更为重要的是,他们以互联网背景下的技术为支撑,对无障碍电影作品的传播方式进行探索尝试,制定云计划,进行云储存,实现云共享,这就有利于打破地域和时间的限制,使残障人士接受无障碍电影服务时更具有丰富性和选择性。应当说,这种方式在版权问题得到妥善解决的前提下,是无障碍电影发展的大趋势。

第四种存在,就是 2020 年初刚刚诞生的"至爱影院——无障碍观影"项目,仍有待成长成熟,有待配套服务的跟进,有待观影市场残障人士优待方式的尝试,有待残疾人朋友的检验和反馈。

以上四个存在,可以说是上海无障碍电影的支点和亮点,呈现了上海无障碍电影事业差异化蓬勃发展的一道亮丽风景线。至于将来这几个组织,以及他们所代表的无障碍电影服务形式的生命力和走向,目前尚不能完全预测。但是,各板块优势强项的交融整合,经验知识和相关人才互通共享,应当是上海无障碍电影持续发展和跨上新台阶的必由之路。

上海的无障碍电影走在了全国的前列,已经成为文化助残的金色名片和知名品牌,成为残疾人群切实感受城市温度的一处美好。上海无障碍电影的发展进步中,变化创新常在,而始终不变的是十几年来一如既往支持无障碍电影的上海市残疾人联合会,是一大批志愿者的坚守和奉献,还有多年来给予资金支持的上海市慈善基金会等组织。他们是支撑上海无障碍电影生存发展,向善向美的脊梁。

上海正在大力建设全球卓越城市,我们坚信,无障碍环境应当是一个卓越城市的标尺。上海的无障碍电影服务将会随着信息无障碍环境建设的推进,不断克服短板和不足,逐步成为公共文化服务的标配,成为残健共融共享的范例。

（五）我国无障碍电影发展仍处于瓶颈期

从全国无障碍电影发展现实来看，笔者完全同意李东晓教授早在 2013 年做出的判断，"我国的无障碍电影事业遭遇瓶颈"。[①]李教授当时所指出的这些问题都还基本存在，这个瓶颈期或许长了一些，但是已经有了好转的苗头和解决的希望，相信正在酝酿着突破和爆发。

从尚不完全的资料来看，全国一半以上的省市都已燃起了无障碍电影的星星之火。但总体现状尚不乐观。大多数还是社会组织举办的公益活动，以及爱心人士自发的电影讲解活动。而真正得到政府有关部门切实支持，得到有资金有技术实体企业参与的，得到社会公益慈善资金持续支持的，还是比较少。不少地方的无障碍电影活动虎头蛇尾，还有一些无障碍电影活动是因人而兴，因资金而息。有些地方无障碍电影服务水平仍然停留在初始的随机讲解阶段。能够有五年以上时间坚持发展的案例还是不多。

笔者以为，星星之火难以形成燎原之势的主要原因有四：

一是缺少国家及地方官方的有力支持和法律法规保障，个别地方即便有了立法规定，也主要属倡导性的，缺乏实施性、操作性的约束和监督跟进。

二是缺乏资金上的稳定持续支持。除了个别地方有官方性质机构，如残疾人联合会等定期购买服务，还有一些慈善类基金组织有限或阶段性支持以外，大多数无障碍电影服务仍然依靠志愿者的无私付出，往往难以长久维系。

三是由于我国的无障碍电影事业起步较晚，且没有形成专业

---

① 李东晓：《听见看见——影视媒体的无障碍传播研究》，杭州：浙江大学出版社 2013 年版，第 148 页。

化、系统化、规模化,参与无障碍电影的制作人员大多为志愿者。实践证明,志愿者富有热情与爱心,但缺少职业的选择与内心的坚守。更何况让一些非专业的人士来从事相对专业的工作,这就使得无障碍电影的质量难以稳定和获得保障。比如解说脚本撰稿要求高,难度大,普遍缺少熟练的撰稿人和有质量的解说脚本,缺少无障碍电影的撰稿规范和制作技术标准。而且在解说脚本撰稿方面的探索研究更是处于待开发状态。一如上海光影之声的创始人、盲人韩颖女士所说,撰稿的高要求不仅仅是希望提高视力障碍人士的观影体验,更是为了找到更加负责的志愿者。只有三分钟热度是坚持不下去的。只有真正关怀视障人士的人,才会不厌其烦,努力尝试做到最好。从志愿者招募的实际情况看,每十个人来尝试撰稿,大约只有两至三人能坚持将首部作品完成,而其中能继续参与撰稿的则更少。

四是电影作品的版权保护规定缺乏对支持无障碍电影的考量。《中华人民共和国著作权法》的第二章第四节"权利的限制"第二十二条规定"在下列情况下使用作品,可以不经著作权人许可,不向其支付报酬,但应当指明作者姓名、作品名称,并且不得侵犯著作权人依照本法享有的其他权利",其中第十二款仅规定"将已经发表的作品改成盲文出版"。现在看来修订相关法律,增加列入电影电视等作品很有必要。

由于版权的限制,无障碍电影的制作和放映活动经常遭遇尴尬。笔者曾从上海院线无障碍电影放映组织者处得知,2018年某月最后一周的院线无障碍电影放映准备工作正在紧锣密鼓地进行,落实放映场地及时间,确定解说志愿者名单。不料20日晚间突然传来消息,影片没有落实版权许可及密钥,造成各区影院无法顺利出票。而原来准备的备份影片,由于片方改变主意,不再提供样片,因此未能撰写对应的无障碍解说词。好在院线有关人士通过私人渠道联系到中影,确认该片版权及密钥还在走申请流程,最后经过各方努力,终于解决了问题。但是此类情况一旦发生,还是会令人手足无措。

尽管在现实中,版权问题经常困扰无障碍电影,但还是常有光明照临。比如经过有关方面协商,从国家级的拥有版权的公司取得某些影片的有限使用权;又比如通过努力,得到出品方的支持,取得一些新上映影片制作播放无障碍版的便利,如上海亭东影业有限公司出品的《飞驰人生》,北京联盟影业投资有限公司、安徽广电传媒集团出品的《进京城》等。2019年6月,影片《一条狗的使命》版权方阿里影业得知无障碍电影活动有需要,就主动延长了密钥期,保证了全市十几家影院无障碍电影专场的顺利进行。还有一些带有公益性质的励志片,如根据香港化工大王叶志成真实经历改编的影片《21:16》出品方给予的支持等等。这些显然是制片方、出品方、导演等机构与个人支持起到了决定作用,且大多还是属于社会责任和友情支持,没有走上正规化、制度化的轨道。在目前,这仍然不失为一种可争取的途径之一。

令人欣喜的是,在2019年全国两会期间,作为全国人大代表的著名导演贾樟柯提交了一份《关于发展我国无障碍电影事业的议案》。他认为,2018年中国生产电影超过了1 000部,电影已经成为大众最主要的文化娱乐形式之一。而残障人士,尤其是1 700万的视障人士,还有更多的聋哑人士,却很难分享电影这样的视听作品。贾樟柯提出了四条建议:一是建议国家为无障碍电影立法;二是建设、完善无障碍电影技术标准;第三,减少无障碍电影版权限定;第四,希望提升电影院的无障碍观影服务。①

---

① 《全国人大代表贾樟柯呼吁发展无障碍电影事业》,人民网2019年3月15日。

应当说,贾樟柯导演的几点建议,特别是关于无障碍电影的立法和版权方面的建议,切中了我国当下束缚无障碍电影发展的瓶颈和痛点。这些问题必定会引起有关方面的重视和逐步解决。

四、无障碍电影的发展趋势及展望

有关专家分析,中国电影近年来正处在历史发展的最好时期。无论是票房数据,观众数据,还是排名前十的影片国产片居多的事实,都是明证。而这些数据的重要支撑是政策的日趋完善。2017 年 3 月《中华人民共和国电影产业促进法》正式施行,2018 年 12 月国家电影局出台了《关于加快电影院建设促进电影市场繁荣发展的意见》,2019 年中央全面深化改革委员会审议通过《关于深化电影业综合改革,促进我国电影业健康发展的意见》等等,不胜枚举。在中央政策的基础之上,各地也制定了相应的政策措施,支持电影事业发展,提高电影创作质量。这些可以说为无障碍电影的发展提供了一个有利背景和空间。

经过十余年的磨炼成长,我国的无障碍电影已然少年,正在走向成年。我们的社会和广大残障人士需要成熟健康的无障碍电影及完善的服务。

有文章说,2019 年,中国无障碍事业进入了黄金期,在我国无障碍事业发展的里程碑上留下浓墨重彩的一笔。笔者以为,2019 年也是我国无障碍电影事业发展较快较好的一年。

年初,全国人大代表、著名导演贾樟柯关于无障碍电影的提案,向我国无障碍电影发展道路上的"拦路虎"开了一炮。

年内,不少新电影制作方、投资方,提供新片片源以便制作无障碍解说脚本,供专场使用,方便残疾人士观看。2 月份有上海亭东影业公司出品的贺岁片《飞驰人生》,9 月份有北京博纳影业集团有限公司出品的灾难剧情片《烈火英雄》；10月份有上海电影（集团）有限公司出品的国庆70周年献礼片《攀登者》。

10月15日国际盲人节前后，上海广播电视台无障碍电影志愿者团队牵头的"无障碍电影进校园全国爱心联动"（第四季）得到全国41个城市响应，当地广播电视台的播音主持人纷纷来到盲童学校和特殊教育学校，为孩子们解说新片《烈火英雄》。活动呈现出辐射更广、增长快速的良好态势。

11月6日至8日，中国盲文图书馆在广州省立中山图书馆举办"无障碍电影制作培训班"，培训对象为全国从事无障碍电影服务的志愿者、公共图书馆盲文阅览区相关工作人员，通过培训具备承担开展无障碍电影服务工作的能力，这对全国无障碍电影的发展起到助力作用。

图 1-22　无障碍电影制作培训班开幕（乌日娜提供）

11月26日，上海"至爱影院——无障碍观影"项目启动，宣布徐峥导演并主演的影片《囧妈》，唐季礼执导的影片《急先锋》都在制作无障碍版，并在2020年春节档上映，届时视障人士可以与家人同场欣赏上线最新影片。

12 月，中国盲人协会、中国残疾人联合会宣文部举办"无障碍电影发展与推广研讨会"，会议通过了《关于支持无障碍电影发展的倡议》，呼吁社会各界积极捐赠版权，加强无障碍电影标准化，拓展无障碍电影服务渠道，提高无障碍电影的服务范围和服务效果。

12 月，由中国盲人协会、中国残联宣文部主办的"移动电影院无障碍版"，和由中国盲文出版社、上海永乐股份有限公司、康艺无障碍影视发展中心制作的"无障碍电影"App 正式上线。两个平台的投入应用，意味着中国视力障碍残疾人有了专属的、更便捷的线上观影通道。

大动作不断，大趋势向好。最令人欣喜的是中国无障碍电影"国家队"的浮出水面，无论是否可以做到实至名归，但他们在发挥带头引领作用方面将义不容辞。

在这个基础上，全社会可以从这几个方面对发展无障碍电影有更多的思考，并为之不懈努力。

（一）公益化制度保障

这些年来，党和各级政府都越来越重视，并大力发展公益性的文化事业，以保障人民的基本文化权益。许多公益性质文化设施、文化形式、文化活动成为人民群众看得见、摸得着、享受得上的福祉。十几年来全国各地十分有限的无障碍电影公益活动实践证明：仅仅依靠志愿者的爱心之举，仅靠某些赞助或慈善资金的支持，无障碍电影活动难以长久维系，更谈不上质量的提高。2019 年 10 月召开的十九届四中全会提出要"健全人民文化权益保障制度"，体现了群众文化建设的方向和目标。以上海为例，上海近年来在文化制度建设和文化资金投入方面做出了很大的努力，取得了显著的成绩。如设立文学艺术奖等评奖遴选机制，启动上海文化发展基金等进行专项资助，除此之外，每个年度向社会力量购买社会公共文化服务,助残方面有年度助残服务政府采购项目,其中就包括了无障碍电影社区服务项目。持续增加的残疾人文化服务供给,扩大了社区残疾人文化活动的覆盖面和参与率。完全有理由相信,无障碍电影作为残疾人与健康人平等共享文化艺术成果的有效渠道、残疾人文化生活的重要组成部分,会在全社会建设文化强国的共同努力下,在加强人民文化权益保障制度建设的有利条件下,取得更为重要的地位。有明确的政策法规支持和稳定的资金保障,无障碍电影将具有更好的生存和发展环境,成为一种基本的、便利的文化服务,更好地满足残障人士对电影文化的需求。

(二)产品无障碍信息综合化

在制作数字版无障碍电影产品时,可以尝试集成融入视障解说、听障字幕,乃至手语图像等帮助残障人士理解电影的无障碍信息,制作成综合版的无障碍电影,以扩大无障碍电影的服务功能和服务对象。这种服务形式几年前在日本已经有尝试。据报道,2016年,由日本四大电影公司松竹、东宝、东映、角川组成的日本电影制作者联盟宣布,将利用智能手机、眼镜型的视听设备向视听障碍者提供专门的字幕以及声音解说服务,并已率先在东京都和埼玉县的3个电影院试点放映了6部日本国内作品。听觉障碍者戴上类似眼镜的头戴式显示器(HMD),并配合使用装载在智能手机上播放字幕的应用软件UDCAST,就能在看电影时将电影音效等利用HMD的麦克风自动转化成字幕呈现出来。视觉障碍者戴上装有UDCAST软件的耳机,就可以收听声音解说。有了这些视听设备和软件,视听障碍者就能实现与朋友一起在影院欣赏电影。①

---

① 《日本影院为视听障碍者提供设备支持》,中国社会科学网2016年3月14日。

上海市残疾人联合会也在这方面进行推动和尝试。

（三）制作骨干队伍专业化

在无障碍电影的选片、撰稿、制作、研究、推广、培训方面需要有一批专业人员作为骨干和中坚，要使一些具有丰富实践经验的人员能够以此为职业，稳定地从事无障碍电影制作，还要动员、吸引院校和科研机构的专家教授参与进来，带动年轻的志愿者开展无障碍电影活动。这样，无障碍电影队伍才会形成更大的规模，更合理的结构。从事者既有爱心的热情，又有学养的冷静；既有社会各方的志愿者，又有理论见长的师资。即使是志愿者队伍，也要在参会登记、组织培训、任务分工、修改审核等方面进行完善的专业化管理，这样才可以保证无障碍电影事业能够吸引人才，稳定队伍，持续发展，源流不断。

（四）产品供给和服务网络化

网络化包括两个层面，一是提高无障碍电影的互联网服务的数量和质量。这是有效解决残障人士庞大的需求量和服务有限的承载量矛盾的根本途径。网络空间是亿万民众共同的精神家园，自然也是残障人士的精神家园。5G时代正在到来，要借目前正在逐步投入使用的5G网络东风，利用5G的高带宽、低延时的优势，让通过互联网平台提供的无障碍电影视频音频效果更加流畅清晰。2020年初，新冠肺炎疫情暴发，导致影院全线停工，无障碍电影现场放映解说也一并停滞。而线上影院却体现了其优越性和受欢迎度，互联网电影平台走进了千家万户，这也是无障碍电影发展的一条必由之路。目前，北京和上海都有无障碍影视机构在做这方面的努力，相信会越做越好。另一层面是建好社会放映服务供应网络，做好服务工作。比如，上海就有市、区层面的商业影院无障碍电影专场服务，有街道、乡镇无障碍电影放映点，还在进一步向社区活动室延伸。其中除了片源供给、技术保障以外,工作人员组织服务的周到细致也很重要,保证好事完美落地。

(五)版权避险:从"单点突破"走向规制健全

我国作为世界知识产权组织(WIPO)成员国,已经与 80 多个国家共同签署了争取视障人在著作权方面权利的《关于为盲人、视力障碍者或其他印刷品阅读障碍者获得已出版作品或其他印刷品提供便利的马拉喀什条约》(简称《马拉喀什条约》),也正在为批准条约积极进行着对著作权法等相关法律法规的修订和完善。在目前法律层面的版权问题没有解决之前,如果未获得版权方的特别授权,制作和传播无障碍电影都面临着很大的风险。所以,当前可以采取"单点突破"的方式,就是影片导演、制片人,或者影业公司主动提供,或与其协商同意,在完成影片的音轨中增加无障碍解说信息音轨。这样视障人士就可以在影院中同步欣赏新片的无障碍版专场,与正常人同场共享院线电影。同时,还要积极推动《著作权法》的修改与有关法律制度的制定。上海广播电视台东方广播中心主持人曲大鹏长期参与"无障碍电影"公益志愿者活动,对于电影版权的"痛点"有着深切的体会。他曾经通过媒体呼吁,能否参照盲文的版权法内容,在电影版权上增加修订条例,为同样针对盲人的无障碍电影"解禁",这样不仅让视障群体享受到更平等的收视权利,也有利于无障碍电影在市场上真正实现"无障碍"。从国际口述影像发展趋势来看,实行版权"例外",同步制作上映,这是解决视障人群欣赏电影的一种主要方式。还可以考虑上海市人大代表王秋月在 2020 年 1 月的上海两会上提出的建议,将无障碍电影列入无障碍环境建设立法,让无障碍电影真正"无障碍"。①这样将更加有利于通过立法,消除

---

① 姚丽萍:《上海市人大代表王秋月:让无障碍电影真正"无障碍"》,《新民晚报》2020 年 1 月 5 日。

无障碍电影发展道路上的阻力。

（六）期待理想生态环境

第一，国家层面，制定法律和规章，提供法制支持和保障，重点解决版权合法化和无障碍电影的法律地位以及残障人士的权益；舆论倡导，在我国倡导的残障人士平等参与的基础上，引导树立共融共享的助残新理念；经费保障，确保无障碍电影事业的经费来源的合法性及稳定性。

第二，各级残疾人联合会给予无障碍电影相应重视，统筹协调各方力量和资金，依据法律，用足政策，实现效益的最大化；有关服务视障人士的机构，诸如盲人出版社、盲人图书馆等利用有利条件和资源，助力无障碍电影发展目标实施。

第三，电影管理部门、电影投资制作方、电影技术质量监督部门，都要履行法律义务，保证无障碍电影的制作和应用。

第四，无障碍电影公益组织和志愿者，积极参与制作放映解说等活动，提供爱心和智力支持。

第五，大专院校及相关电影研究机构牵头开展无障碍电影理论与实践研究，主导和加强专业性、多层次的人才教育和培训。

（七）科技应用前景

我们生活在一个拥有无限可能的时代。

深圳信息无障碍研究会提出了一个口号：让每一个人都能通过科技手段平等地享受现代文明。电影肯定属于现代文明成果。

当前，科学正在经历一场深刻变革。一方面，随着计算机技术的飞速发展，量子计算机时代的到来，再加上人工智能，新工具正在不断拓展探索新的疆域；另一方面，跨国、跨界的学科交流将为人类开拓新的事业和思路。科学家们在展望，人类将掌握宇宙万物的运行规律，真正抵达人类文明尚未到达的远方。他们尝试，通过计算机可以像下载电影一样下载人的记忆和想法……

　　就无障碍电影的生产制作而言,可以预测,最先被取代的将是人工解说。现在的语音合成技术已经从规则驱动转向数据驱动,大大提升了语音合成系统的描述能力。比如讯飞、百度、腾讯都有了比较成熟的人工语音技术,有海量样音模板和几十位合成主播供选择。随着下一步人工语音对自然语言的理解,对文本处理能力的提高,预测句子焦点、情绪、语气语调等涉及情感表达的技术不断成熟,合成语音的表现力将大大丰富,用人工语音为无障碍电影解说词配音或许会在不远的将来全面实现。清华大学无障碍环境发展研究院已经开发出了"大画幅视觉图形显示终端",盲人可以借此阅读文字和认知图片。①

　　近几年来,脑机接口技术正在升温成为一项前沿技术,这是一项融合了人类思维和机器设备的新兴技术。该技术的最大价值在于通过人脑与机器的融合,可以打破当前人类与机器、人类与环境的交互方式,让人类能够突破肉体和工具的局限,特别是帮助那些存在认知和行动障碍的残障人士能够恢复行动,比如大脑信息的上传和下载,让肢残人士重新站起来,让视障人士重新构建视觉认知等等。美国埃隆·马斯克创办的脑机接口公司Neuralink 2019 年 7 月高调宣布,2020 年就可以进行人体试验,将超细电极置入人的大脑深处,可修复任何大脑问题,包括恢复视力、治疗瘫痪和老年痴呆等。2020 年 8 月 29 日,埃隆·马斯克召开 Neuralink 发布会,通过直播方式,展示脑机接口新设备,

---

　　①　近期已经有学者对人工语音在口述影像方面的应用和视障用户的接受度方面进行了研究和测试。研究和测试结果表明,除了与内容理解相关的指标外,真人声音口述影像的其他指标得分均高于语音合成。由此可见,视障人士更加喜欢真人声音口述影像。但还是有一半以上的被测试者认为,语音合成口述影像不但可以是一种过渡方案,甚至可能成为一种永久解决方案,为视障用户带来更多的无障碍电影。参见肖维青、董琳娜:《视听翻译新发展:语音合成在口述影像中的应用——基于针对视障人士的接受试验与调查》,《东方翻译》2020 年第 2 期。

及其微创植入人类大脑的方式,且可以通过手机应用软件进行控制。

人类对科技力量的探索与发现,必然给残障人士带来更多的便利和福音。也许有一天,利用技术,通过脑电波的传输,跳过视力残疾,直接在他们的大脑里生成和重现电影的影像画面,让他们不用眼睛同样可以真实欣赏电影的五彩世界,彻底改变盲人及视障者观赏电影的方式。届时,我们现在所讨论、所从事的无障碍电影撰稿、配音、制作等将被淘汰,无障碍电影这个名词将成为历史。我们无障碍电影人和广大视障人士共同期待这一天的早日到来。

总而言之,现代科技的突飞猛进给了人们大胆设想的无限空间。国家政府对于残疾人事业的战略重视、政策倾斜和法律修订跟进,特别是全社会从"无障碍"到"无障爱"的理念转变,给残障人群带来越来越多的福音。我们坚信,无障碍电影一定会解除羁绊,插上翅膀,飞向蓝天,成为残障人士美好生活的有机组成部分。

五、国内无障碍电影研究尚待春天

近年来,无障碍电影逐渐引起了国家有关部门的重视,引起了媒体及相关教研人员的关注,出现了不少新闻报道,并且有了一些涉及无障碍电影的文章和著作。通过各方查询阅览,发现大部分文章主要是介绍我国无障碍电影的发展、现状和存在问题,阐述其重要的社会文化意义,并从制度层面、传播渠道等提出改进设想建议,而真正涉及无障碍电影如何制作、解说脚本如何撰写等实务内容的文章实属凤毛麟角。

笔者试对这些著述做一个简单梳理。

潘祥辉、李东晓的论文《绘声绘色：中国无障碍电影的发展及展望》，文章提及解说脚本撰稿的难点所在，"将视觉画面编码转换成声音信号是困难的，特别是对电影而言，每一幕影像停留的时间都非常短，画面内容丰富，解说者需要将场景、人物，如在什么地方，有什么对象，人物的表情、穿着、行为等等都要解说清楚。"①

马波在《无障碍电影的艺术特色与二度创作》中，提出了无障碍电影解说脚本的写作和讲解的要求及写作者应当具备的条件，如"讲解要有一定的节奏感、律动感"，"讲解脚本应删繁就简，突出故事主干和主要人物，删去一些枝枝蔓蔓"，"留出一定的空间弹性，给视障观摩人士以思考的空间，消化他们所听到的讲解"。该段文字虽然只有 300 余字，但是见地有益，给人启发。②

朱俊溢是一位心理学博士、心理咨询师和音乐治疗师，又是一位盲人，他的文章《口述影像——视障者在光影世界中行走的秘密》从盲人观察电影的特殊角度、写作脚本的特殊方法，以及演绎脚本的基本要求等，从盲人的角度和需求对无障碍电影做了十分切实有用的研究论述。③

当然，需要提到的著作有两本。一本是前面提到的李东晓教授的《听见看见——影视媒体的无障碍传播研究》，其中第五章"无障碍电影及其在我国的发展"比较详细地研究了无障碍电影的概念，中国无障碍电影的发展历史与现状，国内无障碍电影发展存在的问题和瓶颈，对无障碍电影今后发展的建议及展望。该

---

① 潘祥辉、李东晓：《绘声绘色：中国无障碍电影的发展及展望》，《浙江学刊》2013 年第 4 期。

② 马波：《无障碍电影的艺术特色与二度创作》，《中国残疾人杂志》2016 年第 2 期。

③ 朱俊溢：《口述影像——视障者在光影世界中行走的秘密》，黑龙江残疾人福利基金会网站，2019 年 3 月 11 日。

著作是 2013 年浙江省哲学社会科学规划"之江青年学者"资助课题、浙江省传播学重点学科成果。该书的资料及数据较为翔实，观点客观严谨。

另一本是台湾淡水大学教授赵雅丽博士的《言语世界中的流动光影——口述影像的理论建构》，此书在口述影像的探究方面，从理论性和实践性上有更多更深入的结合。可以说，该书为口述影像建构了理论的基石，为视障者开启了得以触碰的影像窗口。特别是赵雅丽提出的口述影像撰稿者面对画面讯息，怎样在视觉符号与语言符号这两大符号体系之间相互转换，进而探索并解析从"翻译""再现"到"表现"之间的联系与区别，提出了口述影像的叙事原则与策略，最为重要的是"要如何说，才能说得更像看一部电影"，实现口述影像服务的"普及化、生活化、精致化"的目标。在口述影像研究方面，她把"尽量透过语言对画面进行描述，以弥补视障者与观众在观赏效果上产生的落差"，作为口述影像整体研究的"原点和核心"。总之，赵雅丽为人们打开了一个如何帮助视障者听懂和理解电影画面的独特的研究维度，为进一步研究口述影像及无障碍电影，另辟了一条蹊径。

尽管赵雅丽教授的观点有点抽象，表述文字也略嫌艰涩，但能言之成理，自成一家。该著作既有着客观冷静的学理分析与表述，在字里行间读者还可以感受到她作为女性学者的温柔周到，和对于视障人群发自内心的爱心与理解。她的著述在解惑的同时，也浸润柔软了每一位捧起这本书的读者的心。

如果说李东晓教授专著涉及无障碍电影的相关论述，主要还是"外壳"，提出了无障碍电影在制作传播方面的话题，也指出了存在问题的难点和焦点，可以帮助我们了解国内无障碍电影事业的演进及方向；那么，赵雅丽教授的专著对口述影像研究涉及的则是无障碍电影的"内核"，既解析了问题的实质，又提出了解决问题的理论依据和思路框架。尽管总的来说仍属于学术研究范畴，而非无障碍电影解说脚本写作导引或规范，但是她所建构的理论，对于研究和撰写无障碍电影解说脚本，有着重要的启示意义。

还有一本是北京市红丹丹视障文化服务中心编印的《视觉讲述手册——电影讲述》，笔者早有听说，但遍寻不得，直到2019年秋天在网上高价购得。该手册于2015年4月印制。内容分为两个部分。第一部分讲理念，包括什么是电影讲述，电影讲述的相关概念，关于电影讲述人，如何理解电影作品等；第二部分为实际操作，包括如何为盲人观众讲述一场电影，讲述脚本的完整案例，提升讲述能力的三个阶段，以及讲述人测评和解说技术等。该手册的最大特点是以例立论，示例导人。全书共96页，所采用的三个案例和一个完整的讲述脚本，占了63页，外加5页的表格，论述内容不到30页，理论阐述略显单薄，有的例子也缺乏说服力。笔者觉得，该书的理论阐述，在电影表达与无障碍电影讲述之间，在无障碍电影讲述与盲人接受对象之间，似乎还缺乏有机的勾连。还是应当肯定，该手册的可贵之处在于其系中国大陆首个为视障人群讲电影的公益组织编纂的实用手册，闪耀着敢为人先，甘做人梯的自有的辉光。

在这里，笔者要特别提到拜读过的一篇内部专文《无障碍电影解说词撰写基础》，该文是上海光影之声资深撰稿审稿人于江所写。于江退休前在上海开放大学从事残疾人教育工作。他把几年来的撰稿审稿实践心得用心归纳，梳理成文，共1.6万余字，分为四大部分，包括相关概念，解说词脚本的格式要求，解说词撰写的基本要求，结合大量案例，客观地总结阐释了撰稿中的一些普遍性问题及解决方法，具有一定实际操作性，很适宜作为撰稿志愿者培训的教材。

还有必要提到的是,上海光影之声成立五年来,为了保证和提高无障碍电影产品质量,在无障碍电影撰稿规范制定和理论研究方面做了许多拓荒性的工作。近年来先后三次举办无障碍电影撰稿研讨会(详见本书附录二《"上海光影之声"三次无障碍电影研讨会述评》),还于 2018 年制定了《无障碍电影解说稿撰写规范》(试行)(以下简称《规范》)。据笔者所知,这部《规范》是上海无障碍电影解说稿撰写方面的第一部规范,内容比较全面,重点突出,指导性强,便于操作是其鲜明特点。有所不成熟在所难免,其开创意义和指导意义自不待言。只是该《规范》于 2018 年 8 月经上海市版权局做了作品登记之后,既没有刊载发表,也没有见到印发使用。

作品登记证书

登 记 号:沪作登字-2018-A-01165477

作品/制品名称: 无障碍电影解说稿撰写规范　作品类别: 文字作品

作　　者: 上海光影之声无障碍影视文化发展中心　著作权人: 上海光影之声无障碍影视文化发展中心

创作完成日期: 2018年06月15日　首次发表/出版/制作日期: 未发表

以上事项,由上海光影之声无障碍影视文化发展中心申请,经上海市版权局审核,根据《作品自愿登记试行办法》规定,予以登记。

登记日期: 2018年08月31日

中华人民共和国国家版权局统一监制

图 1-23　《无障碍电影解说稿撰写规范》(试行)作品登记证书(上海光影之声提供)

上海光影之声还曾经邀请美国口述影像协会主席、口述影像专家施耐德(Joel Snyder)博士来上海,开展无障碍电影制作经验交流。上述学术研讨和交流活动,一方面推动了上海光影之声制作的无障碍电影作品的水平稳步提高,另一方面,在无障碍电影解说撰稿的规范化、艺术化方面作出了积极有益的探索和尝试。

无障碍电影的解说脚本是无障碍电影发展到一定阶段的必然产物。缺少有质量的解说脚本往往成为不少地方无障碍电影服务活动难以为继的堵点，也是无障碍电影质量提高的焦点。同时，无障碍电影只有成为有艺术质量的、有文化内涵的产品，才能为广大视障者所欢迎，才有其可持续发展的生命力。因此，研究无障碍电影，特别是解说脚本的表达特点与艺术规律，以及由此产生的独特撰稿要求，既符合任何一种艺术形式发展的内在规律，也是服务对象要求不断提高的客观需求。这也是本书研究和探讨的重点所在。

无障碍电影研究这块有待开垦的处女地，渴盼春风起，柳絮飞！

第二章　无障碍电影解说脚本
撰稿理论与实践

与已经有了100多年历史的电影相比,无障碍电影还只是一个年幼的小弟,一个新生事物。在其发展的道路上,存在不同方法探索,不同观点争锋十分正常。所以,在交融中思索,在辨析中前进应当是成长中的必然。

一、从解说文本称谓看无障碍电影发展之路

上海的无障碍电影发展之路,包括撰稿之路走得漫长而艰难,但总是有人在坚持。经过十年多的探索发展,2018年5月,上海光影之声召开专题研讨会,对无障碍电影解说词撰稿规范进行研讨。其时,与会人员对于解说稿文本的称谓就有不同的见解。有的说应当叫解说词,有的说可以叫解说脚本。其实,无障碍电影解说文本的称谓,多年来在民间也是各说各的,没有权威定论。

可以查找到的一般有这样几种表述:

解说词或解说稿(上海光影之声《无障碍电影解说稿撰写规范》);

电影讲述稿(北京"心目影院"创始人王伟力);

脚本或台本（上海无障碍电影发起人、资深撰稿人蒋鸿源）；

脚本（上海无障碍电影发起人、资深撰稿人讲解人王世杰。最早他给盲人现场讲解电影时称讲解稿，后来改称剧本或脚本）；

讲解脚本（马波，中国盲文出版社）；

口述影像脚本（赵雅丽）。

笔者认为，无障碍电影解说文本还是称为"解说脚本"更合适。当然，有的时候，只讲零星几句解说，称之为解说词也未尝不可。脚本是一件完整的作品，除了应当有规范性操作的形式要素以外，还应当有其独立的艺术要求和表达空间。

首先，从词义上看，"解说词"是用来口头对人物、画面、展品或者旅游景观进行讲解、说明、介绍的一种应用性文体；而脚本则是指表演戏剧、曲艺、摄制电影电视剧等所依据的本子，里面记载了台词、故事情节乃至演出拍摄的要求等。

解说词对实物和形象的解说，可以是零散的、不连贯的，结构不求严谨，段落不必紧扣，它可以是一串珍珠，粒粒生辉，不一定有着紧密的线索和逻辑关系。而且，解说词既可以指文稿，也可以指声音，比如纪录片解说词。在无障碍电影处于现场讲解电影的初级阶段时，称讲解用的稿子为解说词、解说稿还是恰当的。

而解说脚本则往往是一个故事性、体系性和艺术性兼而有之的文本，它有着自己的骨骼、肌肉和血脉，各部分密切联系，不可或缺，相互影响和呼应，是无障碍电影解说者现场解说或录制配音及影片后期合成的依据。虽然还算不上是一种新兴的、独立的艺术形式，但其中还是包含了许多表现和创造的成分。因此，在无障碍电影制作进入了精细化、专业化、数字化、艺术化的新阶段后，将解说文本称之为解说脚本是必要的，也是合适的。

第二，撰写脚本是完成视觉系统到语言文字系统的转换。

电影的视觉讲述，是通过具体真实描述电影画面，让盲人观影者找到理解判断、重构画面的依据。一方面,它是跟随撰稿者的笔法和风格,带有一定个性化的演绎和解释;另一方面,它又不是简单的直接看图说话。它是把撰稿者视觉系统看到的东西,通过语言系统进行转换。而这个转换,绝不是片段的、零碎的,更不是简单地完成盲人需求:告诉我,你看见了什么! 而是用语言文字转换一部电影的完整世界,里面包括精细独特的摹形、绘色和传神,里面具有丰富的情节、人物和故事。

上海无障碍电影发起者王世杰早些年经常在社区给盲人讲解电影。有一次欣赏完电影后,一位盲人对王世杰说:"王老师把我们又带到了电影的世界,我们看到了一切,看到了电影里的细节,就像眼睛又睁开了一样!"这正说明了这种转化获得了成功。但是,这种高质量的转换往往是艰难的,需要时间打磨的,不可能一蹴而就。王世杰曾经说过,他的《三峡好人》解说脚本讲一次,改一次,一直改了十多遍。更是印证了这种从视觉到文字的转换不是简简单单的画面描述。

可见,多数人所持的"脚本"观点有一定道理。

第三,不可否认脚本撰写中的艺术创新成分。

我们始终强调无障碍电影脚本撰稿必须忠实于影片,忠实于编导的思路。但是,这并不意味着撰稿就只是煮字码句,亦步亦趋。

文字和电影提供了不同的想象空间。电影是具象的,但是并不意味着想象空间不大,而要把电影中的想象空间也描述出来,必然要在理解的基础上,再加工,再创造。

美国口述影像协会理事长施耐德博士(Joel Snyder)认为,口述影像是一种文学艺术形式,要用最少的文字,逼真的形容与丰富的想象力来描述影像。他甚至认为,写下的文本也可以成为一种文学创作。

不可否认,每一部无障碍电影解说脚本都凝聚着撰稿者的心血。一位撰稿者,对于他撰写脚本的这部影片,除了主创人员,他应当是最熟悉最了解的。这是因为除了撰稿者,有谁会去 10 遍、20 遍地反复看一部电影或回放片段?有谁会去如此用心细致地辨析主人公的一举一动,一颦一笑,乃至所隐含的情感和寓意,并尽可能地表述给视障观众?

笔者曾经看过一部日本爱情影片《光》。该片讲述了患有弱视的摄影师中森与为盲人制作电影解说脚本的姑娘美佐子,在讨论讲解词的过程中,不断碰撞磨合,最终产生爱情的故事。导演河濑直美在给自己的影片《澄沙之味》制作口述版本时,了解了音声制作师这一职业,发现竟然有比导演更理解电影本身的人存在,从而产生了拍摄《光》的初步构想,后来自己编导摄制了这部影片。这个真实案例从另外的一个角度,说明撰稿人对影片可能达到的熟悉程度。

也正因为此,每完成一部解说脚本,撰稿者的内心往往充盈着愉悦感和成就感。

一个成熟的撰稿人,必然是具有艺术探索力和形象思维能力的,必然是善于观察和运用语言表达能力的;一部成功的无障碍电影解说脚本,必定是脱离了呆板和拘谨,完全进入影片艺术境界的,具有灵气的,透露出创造活力的艺术品。

初学撰稿的人,往往感到无法进入角色。他(她)也试图努力地观看观察,但往往陷入了无谓细节的繁冗。比如,有一位撰稿者在稿子中,不长一段篇幅中十余次写到主角眨眼睛,这其实是人的本能动作,并不具有特别的含义,诸如暗示或俏皮。而在指导老师的引导下,顺利完成一两部解说脚本之后,其品读电影的能力和艺术感觉则会截然不同。

记得 2018 年 4 月,在复旦大学 TECC 第二届无障碍电影节开幕式上,撰稿志愿者小陈同学在交流发言中,形象地讲述了她与无障碍电影项目的相遇相知。

她说,无障碍电影的撰稿是个体力活,更是个脑力活。不是你看了几遍电影随便插空发表发表感想就可以的。她认为撰稿是"翻译",她这样谈自己的体会:每次翻完一段,我会闭上眼睛,在黑暗里塞上耳机把那段电影"听一遍",边听边回忆自己的文字,在脑海里复刻电影的场景,尝试角色代入,去体会那些视障者的感受。从中可以找出很多问题。哪些地方文字太平平了,渲染不到位,哪些地方可以多留白一些,哪里的背景音就足以震撼人心,文字只会多余。小陈同学把怎样最大程度让视觉障碍者获得和我们一样的观影体验,当作自己的一种责任。

一个初学撰稿的大学生志愿者有如此深刻的认识和体验,令人刮目相看。

每一部无障碍电影解说脚本都有着撰稿人新的尝试和探索。从来没有一部简单的电影,所谓的简单只是你还没有懂得!也从来没有一部简单的无障碍电影解说脚本,只是你还没有发现!

所以,将无障碍电影解说文本定义为解说脚本,从一定意义上说,也有利于为撰稿者营造一个艺术创造的氛围,有利于他们个人才能的发挥,克服心理上的胆怯和自我否定,提升撰稿过程中思维的活跃度和创造性。

第四,坚持尊重"原创性"理念,追求"原创性表达"。

所谓"原创性"是指作品的核心观点、主要情节内容的大部分章节都是出自作者自己的独立思考而产生的。而对于撰写无障碍电影解说脚本而言,原创性则是一个复杂的应用和表达,笔者试着从以下的角度来理解。

从视觉障碍者的角度出发,无障碍电影解说脚本对于电影内容本身而言,是一种补充,而对于表达体系而言,如前所述,则是一种由影像表达体系到语言表达体系的转换。这里的语言形象化表达,就表达的本质而言,是一种原创性表达。它是经过撰稿人观察确认,思考转化后方才表达出来的。在语言表达形成之前,撰稿人必须对影片的整体内容与前后关系、情节连贯发展、人物外表与性格、景物与情绪等诸多的关系进行过滤和考量,最后形成完整形象的语言,把他认为最需要表达的画面内容,组织最恰当的语句,挑选最准确的词汇,向盲人观众复原电影。这里,无论是画面、人物、故事,包括电影的情绪和色彩,都必然地、无可否认地具有了撰稿者耗费心血的"创造"。这种"创造"既扎根于影片的土壤中,更是来自对土壤中的养料的消化吸收后的反哺,而且还往往带有撰稿者的风格色彩元素,所以说这仍然是一种"原创性的表达"。

随着无障碍电影事业的发展,服务面的扩大,制作水平的提升,对解说脚本的要求已经进入了精细化、规范化、艺术化、数字化的新阶段。我们所经历的对解说文本的认识过程,实际上也是对无障碍电影事业的认识逐步深化的过程,是一个新事物在进步道路上由模糊到清晰的足迹。

关于精细化、规范化、艺术化、数字化的说明:

精细化:所撰写的解说脚本不再是影院现场解说版本,时间码的标注精确到秒乃至毫秒,在节奏和时间的把握上已经没有伸缩性和随意性。对影片中插入的每一段解说词,都严格规定其字数、语速,所嵌入的解说词须在有限的空间中表达,并不得妨碍影片原声。

目前,对于解说文本时间码的处理,已经由撰稿者手动记录时间码,发展到机器提取时间码,再到使用数据表模板掌控时间码。模板会显示电影的字幕或对白,间隙时间,撰稿者只要在无障碍解说词的框中,填入描述字句,后面栏中便会自动显示已写字数与每秒平均字数,最后还有备注栏,方便填写提示等。这样就可以大大提高撰稿中时间掌控的精细化程度。

规范化:上海光影之声已在实践和研讨的基础上,制定了首部《无障碍电影解说稿撰写规范》(试行),对基本规范、文字表达规范、解说词与对白规范、特定内容表述规范进行归纳,基本涵盖了撰稿中可能遇到的主要问题,无障碍电影解说文本撰稿第一次有了相对统一的标准。目前,还有"文娱无障碍"等组织正在对无障碍电影(电视)等进行撰稿、配音、合成、推广等环节全面标准的构建,进一步推动无障碍影视的标准建设。

艺术化:组织艺术研讨会交流撰稿经验,探讨疑难问题。指引撰稿人在撰稿过程中,既要注意形式上的规范化,还要积极探索和追求表达上的艺术化,如,追求语言的精准,画面的优美,色彩的还原,意蕴的挖掘,镜头蒙太奇的介绍等等。对于完成的脚本,由具有专业素养的广播电视播音主持人录制,尽可能音色对位,风格融合,情绪适配。

数字化:解说稿完成配音录制后,由相关技术人员将音频文件加入电影原片音轨中,合成数字化的无障碍影片,然后或是通过数字化储存、数字渠道传送到"阳光院线"社区放映点,方便选择、播放和更新;或是上传网络或者 App,利用互联网进行传播和服务。

二、有限理性与适度发挥

上海的无障碍电影的撰稿现场解说自从 2007 年以来,已经走过了整整 14 个年头,比较熟练的撰稿人也由个别志愿者发展到了大约数十位。大凡初入无障碍电影解说撰稿之门,先行一步者都会提示撰稿的基本原则：尊重影片的风格，客观反映编导的创作意图。在客观性、准确性、可接受性、形象性、可插入性等基础性规范被认可和被采用的基础上，随着更多的高学历、有专业背景的人士加入撰稿人队伍，无障碍电影解说脚本撰稿水平得到新的提高，同时，也不断有新的问题摆到了大家面前。比如无障碍电影脚本是"翻译"，还是"再现"，还是"表现"？抑或是"再现"与"表现"共存？撰稿的目标是否应从"听懂"，走向"欣赏"？……

在近几年的研究中，笔者有意识地注意收罗解说脚本在表达上的不同实践、见地和理由。归纳起来，大致可以分为两种观点：客观派和主客观派。

（一）客观派的主要观点

1. 上海无障碍电影撰稿研究第一人于江在他撰写的《无障碍电影解说词撰写基础》中论述：解说词撰稿人应该是一位客观、忠实的电影画面描述者。[①]写任何一部电影的解说词，都要撇开个人好恶，只描述自己所看到的。要让电影本身影响听众，而不要试图用自己的观点去影响听众。要忠实表现电影画面；客观描写画面，写眼前所见而非心中所感，即使这种感觉是正确的，也应该只把画面写出来，让听众自己去感知；不要揣测人物的心理状态。撰稿时，应该据实描写画面，让听众自己根据前后内容去判断。注意控制非描写性解说，不要用自己的议论去代替对画面的描写。于江所执笔的上海光影之声《无障碍电影解说稿撰写规范（试行）》基本持这一观点。

2. 作为一位盲人和无障碍电影制作人，上海光影之声无障碍影视文化发展中心的创办人韩颖在与团队成员交流中也表达

---

① 于江：《无障碍电影解说词撰写基础》，内部参考资料，第3、7页。

了自己的观点,在讲述时要力求客观描述,避免带进撰稿人的主观感受与议论,无障碍电影应该是真实还原画面,补充视障观众缺失的信息,而不是代替其做思考,盲人失去的是视力,不是思维能力。

3. 无障碍电影体验员、盲人陈衍在光影之声首次无障碍电影研讨会上的发言中,提出了盲人希望无障碍电影的"四个还原":文字还原,通过文字介绍影片的基本资料和历史背景等;场景还原,特别是对话少、动作多的场面,尽可能用生动的语言进行描述,使盲人观众能够身临其境;含义还原,解说把握尺度,给盲人观众留下一定想象空间;对白音效还原,解说不要覆盖对白,不要影响理解剧情。总之,就是还原电影本身。

(二) 主客观派的主要观点

1. 台湾淡水大学教授赵雅丽在她的著作中提出,"口述影像不同于一般的言辞翻译,因为一般的言辞翻译涉及的乃是言辞体系与言辞体系间的转换;而口述影像也非新闻报道到中所涉及与探讨的再现行为,因为口述影像的任务是去转述意义,而非构建意义。但是,口述影像又似一种翻译,因为,它的确必须将画面的意义以言辞描绘转述,这种转述行为就是一种翻译;然而口述影像也是一种再现,因为既然画面的意象总有'言不尽意'的限制,那么,转述者势必在某种程度上,加入其对内容主观的选择与意义的组构。"[①]

2. 北京市红丹丹视障文化服务中心所编的《视觉讲述手册——电影讲述》特别强调,作为讲述人,对导演创作的认同是电影讲述的基础。讲述人面对画面组成的电影语言,不是一般意义

---

① 　赵雅丽:《言语世界中的流动光影——口述影像的理论建构》,台湾五南图书出版股份有限公司 2002 年版,第 301 页。

上的描述,而是带有叙述、说明、解释、评述、翻译性质的创作行为。所以,电影讲述更强调以导演的创作为中心,强调与故事的情感融会贯通,强调尽可能多的传递视觉信息。①

3.上海无障碍电影创始人王世杰在与笔者探讨"解说稿是否可以出现少量议论抒情"问题时,明确表示:不要做死规定,可以百花齐放。画面当然是基础,议论抒情是灵魂,是锦上添花,可以增添电影的感染力。他在一次无障碍电影撰稿人培训会上说,撰稿人就是要让盲人们听到,包括环境介绍、人物介绍、动作介绍、肖像介绍、动作与人物情感的关系。还要加上人物的心理活动分析,适当地加以夸张和抒情。

4.中国盲文出版社的马波在他的文章《无障碍电影的艺术特色与二度创作》中认为,无障碍电影讲解脚本的写作是一种二度创作,"从美学理论上讲,电影是把文字思维变成形象思维,而讲解脚本则反其道而行之","讲解脚本的写作者,应该跟着电影中的万千世界起舞,才能把讲解脚本写得与电影于形相随,锦上添花,比翼齐飞"。②

5.中国传媒大学电视学院博士生、"光明影院"工程主创人员王海龙博士在接受央视记者采访时说,对于一些视障人来说,看不见单纯听会有大量信息抓不到。所以,一定要去给他们解释。不要光告诉他们画面上有什么,还要告诉他画面以及画面背后的意义,和我们理解到的东西。③

6.具有大学学历的盲人心理咨询师蔡佳斐在与笔者交流

---

① 北京市红丹丹视障文化服务中心编:《视觉讲述手册——电影讲述》,内部资料,第5页。

② 马波:《无障碍电影的艺术特色和二度创作》,《中国残疾人》2016年第2期。

③ 《让盲人"看"上电影,"光明影院"项目在行动》,CCTV-6电影频道《中国电影报道》栏目,2019年5月4日。

时认为,解说词中的议论和抒情还是需要的,适当的地方要加一点,不能简单地把画面转成文字。如果不加,对于理解剧情的发展会造成一定难度。因为电影中有一些内容不是语言表达出来的,如果只讲客观的话,这部分信息就会漏掉。在对电影的理解上,盲人往往会比健全人需要的更多。当然这部分也不能太多。

笔者以为,无障碍影视也好,口述影像也好,总体来说还是新生事物,还要跟随着影视生产和影视艺术走很长的道路。这里的每一种观点或说法,来自撰稿实践或观影体验,有持有者个人的文化背景和思考角度,有自己的理由做支撑。笔者的研究也以这些观点为参照。

(三)电影理论研究者的观点

法国哲学家吉尔·德勒兹 1985 年在他的《电影、思维和政治》中写道,"电影宣称在传递给我们碰撞时,给予我们这种能力、力量,而不是简单地逻辑可能性。电影似乎在说:只要与我在一起,与运动—影像在一起,你们就无法逃避那种碰撞,它能唤醒居于你们身上的思想者。"①

中国电影理论家贾磊磊认为:"电影,作为一种独特的文化产品,与一般的商品相比,其特殊性就在于它的内容层面必定会涉及人类的情感、道德、精神等诸多因素,而且这些因素又都涉及特定的文化价值观。基于文化产业的这种特殊性,我们必须对一部电影的价值传导目标给予必要的关注","我们判断一部影片的优劣与否,归根结底,不仅要看它在经济上的被认同度,更要看其在文化意义上的被认同度。这种被认同度不仅来自于影片叙事逻

---

① ［法］米歇尔·福柯等著:《宽忍的灰色黎明》,李洋选编,李洋等译,河南大学出版社 2014 年版,第 201 页。

辑上的合理性、人物性格的合理性,还要看其在价值表达上的合理性。这才是衡量一部电影优劣的关键所在。"①

无论中外,任何一部电影都在述说传递着某种思想认识、价值观,或审美发现。即便是纪录片也概莫能外。既然如此,我们为什么还要回避向视障观影者发表议论,传递影片中的思想和教化呢?你的解说,你的议论不单纯是你的话语,更是你在吸收消化了影片编导的理念、意旨,以及影片有意或者无意间所表达的思想认识、价值观念等等以后,向视障观影者的一种宣示和传播。

(四)"有限理性,适度发挥"

真正的改革必须解放思想。无障碍电影的撰稿探索与实践来到一个瓶颈,来到了一个需要突破的阶段,我们必须敢于研究新情况,解决新问题。

"有限理性"这个词是笔者在研究中,受到 2017 年度获得诺贝尔经济学奖的行为经济学家理查德·塞勒观点的启发而采用的。在当年 10 月 9 日,瑞典皇家科学院将 900 万瑞典克朗的奖金颁发给他,以表彰其在行为经济学方面的贡献。当被问及奖金怎么花时,塞勒说,要遵循行为经济学"有限理性"原则。行为经济学颠覆了传统经济学的观点,将心理上的现实假设纳入经济决策分析中,提出:在现实社会中绝对的理性的人并不存在,往往只有"有限理性",行为经济学就是通过实践和实验的方式,寻找经济行为的客观规律。

"适度发挥"就是在肯定"发挥"的定性前提下,强调有限度和尺度,就是把握分寸,认真得体;就是适可而止,恰到好处。通俗

① 贾磊磊:《什么是好电影——从语言形式到文化价值的多元阐释》,中国电影出版社 2015 年版,第 4—5 页。

地说,就是要用力气,但不能过猛。

一般来说,有的撰稿人入门一段时间以后,会有一个思考和追求风格的过程,又往往会遇到一个烦恼,纠结于偏主观还是偏客观。偏客观怕表达不能到位,偏主观又怕越位。其实,一部好的无障碍电影解说脚本,应当是主观客观都有所兼容并且不相互排斥的。关键就在于"适度"二字。

早在 20 世纪初叶,德国心理学家、电影理论家雨果·闵思特贝所著《电影——一次心理学研究》,就已提出"电影不存在于胶片上,甚至不存在于银幕上,而只是存在于它现实的思想中",他还特别证明了电影不是用所谓"视觉暂留原理",而是用大脑的一种特性——似动效果,去解释电影具有的本质现象,他发展了完全作为心理过程和精神艺术的一种电影观念。[①]

还是用比较通俗的观点,电影是注意力的艺术,是记忆和想象的艺术,是情感的艺术。其实,即使对明眼人而言,看电影的"看",也绝不是单纯地着眼于图像本身,而是还要看到影像背后的组织结构和用意,体会影像所传递的人物性格和情绪判断。

理性即理智和自制力。要在撰稿中做到"声、色、形、味"的还原,必须要有理性,控制自己的想象力,约束自己的自由发挥。但是,这种理性,应当是有限的,因为从电影本身的艺术规律而言,往往也是需要适度发挥的。

首先,"有限理性,适度发挥"符合视障观影者接受欣赏电影的特殊要求。

合理运用和把控主观元素,是无障碍电影撰稿走向成熟,追

---

① 崔君衍:《电影心理学的若干问题——西方现代心理学怎样解释电影》,《电影文学》1986 年第 8 期。

求艺术发展,满足盲人精神需求的必要手段。我们所从事的无障碍电影根本目的是帮助盲人观众参与电影活动,理解欣赏电影。只要有益于达到这个目的的手段,都应该尝试和采用,但是要注意把握火候与分寸。

笔者进一步以为,无障碍电影撰稿所提倡的客观绝不是纯客观,事实上也不存在什么纯客观。原汁原味也不是简单复述。

视障人士能够完全地欣赏电影真正是一种理想的奢望。他们只能感受到非常有限的电影艺术,不少即便是专为他们制作的无障碍电影,也难免过滤、舍弃掉许许多多电影所特有的元素。最后,只剩下情节故事、人物对白和声响。对他们来说,电影本来的光影艺术已经不存在了,镜头画面的运动也被隔绝了。他们撑开了一个大大的口袋,却只接到了零零落落的几个果实。而今天,我们应该做的,是多还原一些,多表达一些!既然,他们已经失去了很多,那我们就应当补偿给他们更多一些。对于影片中那些视障观众难以看到、难以理解的言外之音、画外之意,要加以必要的挖掘和阐述,使他们能够接受更多的电影信息,更好地欣赏电影,特别是能够领略隐含在影片深处的艺术灵魂和魅力。

有时我们也会听到这样一种说法,要相信视障观影者的理解欣赏能力。这话一般来说没有毛病,但是在特殊的场合,对特殊的人群而言,就需要讨论了。这里,笔者想起了近年来在申城新兴的一种观影模式——关灯拆电影"同声评论"。就是有人在影片的放映过程中,为观众解析评论影片。它的出发点不是让观众自己去理解思考,而是把一部电影拆解开来,指点剖析给观众看,不是忽略观众的智商,而是让观众更轻松、更明白地欣赏电影,特别是品味到一些常规观影难以得知的内蕴。这个话题后面还有专门论述。这里只是借来换一个角度说明问题。

笔者十分认同全国人大代表、著名导演贾樟柯2019年"两会"上提出的《关于发展我国无障碍电影事业的议案》中的观点。他表示,提出这个议案的初衷是在13年前,他导演的影片《三峡好人》当时在上海做成了给残障人士,特别是视力障碍人士观赏的讲解版本。他谈了对无障碍电影表达方式的理解,"在电影对白和音响的间隙,插入声音画面信息及其背后的情感和意义"。之所以这么说,与他随后列举的一组对比数据有关。中国人口的文盲率只有4.08%,而视障群体的文盲率高达43%,相差将近10倍。[①]通过这样的数据对比,读者也许就不难理解,为何经常有撰稿人提出,解说脚本要多加阐释,适度放大。这也是这个群体的普遍文化层次使然。

所以,无障碍电影撰稿应当本着守正创新的原则,由"再现"迈向"表现"。这既是无障碍电影艺术发展和增强生命力的必然,也是无障碍电影服务的接受方——视障人群文化需求提升的内在要求。

其次,"有限理性,适度发挥"也完全符合艺术创作的特点和规律。

艺术从来离不开取舍和夸张,离不开"画外之意境"和"言外之情理"。

先以文学翻译为例。文学翻译被称为既是鉴赏过程又是鉴赏结果。翻译学是一种语言科学。翻译作品要遵循不同语言文字转换的要件、方式和规律,要求转换准确到位。中外翻译家所倡导的"等效翻译"、"信达雅"等,都以忠实原文为首位。但是,近几年来,也有一些人在翻译中,过于追求准确而忽略了文学性,产

---

① 参见《全国人大代表贾樟柯呼吁发展无障碍电影事业》,人民网2019年3月15日。

生了一些生硬难读的翻译作品,引起读者抱怨和疑问:"如果没有了美感,文学翻译还能算文学么?"翻译大师傅雷先生曾经说过,文学作品的翻译,以效果而论,应当像临画一样,所求的不在形似而在神似。当下,专家和读者在追忆傅雷先生的同时,呼吁重提翻译之美,呼唤"文学性"的复归,希望翻译家"要在词汇、语法、句法、语义等各个层面,把原文的节奏感、韵律、意境以及想象空间全面地营造出来,再现文字的温度、艺术的生命。"①

再以摄影为例。摄影是一种情感与技巧相互结合的艺术形式。通常理解,摄影活动是最真实地反映现实的手段。但是在现实中,无论是自然风光还是人物形象,往往拍摄出来的照片却比真实的创作对象更美更动人。道理就在于,拍摄经过作者的选择和取舍,倾注了作者的主观情感,精巧地运用了各种摄影技术手段。比如,在构图上采取黄金分割,井字构图、对角线构图、之字构图等,来体现作者的审美眼光与取舍;用长焦镜头把远处的人物或景致拉到近处,切割画面,虚化背景,突出主体最美部分;用滤镜和长时间曝光拍出丝绸云雾状的激流飞瀑;用微距镜头,甚至是显微镜头来精细反映微观世界,且不说还有许多后期加工手段等等。产生的作品往往能够大大超越人眼所见,达到令人耳目一新的艺术效果。这个效果中体现了摄影师的情感、审美判断和取舍。

街拍摄影师宋㙦樑说过:"我喜欢街拍,因为街头摄影的魅力就在于从杂乱的现实中提取秩序。它不是对真实的完全再现,而是一种有选择的再现,或者说'经过塑造的真实'。这种独特的观看方式可以让现实变得艺术,让普通变得非凡。"②

---

① 钱好:《如果没有美感,文学翻译还能算文学么》,《文汇报》2018 年 12 月 7 日。

② 王一萍:《用镜头记录下的旅途故事》,《新民晚报》2017 年 11 月 11 日。

　　还有,优秀古建筑摄影师罗品禧每拍一处古建筑时,都先思考立意,怎样才能把古建筑的历史文化底蕴呈现出来。所以,他的作品往往体现着中国古代建筑与环境的和谐关系,蕴含着中国古人追求人与自然和谐共处的内涵与美感。这些观点和实践,都反映了摄影艺术的规律和追求。你无法否认这些摄影作品真实性的存在。

图 2-1　罗品禧摄影作品《冬日武当山》

　　宋朝文人晁补之道诗云:"画写物外形,要物形不改。诗传画外意,贵有画中态。"我们真正领会到此诗的精妙之日,就是学会处理影片画面与画面之外含义之时。

　　最后,"有限理性,适度发挥"是电影艺术发展的自身要求。

　　撰稿中的适度发挥可以强调某些记忆,强化感情传递,帮助产生联想。视障人尤其是全盲人,在接收信息时,对于具象的感知比较迟钝,很难产生联想,对于片段的对话和解说,较难连成画面流,更难以对隐秘的人物心理进行敏锐的捕捉感知。这就需要撰稿者在某些时候,刺激猛一些、调味重一些、色调浓一些,将细节放大一些。

例如影片《花样年华》中苏丽珍去买夜宵的一场戏(14:50—17:20),是这样通过艺术化手段和细节来表现影片所传达的那种忧伤和寂寥。

慢镜头中张曼玉扮演的苏丽珍穿着旗袍的颀长背影,拾级而下时优雅的步态,等待做点心时手帕轻轻拭过额头,无语地付钱,让过行人,又款款走上石阶。在朦胧昏暗的路灯下,与梁朝伟扮演的男主人公擦肩而过……就是这样的一些细节,在从容与优雅中,将人物的忧伤寂寥放大,配上低沉伤感的音乐来同步表达环境氛围,勾连女主与观众的情绪。无障碍电影的解说脚本写作就是要通过描述、展示、强化影片的一个个细节,表面上引而不发,实际上促使观影者去深入感受人物的内心和故事的伏笔,只有经过适度放大和加强,才能够充分体现导演蕴含在其中的意图。

文学翻译界的探讨追求,给了我们理论依据,摄影艺术立意与取舍的规律,给了我们前行的途径,电影艺术的表达特点,又让我们在进一步满足视障者观影的需求上,有了更为符合艺术规律的理性思考。

总之,"有限理性,适度发挥"是无障碍电影解说脚本撰写破除陈规,学习创新,迈上新台阶的应有之路,也再一次客观地体现了,无障碍电影的目的就是让更多的视障人士接受它,喜欢它,享受它。

讲到"适度发挥",具体就是用抒情和议论的方式,来对影片中的"言外之音"和"画外之意"等某些意蕴、情绪等进行挖掘、强化和释放。

笔者在研究中注意到,这些手法在上海早期的无障碍电影解说词中已有存在。

当年，由蒋鸿源领衔的无障碍电影工作室制作的第一批标注着"残障者自己动手，自娱自乐无障碍电影"的作品中即有例子。比如上海电影制片厂 1977 年摄制的故事片《青春》，表现了因病致聋的哑女被解放军医疗队治愈耳聋，开口说话，并如愿当上了通讯兵，克服困难，让青春闪耀的故事，讴歌了革命者勇敢坚毅的精神。无障碍影片有几处高潮时的解说词使人感动，令人回味。哑女来到了天安门广场，与同伴们一起接受毛主席的检阅。广场上，群情激荡，"毛主席万岁"的口号响彻云霄，但是激动的哑女却发不出声来。遗憾之时，镜头里出现了滔滔大海，重重森林，影片主题歌《千年铁树要开花》响起，解说适时插入："镜头中出现了大海，一波波的巨浪拍打着礁石，激起了高高的浪花，《千年铁树要开花》的歌声与不断翻滚的浪花如此的激昂，如此的澎湃，就如同哑妹此时的心情。"以景衬情，生动确切地反映了哑妹当时的内心，为后面的情节发展埋下伏笔。经过军医向晖 5 个月的精心治疗，哑妹有了听觉，又学会了说话，终于面对群山，喊出了她最想说的第一句话"毛主席万岁"。解说发出感叹："哑妹的声音在山谷中回荡，群山在为她高兴，山林也在为她祝福，云海翻滚，漫山遍野的花儿怒放，又响起了'千年铁树开了花'的歌声。"这里是借景抒情，让哑女和她身边人的喜悦，与视障观众的心情一同充分得到释放。笔者以为，这里的抒情非常必要，即使现在来看，也没有违和感。

笔者曾经对搜集到的近些年创作的十余部无障碍电影解说脚本有关数据进行了统计，结果也佐证了上述观点。

这些影片解说脚本的撰稿者既有上海最早的无障碍电影撰稿人，也有资深撰稿人，还有入行一两年的年轻撰稿者。这说明，"适度发挥"或多或少的确普遍存在于撰稿现实当中。

表 2-1　解说脚本表现手法比较

比较项目 主要包含与人物和情节关系密切的内容	摆渡人	反贪风暴	拉贝日记	建党伟业	三峡好人	小时代	我不是潘金莲	不能说的夏天	假装没感觉	盲行者	李保国
场景描写	2	2	16	13	4	10	9	6	9	12	12
人物细节描写	2	5	33	17	20	32	39	50	27	64	61
物件细节描写	15		1	1	4	3		2	2	6	5
镜头切换提示	2		11		2		19	2	1	13	24
色彩描写 （不包括衣着色彩）	5			1		6	9	9	2	8	17
抒情性语句			1	3	5	2	2		—		1
议论性语句 （含说明）	1	2	1	10	13	3	1	3	6	15	

图表说明：文字是最丰富和最复杂的。所以，这里只能是基本的统计，而非精确的统计。还有一些是交叉共存的，比如叙述与议论，叙述与抒情，人物描写与场景描写等等，难以分开统计。

当然，从另一个角度说，"适度发挥"，不能天马行空、无拘无束，也不是无源之水、无本之木。"发挥"来自必须要描述出来的"言外之音"和"画外之意"，是对影片编导思路用意的挖掘和分享；"发挥"是情之所至，不得不发；"发挥"不是凭空"写"出来的，而是从影片特定的环境土壤中"生长"出来的，撰稿者只是采撷之人。电影《匆匆那年》中有一句经典台词"真正重要的东西肉眼是看不到的"，对于无障碍电影撰稿者来说，这时需要的就是自身的文化底蕴和写作悟性。

论述到这里，似乎问题的答案已经了然。下一步需要研究的是如何做到"有限理性，适度发挥"。

（五）"适度发挥"的实践之法

首先要明确，"有限理性"与"适度发挥"两者之间的关系，前者是指导思想，后者是操作要求。

　　撰稿者要在深入体会影片原片的过程中，用独特的眼光，去发现影片中没有通过声音表现或无法表现的东西（意义蕴含）。往往明眼人对这些东西一目了然，心领神会，但是视障观众却需要解说的引导指点，为他们揭示影像细节背后的本质和逻辑，对白话语的言外之意，一颦一笑蕴含的喜怒哀乐，以及其与故事情节、人物性格、影片艺术之间的千丝万缕的联系。说到底，就是要努力把影片中那些丰富的所谓"只可意会不可言传的东西"，努力地用语言传递出来。

　　"适度发挥"在实际撰稿中，笔者以为有如下几点可以参考。

　　1. 影片的高潮时段，人物内心活动丰富，特别是人物情感大起大落时，应当联系影片前后画面表达和演员表演，适当加以发挥。

　　比如，台湾影片《不能说的夏天》中，音乐学院的女学生白白在遭受到怀才不遇的李教授精神胁迫和暴力控制下的性侵之后，悲愤难忍地冒雨回到自己宿舍，神情呆滞，蜷缩在淋浴池的角落

图 2-2　影片《不能说的夏天》剧照

里不动无语,从 20:50—21:07 时间足足有 17 秒。虽说女主角没有动作,也没有表情变化,但是她的内心汹涌澎湃。这段长镜头的时间,正常可写解说词 70 余字。此刻,是否可以在解说中插入心理分析呢?

原稿　20:50　【慢】白白木然蜷曲在浴室的墙角,眼神惨淡,独自抽泣。

审核稿　20:50　【慢】白白木然蜷曲在浴室的墙角,眼神惨淡,独自抽泣。她不敢回首刚才的噩梦,也无法接受这个残酷的事实。

原稿的 24 个字是对画面的客观描述,即使慢读,也只需 7 秒钟,会显得留白稍多。所以笔者在审稿时,加上了两句人物心理分析。这里对白白痛苦内心的描述,不是凭空猜测,外部强贴的,而是来源于情节的发展,来自表情的解读。情之所至,不得不发。以此强化女主人公的软弱性格和影片的悲剧氛围,为故事后续发展做出铺垫,引导和帮助视障观众理解影片主题,同情人物境遇,增强观赏中的情感悸动。

2. 大段情节跳跃或过渡时,需要适度发挥,加以解释。

例如,戍边励志风光电影《伊犁河谷》开场后的十几分钟有一场戏,千里迢迢来到新疆伊犁的年轻女兵,与正在河里赤身洗澡的男兵们不期而遇。从初时双方的惊惶到后来男兵们放声歌唱,再到女兵鼓掌应和,直到最后的男女兵众人大合唱,影片此刻达到了一个小高潮,同时一个小节在此结束。紧接着,有一个大约 16 秒钟的空镜头,画面上是青山绿水和蓝天白云。解说词写道:

13:08　【慢、抒情】镜头摇向青山绿水,蓝天白云。战士们的新生活将拉开序幕,以这片广袤的草原为家,与高耸挺立郁郁葱葱的天山云杉为伍。

13:22　到了团部,……

这一段空镜头,既是具有新疆地域特色的风景,同时也有着强烈的情感色彩和隐喻意义,笔者觉得需要适度发挥予以揭示。所以,就写了上述几句。第一句是客观的镜头内容转换,第二句是对河边相见场景的承上启下,第三第四句则是由景生情,为这些战士们今后扎根边疆,建设边疆,奉献青春做出隐喻与铺垫。通过此将影片的思想、感情、气氛、情调传递给视障观众,使他们将美丽景色与年轻战士的精神情怀结合起来联想,同时感受快乐浪漫的情绪。

3. 蕴含感情的重要细节表述,有必要适当发挥。

比如,王世杰所撰写的首部无障碍电影解说脚本《三峡好人》,他发给笔者的电子版文档显示,建立时间是 2007 年初。王世杰曾向采访他的记者介绍,这部影片他先后为盲人观众讲解了三四十次,稿子也改了几十次。他记得有一次在静安区为盲人解说该片。放映结束后留下一些盲人观众听取意见。一位女士讲到,她被影片和解说深深打动,她特别提到解说中的一个细节和两句抒情。

影片《三峡好人》围绕两条人物线索展开了三峡移民和建设的故事,其中线索之一是山西的 30 岁左右的女护士沈红来到奉节,到一家工厂寻找两年没有音讯的丈夫郭斌。工厂已经破产拍卖,即将淹没在三峡水库之下。厂工会主席也不知道沈红的丈夫去了哪里,只是帮她取来了丈夫留下的东西,其中有一袋没有开封的"巫山云雾茶"。没有找到丈夫的沈红心情苦闷地来到长江边。这里解说词写道:

45:27　沈红来到了江边的茶棚,找了张桌子坐下,她望着滔滔江水,心中一片空荡、茫然。

45:55　她拿出了丈夫留下的那袋"巫山云雾茶",撕开了口子,把茶叶倒进了茶棚的玻璃杯中,她心不在焉,竟然倒了大半杯的茶叶。此刻,沈红的心情是苦闷的,(画面:沈红漫步江边)然而,茶与人相比,哪个更苦呢?

盲人女士对王世杰说到,这一段解说写得细致感人,影片中沈红的丈夫另有所爱,两年没有消息,妻子千里迢迢来到四川寻找,却终不得见,其内心之苦,难以言表,她被最后两句抒情深深地打动。王世杰认为,画面是基础,议论抒情是灵魂。"然而,茶与人相比,哪个更苦呢?"这句抒情是属于锦上添花。他的体会是,解说词中添加的议论抒情,不是随意的,想当然的,而是来自对影片更深层次的解读,其来源于情节的自然发展和人物内心。采用疑问形式,可以促进观众思考,寻找同感。

盲人无障碍电影体验员陈衍也持有相同观点,他认为,无障碍电影的解说中间可以有抒情,但不能脱离剧情,而是应当顺着剧情发展而来。

4. 还有一种"适当发挥"则是对影片中的文化现象、历史典故、景物景观的适当解释和说明。此处不再展开。

如前所述,无论是议论还是抒情,要尽量做到曲情外化,应当是用你的眼神确认过的走心之语;应当文字贴切适宜,点到为止,宁缺毋滥;应当忌用华丽辞藻和排比句对仗之类;应当有利于视障观众入戏而不是出戏。

这就是所谓"适度"。

概而言之,"有限理性,适度发挥"的终极目标是磨润底色,涂抹亮色,突出特色。

最后需要强调的是,并不是所有的影片都需要"有限理性,适度发挥",还是应实事求是,因片制宜。从实践来看,"适度发挥"主要在诸如历史片、战争片、爱情片、家庭伦理片等往往有用武之地。而对于武侠片、喜剧片、科幻片等动作节奏快,对情感和思想无需过多解析渲染的,则并非必要。

（六）百花齐放的香港模式

香港的口述影像电影服务,正式开始也就是 2009 年初。随着几个组织的运作,越来越多各方面的人士加入这个领域,成为义务口述影像员。一些个人按照自身经验和理念去提供口述影像,尝试各种不同手法,逐渐发展出五花八门的做法,也产生了一些分歧和讨论。

根据《连接两个世界——香港口述影像十年》的作者徐婉珊的归纳,分歧主要集中在这三个方面:

一是,口述影像文本的客观性的争议:有的人认为,为了避免剥夺观众自行解读电影的机会,在撰稿时要力求客观;还有一些口述影像员为了配合电影气氛,会在描述表情、动作之余,加上一些形容语句和形容词汇;

二是,口述影像的演绎方法方面的分歧:一些人认为直说即可,不应添加个人的感情,或参与营造任何氛围;另一些人支持官能主导,主张演绎中尽量配合电影的气氛、内容进行发挥;

三是,是否容许未接受过正式训练的演艺界名人提供口述影像。

为此,香港展能艺术会、盲人辅导会等机构,考虑到香港正式开展口述影像电影服务不过十年左右,而口述影像是以服务视障人群作为目标的,主要还是一种娱乐服务。这种情况下更加适合多开展一点的讨论,多尝试一点不同做法,多出现不同的流派,形成良性竞争,才能推动事业发展,才有好的作品出来。所以各主办方总体上持宽松、开放的态度,选择了百花齐放的做法。

首先,在撰稿方面,口述影像员只要接受了训练,通过考核,就让他们在维持服务水平的条件下,保留一定的个人风格,让观影的视障朋友体验不同的手法,咸鱼青菜各有所爱。同时,建设开放的平台,就各种各样的做法开展沟通、对话、讨论,并加强培训,以提升口述影像的撰稿水平;让作家、编剧等参与进来,他们来自不同的背景,带着各自的专长来为口述影像做贡献,他们知道口述影像的基本原则,也有他们的专业坚持,通过他们,不但可以把口述影像的稿子撰写得更加丰富,还可以为口述影像电影事业带来值得思考的见解。

其次,本地化的教材更加重要,与本地受众一同发展起来才有意义。外国的很多做法值得我们学习,但不能单纯将外国教材翻译成中文,因为文化背景、教育背景或权利意识背景与香港有所不同。

最后,视障朋友也有责任,不是听完口述影像就结束了,喜欢不喜欢,为何喜欢,应当清晰地表达自己的看法和需求,以帮助这项事业做得更好。①

笔者以为,在国内无障碍电影发展的现阶段,香港的做法值得借鉴。

就在本书书稿即将完成之际,笔者看到了从事文娱无障碍制作的上海译迄信息科技公司有关无障碍电影的调研问卷。对于其中一个问题,视障朋友的看法亦可以作为笔者"有限理性,适度发挥"观点的佐证。

Q-08　对于影视作品要传达的内涵与意义的获得方式,您偏向以下哪种?(单选)

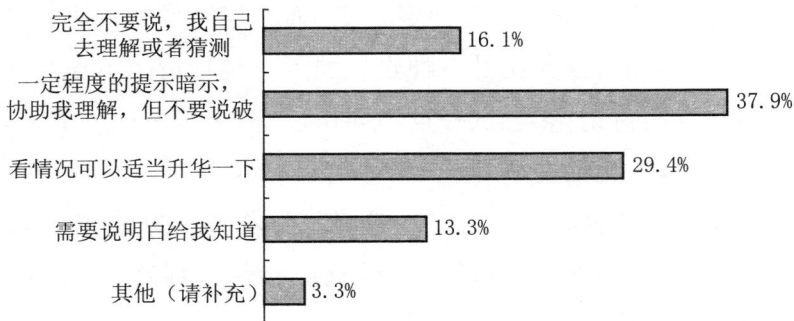

图 2-3　无障碍电影调研结果

---

① 徐婉珊:《连接两个世界的声音——香港口述影像十年》,香港三联书店2019 年版,第 106—124 页。

第二组"一定程度的提示暗示,协助理解,但不要说破"与第三组"看情况可以适当升华一下",两项数据加起来,已经达到67.3%。如果加上第四组"需要说明白给我知道"的13.3%,总比例已经达到了80.6%。

结论是,大多数视障观影者需要不同程度解说,帮助理解影片蕴含的意义和画面背后的含义。

三、与相近体裁的异同辨析

(一)无障碍电影解说脚本与电影分镜头剧本

有的撰稿人在撰写脚本时,曾经试图找到该影片的分镜头脚本。当然是很难的。除非是与摄制组合作才有这种可能。那么,找到了影片的分镜头脚本又能起到多少作用呢?笔者尝试进行一些比较分析。

电影分镜头脚本是导演台本,形象地说是导演为影片设计的施工蓝图,也是影片摄制各部门理解导演具体要求,统一创作思想,进行拍摄活动的依据。

无障碍电影解说脚本是在拍摄完成的影片的对白间隙,根据视障人士观影需求,加入解说,对影片画面和内容进行描写阐述,并能够用于现场解说或配音合成的文字稿本,是开展无障碍电影活动或制作无障碍电影的第一步基础性工作。

两者的共同点是,它们都要准确反映导演的创作意图、创作思想和艺术风格,文字都要具体,且具有画面感和可表现性。

美国电影人亚历克斯·爱泼斯坦根据其多年剧本开发策划经验,告诉我们,"要展示,不要告知"。要使剧本"达到透明",也就是便于拍摄。"达到透明的第一步,就是保持简洁,精确的动作描述。句子要短小精悍,描述要赋予表现性,但不要拘于细节,尽可能用最少的话表达出最多的信息,语言凝练具有视觉性,尽量使用陈述语气。"①笔者以为,这里对于拍摄脚本制作要求和技巧,除了关于细节的说法。完全可以应用到无障碍电影解说脚本撰稿之中去。

在书中,爱泼斯坦还举例:

例1:在汤米疯狂地调整蒸汽阀门的时候,南希始终望向远方。

说明:两个人同时出现在同一个段落中,在我们的视觉想象中,汤米共享着一个画面。如果能再靠近一些,可能会显得更加有震撼力。"始终望向远方"是告诉我们她在做什么,而不是想我们展示她在做什么。

例2:汤米用扳手疯狂地将生锈的蒸汽阀门关上;

南希透过斑驳的窗户不安地望着外面。

说明:将句子分成两行,将其分成了两个动作。"生锈的蒸汽阀门"和"斑驳的窗户"意味着距离已经足够近。

毫无疑问,对于分镜头脚本中这些要求,完全可以借用到无障碍电影解说脚本的撰写中。

但是我们还是要看到其更多的不同之处。

1. 指向目的和产生阶段不同

电影分镜头脚本是导演和摄制组成员看的,导演以人们的视觉特点为依据划分镜头,将剧本中的生活场景、人物行为及人物关系具体化,形象化,体现剧本的主题思想,其解决的是"拍什么"和"怎么拍"两大问题,比如画面关键元素是什么,画面有无道具,拍摄角度,拍摄技巧等,帮助导演和摄影师完成拍摄任务。一般

---

① [美]亚历克斯·爱泼斯坦:《编剧的策略》(修订版),贾志杰、季英凡译,四川人民出版社 2018 年版,第 104—105 页。

来说,分镜头剧本是前期拍摄的脚本,后期制作的依据,也是影片长度和经费预算的参考。

无障碍电影解说脚本是用来配音的文本,录制合成的依据。解决的问题是"写什么"和"怎么写",比如,天色是怎样的,动作幅度大小,最后目的是让视障人士听的,让他们通过解说词与影片对白音效的有机结合,听懂理解影片。解说脚本必然是在影片拍摄完成后根据影片撰写的。

2. 形式要素侧重不同

分镜头剧本大多采用表格形式,正规的分镜头脚本一般包含如下要素。

镜号:每个镜头按顺序的编号;

景别:一般分为全景、中景、近景、特写和显微等;

技巧:包括镜头的运用——推、拉、摇、移、跟等,镜头的组合——淡出淡入、切换、叠化等;

画面:详细写出画面里场景的内容和变化,甚至包括简单草图等;

解说:按照分镜头画面的内容,以文字稿本的解说为依据,把它写得更加具体、形象;

音乐:使用什么音乐,应标明起始位置;

音响:也叫效果,它是用来创造画面身临其境的真实感,如现场的环境声、雷声、雨声、动物叫声等;

长度:每个镜头的拍摄时间,以秒为单位。若干个镜头成为镜头组,又叫场次,相当于文章的段落概念。

无障碍电影解说脚本则大多以文字形式,重点描述镜头反映的内容,包括场景、环境、人物形象、动作等,对主观镜头和空镜头加以解说;有时点出镜头的转换,也就是蒙太奇手法运用;同时,必须标出清楚的时间码(精确到秒甚至毫秒),有时还需注明解说

表 2-2 实例：微电影《淬火》分镜头脚本（部分）

场景	镜号	镜头运动	景别	时长	画面内容	声音	配乐	场地	日夜	备注
一	1		小全		门外小全景			小区外		
	2	固定	特写		迷彩包特写					
	3	固定	近（过肩）		妈妈推儿子出门	"妈～"				
	4		全		外，门关，儿子拿包走	关门声				
	5		中		内，门关，妈妈关门后流泪	啜泣声				
二	6	固定	全		三个女孩坐在床边			大学女生寝室内		
	7	跟	中近		室友a送女孩书，b送毛绒兔子，摇到脸					
	8	跟	近		女孩接过书放进行李箱，把兔子放床上					
	9	固定	特		床上毛绒兔子					
	10		全		走廊女孩背影			大学女生寝室走廊		
三			后景		学生踢球，前景运动青年背影入画			足球场		
	11	柔影跟拍			男孩踢球					
	12		全		男孩背影回头					
	13	反打			同学们挥手告别					
四	14		全		东风车上两排新兵			军营外		
	15		全		车停，三四个青年跳下车出画					
	16	跟	小全		运动青年（和富家子）跳下车，运动青年站住					
	17		近	1 s	运动青年左右张望	急哨声				（哨声转场）
	18	固定	全		旁边人挤运动青年，从身边走过，运动青年出画					
	19	俯拍	小全		新兵一个个走进门					

（续表）

场景	镜号	镜头运动	景别	时长	画面内容	声音	配乐	场地	日夜	备注
五	20	固定过肩	全		寝室全景			军营女寝室		
六	21		全		外景，队长吹哨			集合点		
	22		全		寝室内，大家慌乱起床，穿好衣服跑出门			军营男寝室	夜	
	23		近		富家子慌乱找衣服穿					
	24				外景，所有人全副武装好站齐			集合点		
七	25	背跟	全		队伍在公路上跑步	脚步声		公路	夜	
	26	前跟	全		队伍跑走，落下富家子一人气喘吁吁	喘气				
八	27	快推	中近		三个主人公在 400 米障碍训练场			障碍训练场	日	
九	28	快推	全		排队打电话的队伍			电话机		

（青年导演马欣提供）

语速、语气、个别时候解说覆盖对白等；对于拍摄镜头的运动方式，如：推、拉、跟、摇、俯、仰、升、降等，并非必不可少，只是在必要时应给予点到。

3. 文字运用不同

电影分镜头脚本的文字需要简洁清晰，表述画面及形象须简洁易懂，只要把导演的基本意图以及形象说清楚即可，不需要太多的细节，华丽的文采在分镜头脚本中是累赘，更需要的是精确描述技术要求的文字。

无障碍电影解说脚本的文字则要注重画面，追求富于造型的表现力和鲜明的动作性，讲究形象的画面感与声音元素的有机结合，体现时空转换的蒙太奇效果，尤其是对受到画面和可用时间的约束的繁简度的把握，繁处有具体的细节、人物、景色描写，场面渲染，动作展示等，简处有时只有区区几个字，起到衔接说明作用。

这里需要强调的是可视化,让视障观众能够进行想象和联想,理解影片内容。

以笔者撰稿的影片《无法证明》无障碍电影解说脚本开头时的一段为例:

00:40　解说:夏日清晨,一对年轻人在山野树林中游玩、拍照。

00:50　解说:女孩坐下摆姿势,手掌被硌着了。

00:53　解说:扒开草丛,她一声尖叫。

00:54　什么呀,快跑!

00:58　解说:原来是一个人头骨露出了地面,白森森透着恐怖。

01:04　解说:人命关天,一辆辆警车呼啸而来。

01:10　解说:现场被警戒带围了起来,刑警们紧张地拍照丈量,勘验现场。

01:18　解说:山坡公路上,一辆汽车慢慢停下,开车人摇下窗玻璃张望,脑海里浮现出当年深夜自己在此埋人的场景。他叫江海涛。

01:33　解说:刑警拨开土层,一块块人骨赫然在目。

通过案例比较,可以清楚地区别出两者的特征和用途,也就不会轻易走入依据分镜头脚本写作无障碍电影解说脚本的误区。但是,也不可否认,分镜头脚本对于无障碍电影撰稿有一定参考价值。

(二)无障碍电影解说脚本与"关灯拆电影"

2017年4月,笔者应朋友邀约前往观看了一场同声评论影片专场,放映评论的是获奥斯卡奖的美国爱情歌舞故事片《爱乐之城》。

的确是一种新的观影形式,给人带来不同的欣赏效果。

一进影院,领到了一个无线接收器和耳机,用来听取同步解说。影片开始以后,耳机里就传来了主评人葛颖教授的声音,从容而周密,拆解着影片的骨骼和筋脉。

葛颖,知名电影学者,电影评论家,上海大学电影学院副教授,被影迷们戏称为"行走的电影百科全书"。他首创的"同声评论观影模式",目前看来,主要涉及这样几个方面:影片主人公内心分析探究,着装及变化的内因;对影片情节连接和导演设计的解读;影片桥段、画面镜头、场面调度的艺术特点及意义阐释;影片音乐旋律的风格和意蕴;介绍电影知识和拍摄技巧;等等。

也就是说,葛颖教授通过影片的拍摄手法、剧情发展、场景、服装、音乐、道具、结局等角度,为观众拆解了电影。

同年,在第二十届上海国际电影节上,笔者又看了一部"关灯拆电影"所举办的奥斯卡获奖影片《月光男孩》同声评论专场,进一步引起了兴趣。于是,笔者开始了解和研究"关灯拆电影"即电影同声评论这个新事物,以及它的创建者葛颖教授。

我读过葛颖教授的专著《电影阅读方法与实例》,在引言中他说,通常将看片习惯分为三个境界:第一境界,可以描述为"看",这是全球绝大多数观众滞留的层次,追求影片讲了一个什么故事;第二境界,可以描述为"欣赏",这一层次的观众介于两种目的之间,即在追求影片故事的同时,开始关注影片的表现形式;第三境界,可以描述为"解读",这一层次关注如何来"讲"影片,即对影片的表意系统展开研究,以破译形式的内在运作方式为目的。①

而葛颖教授的"关灯拆电影"正是他在课堂以外对自己解读电影理念的创造性实践。2013 年 6 月在上海创办了电影讲堂"堂会",历时三年,讲座近百场,流转于咖啡馆和会所,面向社会大众解读著名影片,传播电影专业知识。随后开创电影 1∶1 同声评论观影模式。即伴随电影放映,解读影片。如同博物馆的语

---

① 　葛颖:《电影阅读方法与实例》,复旦大学出版社 2007 年版,第 3 页。

葛颖：昆汀的新片比《小丑》好太多！（高清视频）

原创 葛颖 关灯拆电影 2019-11-29

● 葛颖点电影 ●

电影学者

本期推荐：电影《好莱坞往事》

好莱坞往事 Once Upon a Time... in Hollywood (2019)

导演：昆汀·塔伦蒂诺

编剧：昆汀·塔伦蒂诺

主演：莱昂纳多·迪卡普里奥 / 布拉德·皮特 / 玛格特·罗比 / 埃米尔·赫斯基 / 玛格丽特·库里 / 更多...

类型：剧情 / 喜剧

制片国家/地区：美国 / 英国 / 中国大陆

上映日期：2019(中国大陆) / 2019-05-21(戛纳电影节) / 2019-07-26(美国)

片长：165分钟 / 161分钟(戛纳电影节) / 162分钟(院线版) / 171分钟(加长版)

又名：从前，有个荷里活(港) / 从前，有个荷莱坞...(台) / 好莱坞杀人事件 / 荒溢逸往事 / Once Upon a Time in Hollywood / Once Upon a Time in... Hollywood

IMDb链接：tt7131622

豆瓣评分 7.4 ★★★★☆ 47658人评价

5星 16.0%
4星 44.0%
3星 32.3%
2星 4.6%
1星 1.1%

好于 47% 剧情片
好于 67% 喜剧片

图2-4 《关灯拆电影》公众号页面

不少观众表示：同声评论的形式很新鲜，第一次尝试，听到许多知识点，也理解了许多导演的设计。

笔者认为，葛颖和他的"关灯拆电影"是对电影的深度解读、深入审视、深化理解，也是一种电影知识的普及、电影技术的推广，形式活泼，嬉笑怒骂皆成文章。一些评论之语听来辛辣有趣，充满烟火气息。有的则充满技术含量，如专题解析"寻找反射死角——镜面拍摄大法"，在技法介绍的同时，让观众明白了为什么正面拍摄镜中的人物或景物时，摄影机却不会出现在画面中的奥秘。

音导览服务，体验同声评论的观众在看电影的同时，佩戴耳机同步享受影评家实时拆解电影的奥秘。将原来只有专业学院学生可以享受的拉片式教育，向广大电影观众普及。2016年6月，上海迷影关关灯影业有限公司成立，旗下创建了品牌栏目"关灯拆电影"。"关灯拆电影"推出全新的电影同声评论原创电影评论视频，创建线上语音影评分享平台，覆盖40余家音视频平台及App终端。同时线下开办电影讲座活动和同声评论活动，邀请行业专家、影评人、导演甚至跨界文化名人以1∶1同步讲解的方式，陪伴观众对电影进行深度赏析。

早在 2014 年 12 月 14 日,葛颖教授就已第一次在影院进行同评,当时讲解的影片是反映盲人生活的《推拿》。资深影迷,又是院线投资人的李琦芳观后在微信朋友圈大发感慨:"当黑暗降临,葛颖老师用连珠妙语指引我们一窥电影世界的门径——那个用镜头语言、色调、光影、剪辑、声音、表演、台词乃至导演的内心共同组成的魅力世界……"。后来,李琦芳成为了"关关灯影业"的 CEO。她表示:"'关灯拆电影'是第一次真正意义上的观影习惯的改革,……这个产品能够带动电影观众更好地理解电影内容,提升电影审美,促进电影深度消费。"①

"关灯拆电影"的同评与无障碍电影解说,尽管都是一种观影服务,且都采用跟随影片放映,同步解说的形式,但是两者的表达内容、服务对象、追求目的有着很大差异。

1. 两者的出发点和服务对象不同

"关灯拆电影"的出发点是观影形式的新体验,观影消费的新升级,其服务对象大体是健康的观众,是有着特殊需求的迷影人群。其目标是超越影片本身的内容,侧重于银幕画面后面的故事、背景和电影知识等。其拓展的是影片的深度和广度,并不对影片的具体画面进行周致的描述,而是把重点放在评论,追求的是形而上,并最终通过内容付费的形式实现收益。

而无障碍电影的出发点是丰富视障人群的精神文化生活,让他们能与正常人一样平等享受电影艺术,其运作方式仍多为公益性质,经费来源也主要是政府购买服务和社会慈善资金资助等,其服务对象主要是视力障碍者和有这方面需求的其他人群。为无障碍电影撰写的解说脚本,主要是通过描述画面来再现故事,

———————

① 《关关灯 CEO 李琦芳:关灯拆电影　第一次真正意义上的观影习惯改革》,搜狐网、环球网娱乐报道,2018 年 5 月 9 日。

以帮助视障人群尽可能完整地地欣赏电影。侧重于客观还原影片的色香味,在于形的本身。所谓形而上的内容,也就是画面、人物、故事以外的内涵及意延,可以有所涉及,但并非重点。

2. 两者对电影的观赏角度与处理方式不同

"关灯拆电影"的评论更多进行旁观、客观解析,引导观众一同赏析电影中难于被参悟的内容,以及影片背后不为人所知的花絮。以葛颖老师对影片《爱乐之城》的拆解为例。影片一开始,他的同声评论中就对音乐歌舞片的开头特点和规律做了较多介绍,还对影片开场长达4分钟的长镜头大场面进行了技术剖析:构图方面,电影的第一个场面—开头,导演把高架上面的隔离墩一直保留在构图的下方;音乐方面,音乐的风格是爵士拉丁,这是典型的歌舞片的开场风格,很能调动观者的情绪;设备方面,使用很长的摇臂,长镜头是由三段拼合的,可以把摇臂的阴影消除掉。对于全片的音乐创作,同评直白地揭示了影片作曲一共谱写了三个主题:欢乐的第一主题,落寞的、悲伤的、孤单的第二主题,反映爱情的第三主题。同评充分注意到电影反复运用几段风格迥异的音乐旋律,评析它们对主人公心情变化的衬托作用,帮助观众欣赏。

影迷Jackie说道:"以前没有勇气看艰涩的电影,跟着葛老师的同评就看懂了。听了葛老师的同评后,也颠覆了我看电影的习惯。他不仅剖析给你听,也教会你一种看电影的方法,从布光布景、场面调度、到人物心理变化,乃至哲学层面,多维度的来看电影。"①

由此可见,"关灯拆电影"从局外人的角度看电影,对电影的欣赏角度是客观的、出戏的,其评论多以技术为重。

无障碍电影则不同,它要深入地吃透编导的意图,更多地进

---

① 《关灯拆电影:从同评观影到互联网电影》,搜狐网·上海采风,2017年4月12日。

入戏中,感同身受,并且尽可能地把人物感受和影片氛围准确地描述出来。

例如,同样是关注影片的细节,"关灯拆电影"更多关注细节所映射出来的延伸意义。比如,《爱乐之城》结尾的部分是在格里菲斯天文馆。这个天文馆就在好莱坞山的对面。同评点出了这个细节设计的象征意义:一个是好莱坞的梦,一个是人生的真相,影片演出了一个好莱坞式的美梦。这类对细节的评论一般不会出现在无障碍电影解说脚本中。

无障碍电影则更关注细节所揭示的内涵及其对于人物或情节的作用。如反映 50 年代中国人民解放军屯垦戍边题材的影片《伊犁河谷》的 36:48 处,女兵们用哈萨克族牧民"姑娘追"的风俗,策马追逐,向徐祖雄团长示爱。王喜凤连长一马当先,眼看着就要把暗自爱慕的心上人追到了,没料想路华小姑娘(路华是徐祖雄亡妻之妹)突然出现,还要被徐祖雄拉上战马。这时王喜凤的内心既矛盾又痛苦。如何表现她此时心理,需要细节描述。解说词:"36:48　徐团长看看王喜凤,低头想了想,终于向路华伸出了手。王喜凤的内心像打翻了调味罐,五味杂陈,看着自己喜欢的男人把路华拉上了马,她紧闭上眼睛,一抿嘴角,露出一丝委屈。"这样就更形象地把王喜凤复杂的感情内外结合地表达了出来,便于视障观众形象化地理解。

3.两者与互联网的关系截然不同

"关关灯影业"本身系新浪旗下专业内容创业投融资对接及孵化造星平台孵化出来的一个创业项目。它的侧重点是探索全新的互联网电影观影形式,利用互联网快速渗透的特性,与爱奇艺、腾讯视频、微鲸电视、喜马拉雅、咪咕直播、IPTV 等 40 个平台建立合作关系,影迷可以免费收听线上直播,集聚粉丝。它设立微信公众号,影迷可以在平台微信商城购买并收看、收听所有原创电影拉片视频和同评音轨,还可以付费成为黑卡会员,享受定制服务,初步体现了电影文化服务的产业升级。而且,它所主打的产品和新开发的产品,都必须依托互联网,应用互联网的最新技术。所以,"关灯拆电影"是以电影同步解析评论为灵魂,以互联网为形体的不可分割的新生事物。

无障碍电影在互联网的应用上,还很难实现充分利用和拓展,首要原因是版权上的障碍。尽管有关互联网企业积极性很高,但是影片版权方并不愿意让他方制作的无障碍电影资源可以自由进入互联网。当下,一些传播无障碍电影的 App,主要使用的是老的电影资源。即使是在美国,早在许多年前,就已通过口述影像解决盲人无障碍电影问题,但也是因为版权问题,该项服务目前无法顺畅登陆互联网。

此外,关灯拆电影的同评方式,更适合"二刷"乃至"三刷"影片的观众,有一些观众看新片不习惯有外来声音干扰。

了解"关灯拆电影",对于无障碍电影解说脚本撰稿人是有借鉴意义的,要学习这些电影专家教授们对电影艺术的不懈追求、对影片主人公性格命运把握的纵深度、对影片场面观察的宏观眼光和细腻剖析、必要的电影知识储备等等,在学习实践中不断探索提高自身的电影欣赏能力和脚本撰写水平。

四、关于无障碍电影理论研究之构想

做正确的事,正确地做事,把事情做正确。这是涉及效能、效率和效果的组织管理高级策略。用到我们所研究的无障碍电影问题,也是同样的道理。现在没有人会否认发展无障碍电影事业的必要性。但是,正确地做事和把事做正确,却还存在许多问题和困惑。怎样用恰当的方法把无障碍电影做出质量、做出标准、做成艺术？这个方面研究尚少，空白仍多。没有理论的支撑，无障碍电影事业将难以提升。这已经是我国无障碍电影难以满足残障人士日益增长的文化生活需求的短板所在，也是无障碍电影发展能否行稳致远的最大挑战。

凡益之道，与时偕行。开展无障碍电影，更恰当地说应当是无障碍影视研究，强化其立身之本很有必要。首先要确立正确的研究思路和态度，逐步开展基础性研究。笔者在此提出自己的构想和设计，只是一个粗线条的框架，是一个供修订补充的草稿，甚至是讨论批评的对象。

（一）需要建立的三种思维

要遵循理论研究的一般规律，同时注意无障碍电影的特殊性，建立系统思维、艺术思维和创新思维，为开展无障碍电影理论研究奠定正确的思想基础。

1. 系统思维

系统思维又称决策者的系统思考，它调整系统内部要素与关系、维度与层次，结构与功能的系统协调性与融通性。无障碍电影研究的系统思维，首先需要把无障碍电影服务，放到无障碍环境建设这个系统工程中来认识和把握，才能达到应有的高度和合理的位置。无障碍环境建设，是指为便于残疾人等社会成员自主安全地通行道路，出入相关建筑，搭乘公共交通工具，交流信息，获得社区服务所进行的建设活动。[①]用全国人大代表、中国残疾人联合会副主席、无障碍环境推进办公室主任吕世明 2019 年 3 月在全国两会期间发言的话说："无障碍环境建设是一项宏大的社会系统工程。无障碍环境建设是为一切需要它的社会成员平等参与社会，实现融合发展的重要举措。"[②]

---

① 引自国务院《无障碍环境建设条例》，2012 年 6 月。
② 《吕世明：依法提升无障碍设计与设施高标准高质量》，转载自《华夏时报》，《新浪财经》2019 年 3 月 16 日。

我国《无障碍环境建设条例》发布以后的七年来，落实情况总体上令人欣慰。政府各部门纷纷出台了各种政策标准，统筹规范无障碍环境建设的国家行为：住房城乡建设部修订《无障碍设计规范》、制定《无障碍及适老建筑产品技术要求》国家标准；交通运输部等七部委出台《关于进一步加强和改善老年人残疾人出行服务的实施意见》，提出了我国交通运输业无障碍环境建设的目标和任务措施；工业和信息化部制定《移动终端无障碍技术要求》、《信息技术—互联网内容无障碍可访问性技术要求与测试方法》行业标准；中国铁路总公司、北京铁路局下发《关于进一步加强和提升无障碍设施建设和服务的通知》等等。顶层设计、法治保障推动了抓住重点、攻坚克难，如今的"无障碍"，已经从残疾人专用品发展到通用融合设计，由单纯的物质环境建设过渡到全方位的社会环境建设，包括无形的制度规章、信息交互等。

无障碍电影，其本身是信息无障碍的组成部分，而信息无障碍则是无障碍环境这个大概念的有机组成部分。

但是，我们还是必须正视，社会整体上对残障人群文化娱乐无障碍方面的需求，比如无障碍电影方面，还存在着思想认识的缺失、法律法规的缺少、社会服务的缺口等问题。我们不会否认，在一定的历史阶段，生存权与发展权有它的轻重缓急，我们不会否认，无障碍电影服务在大小城市之间以及城乡之间存在差距。随着我国残疾人社会保障体系的不断完善，残疾人康复、教育、就业等问题的解决日渐向好，残障人群生活质量不断提高，残疾人对于精神文明、文化生活的追求将更为迫切，对于融入社会，平等享受文化权益的意识将更加强烈。特别是近年来，从中央到全社会更加认识到无障碍环境所体现的人道主义内涵和社会主义核心价值观内涵。我们认识和研究无障碍电影理论首先要具备应有的思想高度和价值取向。

在理顺了无障碍电影在建设无障碍环境大系统中的位置的同时,我们还要把无障碍电影本身作为一个整体系统来进行研究。

这里可能包括:一是要把无障碍电影的社会需求、标准制定、脚本撰稿、配音合成、传播渠道、宣发推广、放映服务等各个环节结合起来研究;二是要把全国各地的无障碍电影活动综合起来研究,了解长处与短板,对症施策。还要了解国际上口述影像发展状况、解决方案和研究成果,为我所用;三是要把接受对象不同的盲人无障碍电影和聋人无障碍电影联系起来研究,掌握个性,寻找共性,探讨综合性解决方案;四是要把各方面有关无障碍电影的研究,包括撰稿制作体会、专题研讨收获、标准规范文本等,搜罗起来,作为研究起步台阶。尽管其中真正有价值的见地或许如凤毛麟角,但是,智者都会把这些作为起步的助力,攀登的阶石。努力打造平台,制定规划,实现提高无障碍电影理论研究和制作生产水平的大目标。

2. 艺术思维

艺术思维是无障碍电影发展的终极思维目标。研究者既要从电影艺术的特点出发,又要从视障人士欣赏电影的维度入手研究,发现无障碍电影的内在艺术规律,用于指导创作和生产。

无障碍电影服务是丰富残疾人文化生活的重要渠道。它通过对电影艺术产品进行无障碍加工,把影片的艺术精神、艺术魅力传递给残障人群。所以,进行无障碍电影研究,离不开艺术思维。只有讲究艺术思维,才能推动无障碍电影真正走上具有艺术生命力的发展之路,才能得到残疾人群的喜爱和肯定,也才能不辜负原生电影作品主创人的辛勤劳动和资金投入。

运用艺术思维的正确路径,是坚持实践导向,直面无障碍电影的短板和突出问题,敢于并善于开展不同观点的争鸣,最终发现"真问题",提炼"实做法",使理论研究接地气、能指导,有作为。

努力使我国无障碍电影的质量,跟上国际发达国家口述影像的发展水平。

3. 创新思维

所谓创新思维,简单地说,就是用新颖独特的方法解决问题的思维过程。在无障碍电影发展面临困难,亟需突破的当下,创新思维不是可有可无,而是必须大力提倡,要通过创新来突破常规,实现无障碍电影事业的新发展。

首先,研究领域创新。对于无障碍电影(口述影像)来说,在国内本来没有这门课程,更没有这样一个专业,大专院校、研究机构要顺应形势,从社会需求和助残文化发展出发加以开创,并论证其可行性和必要性;其次,研究方法创新。对于无障碍电影的研究,绝不能从理论到理论,成为象牙塔里的摆设。而必须来自实践,注重实践,研究我国无障碍电影十几年来走过的曲折道路,剖析存在的症结和瓶颈,找到加速发展的正确途径。面对大量丰富实践现实以及研究方面的空白,要科学设置研究课题,构建有效的研究模型,形成扎实的理论体系;第三,研究队伍建设创新。没有研究人才队伍,一切都是空谈。因此,要更新思路,多管齐下,既要努力吸引院校科研机构的教授、专家和研究生加入这个对他们而言崭新陌生的研究领域中来,又要不拘一格地吸纳无障碍电影制作机构、社会爱好者的参与,鼓励他们的探索精神,引导他们提高研究水平,还要采取积极措施,对一批多年从事无障碍电影公益事业,具有一定研究意愿和潜质的志愿人员加以引导培养,扩大研究力量。有关部门要以改革创新的思路,充分激发诸多主体活力,尊重和保护各方面的积极性、创造性,努力形成整体优势和规模效应。要敢于打破常规,至少在开头这两三年,对于体制以外的从业人员和业余研究人员,在地位重视上、帮扶措施上、资源配置上均有所倾斜。总之,积极引导各方人才携起手来,推动无障碍电影乃至口述影像在我国的良性、健康、持续发展。

第十三届全国人民代表大会社会建设委员会主任委员、中央党校(国家行政学院)何毅亭副校(院)长为《国家无障碍战略研究与应用丛书》作的总序中说:"借《国家无障碍战略研究与应用丛书》出版的机会,我们期待有更多的有识之士关注、参与、支持无障碍建设,期待更多的智库、更多的专家学者推出更多的无障碍研究成果,期待无障碍建设在我国创新发展中不断迈上历史新台阶。"①无障碍电影的出发点是服务于人造福于人,就要让更多的人关心、聚集、参与投身于这个事业。

对于无障碍电影研究者而言,还需要有良好的心态:但行前路,莫问前程,守护初心,担当使命。研究预期不可过高,面临困难不可低估,更不可奢望锦绣辉煌,功成名就。而是要埋头苦干,只争朝夕,做学科设立、体系构建的拓荒者,做课题研究,指导实践的实干家,这才是中国无障碍电影研究的希望和方向。

(二)创设无障碍电影研究领域的初步构想

探讨了研究的思维方式,确定科学实际的研究方向与研究课题,就成为解决问题的起点。

以下是笔者初步构想的四大板块以及若干论题。

1. 新时代无障碍电影研究的大方向

(1)用新时代、大格局的眼光,对无障碍电影社会意义的理性思考;

(2)无障碍环境建设与无障碍电影服务的关系;

(3)坚持实践导向,研究"新需求",发现"真问题",提炼"实做法";

---

① 何毅亭:《〈国家无障碍战略研究与应用丛书〉总序》,段培君等:《无障碍国家战略》,辽宁人民出版社 2019 年版,第 3 页。

（4）打开域外视野，学习借鉴世界口述影像方面的先进经验；

（5）建设符合中国实际的无障碍电影，展示无障碍电影"中国方案"。

2. 无障碍电影撰稿制作问题

（1）残疾人士接受无障碍电影作品之信息无障碍研究；

（2）无障碍电影撰稿艺术和表现手段初探；

（3）解说脚本如何将电影信息转化为口述语言信息；

（4）无障碍电影解说配音艺术研究；

（5）无障碍电影后期制作技术研究；

（6）无障碍电影的美学特点与受众的适应特点。

3. 无障碍电影发展有关难点

（1）无障碍电影生存发展的法律及政策体系构建；

（2）我国无障碍电影版权机制的建立及应用途径研究；

（3）现阶段无障碍电影服务如何实现公益性与专业化的有机结合；

（4）5G 时代无障碍电影传播方式、渠道、平台研究；

（5）如何建立政府、机构、市场、出资方等主体有效运转机制；

（6）新冠疫情对无障碍电影服务的影响与对策。

4. 无障碍电影的研究方法论与研究队伍建设

（1）建立无障碍电影学科研究领域与研究方式；

（2）无障碍电影研究的理论与实践之关系；

（3）建立和完善有效的无障碍电影人才培训培养机制；

（4）建立社会机构与专业院校、志愿者与专业人士相结合的无障碍电影研究机制。

更为丰富的课题和科学的研究还有待于各方面下一步的努力。

（三）建立合理的人才队伍和鼓励创新机制

由于历史原因，无障碍电影从业与研究方面，有一个比较特殊的现象:大部分为公益组织与志愿者在进行,即使有个别大学传媒学方面的专家教授参与,也只是这一两年的事,其主要作用还是在德育引领和技术指导方面。这既是一个短板,又说明无障碍电影研究发展的空间很大。因此,要通过改革,建立结构合理的人才队伍和鼓励创造创新机制,作为推动无障碍电影质量提高的支持和保证,作为提高全社会无障碍电影服务效能的前提和基础。

在与有关人士交流中,一些专家往往对无障碍电影志愿者的探索和付出给予高度肯定,认为是跨界研究,难能可贵。因此,笔者结合实际,有意识地对这个专业与否、跨界与否的问题进行了一些调查和评估。

毋庸置疑,电影电视传媒方面的专家教授专业知识面广、理论基础扎实。而广大志愿者中的资深撰稿人、研究者往往在无障碍电影领域里深耕多年,实践经验丰富,具有一定的话语权。还有一点值得注意,他们往往具有相关的学历背景、工作经历以及知识积累,至于对电影的爱好就不用说了,并非是简单的跨界研究。再加之后来的学习和涉猎,用心钻研,完全有可能成为无障碍电影方面的专业人才,更何况,实践本身就是研究的一部分,一次次的经验积累,将成为研究发展的基石。这当然还需要有关部门的大力支持和影视传媒领域专家学者的指导和引领。

笔者试对上海最早一批无障碍电影撰稿者、研究者的情况进行分析。

蒋鸿源——1941 年生人,上海无障碍电影发起人之一。1963 年从上海戏剧学院戏剧文学系毕业,几十年来一直在上海电影集团从事电影宣传、评论、编辑及电影策划等工作,曾担任上海电影公司策划总监,为高级编辑。退休后发起无障碍电影活动,截至 2019 年,蒋鸿源共为无障碍影视撰写解说脚本 208 部。

在长期的撰稿实践中,积累了大量经验,曾先后到交通大学、同济大学、上海财经大学等举办讲座。他本人晚年因视力严重受损,现在虽然一般不再撰写解说脚本,但仍然应邀从事培训辅导工作。

王世杰——1943 年生人,上海无障碍电影发起人之一,上海最早的视障人无障碍电影撰稿人、讲述人。毕业于新疆和田高等师范专科学校语言文学专业,曾经长期在文艺团体工作,编创了大量文艺节目,出版了学术类散文集《神秘的大漠边缘》。他创作的歌舞节目《幸福生活亚克西》,获 2008 年全国农业题材汇演金奖,并登上 2010 年央视春晚的舞台。自 2007 年以来,撰写和指导创作无障碍电影解说脚本共计 20 余部,解说近百场,很受欢迎,还为志愿者培训 20 余次。作为上海科技馆的副研究员,他还创作了 10 余部科普剧,排演后受到青少年欢迎和社会好评。因无障碍电影和科普剧创作,2010 年获得了上海市科技进步三等奖。

于江——1951 年生人,上海无障碍电影研究拓荒者,资深撰稿审稿人。毕业于上海师范学院中文系,曾经担任上海开放大学残疾人教育学院院长,语文高级讲师,具有残疾人教育方面的长期经历和丰富经验。编撰出版教材《残疾人人际沟通与社交礼节》。退休以后,参与无障碍电影公益活动,其根据自身撰稿、审稿的经验,编写了 1.6 万余字的《无障碍电影解说词撰写基础》,执笔起草上海首部《无障碍电影解说词撰写规范》(试行),并多次前往有关大学,对无障碍电影撰稿志愿者进行辅导培训。

台湾淡水大学赵雅丽教授在 20 年前曾经感慨,"口述影像推动时最大的瓶颈,在于一位好的口述影像撰述者不易觅寻,而欲成为一位口述影像者,除了要具备对视障者特殊经验的理解外,语言掌握的敏感度,也是不可或缺的必备条件。这些有潜力的参与者的先前语文经验,可能来自于小说创作,也可能来自于新闻写作"等等。①这在今天也是被实际所证明了的。我所知道的还有许多撰稿审稿志愿者,大多从事着或从事过记者、编辑、教师,乃至机关文字工作者,他们对于电影的爱好和语言文字功底,铺垫了他们的志愿者公益之路。

一般来说,能够经受枯燥的反复观片和长时间的高强度的写作,坚持撰写几部无障碍电影解说脚本的人,都属于头脑清醒,梦想坚定的人士,他们不仅对无障碍电影事业心怀热爱,且性格良善,对自身知识积累、表达能力有着充分的自信。

这些同仁多年的努力和付出,为无障碍电影的起步发展,奠定了扎实的基础,积累了丰富的研究素材。任何专业人士进入无障碍电影的实务领域和研究领域,都不可能跨过这样一个历史阶段,都不可能无视这样一批初创者和他们的努力成果。

美学大师宗白华 1961 年在《漫话中国美学》中分析了中西方美学的不同特点:西方的美学由于艺术背景,大部分仍是哲学家的美学。在中国,美学思想却更是总结了艺术实践,回过来又影响着艺术的发展。②笔者以为,中国的无障碍电影理论,也如同中国的绘画理论、音乐理论一样,必须立足于艺术创作基础上进行研究。

现在更加需要有关部门牵头,在目前以社会志愿者为主零星松散的无障碍电影队伍基础上,建立起合理的理论研究人员和实践者有机结合的无障碍电影人才队伍。设立相应学科,建立激励机制,鼓励专家教授去拥抱实践,为实务界提供理论和知识后援,用专业的眼光和深厚的理论去检视、支持、滋润无障碍电影,特别

---

① 赵雅丽:《言语世界中的流动光影——口述影像的理论建构》,台湾五南图书出版股份有限公司 2002 年版,第 171 页。

② 宗白华:《美学与艺术》,华东师范大学出版社 2013 年版,第 19 页。

是对于实践中的争议和创新中的难点,提出建设性意见,推动无障碍电影加快成长;鼓励那些有着丰富实践经验和研究意愿的志愿者,从理论的高度来进行思考,将实践体会上升到理性,成为可传播、可复制的经验和教材,并为专业人士的理论研究提供坚实的实践支撑。

我们相信,只要建立了一支广泛包容、专兼并蓄的研究队伍,只要形成了灵感互鉴,相互砥砺的研究氛围,加上鼓励创造创新的机制,合理配置的资源,我国无障碍电影研究一定能够从无到有,并达到应有的层次,无障碍电影的春天就一定会真正到来。

第三章　无障碍电影解说脚本撰写基础

一、解说脚本是无障碍电影之基石

无障碍电影解说脚本是无障碍电影的重要组成部分和制作传播基础。它用文字对影片的画面和内容进行阐释、描述和解读，是现场解说者和录音配制者的文本依据。

基础牢固，大厦方能稳健挺拔。解说脚本的质量，很大程度决定了无障碍电影的制作质量和播映效果。所以，当下从事无障碍电影的同仁都把大部分注意力投入到解说脚本的撰写上。这也是我们之所以要研究无障碍电影撰稿艺术和方法的原始动因。

笔者以为，一个成熟的无障碍电影解说脚本撰稿人或审稿人，应当既懂得理论，又擅长写作实践。换句话说，就是既要能写，又要讲得出为什么要这么写，还要知道怎样可以表达得更好。

无障碍电影的发展进入了一个数字化转型的新时代，这无疑是幸运的，激动人心的。然而这也是面临挑战的，受到约束的时代。数字化和精细化，不仅仅是简单地运用新技术改变了无障碍电影的表达传播模式、提高了无障碍影视制作的效率，更重要的是撰稿人会更加深刻地感受到可掌握时间，对运用表达手段和揭示影片内涵所带来的主导权和自由度，可以从某种程度上改变制作者的艺术观念和审美理想,这也将有利于无障碍影视创新元素的运用和"精品化"时代的到来。

在挑战面前,必须转变观念、抓住机遇、实践提高,精准服务将永无止境。

尽管,上海的无障碍电影已经驶入了数字化合成、批量化生产的快车道,打通了无障碍电影向街镇社区普及的通道,但问题和局限仍然很明显。除了一小批比较成熟的撰稿志愿者之外,少有人去研究无障碍电影,特别是研究解说脚本的艺术特点和技术标准,更缺乏有质量的培训和辅导。

从另一个角度看,电影是属于具有无限想象空间和创造空间的艺术形式。其表现形式和创意不断生发,无法穷尽。所以,在无障碍电影解说脚本的撰稿中,也必然会产生新的描述技巧和表达方式,需要有不懈的探索精神和大胆的实践勇气,需要更多的有心之人。

二、无障碍电影解说脚本撰稿人的精神修炼

如前所述,解说脚本是无障碍电影制作的基础与核心,是根据视障人士的需求对影片的二度创作,是具有一定难度的环节。一位优秀的撰稿人首先要有严谨的创作态度,同时还要具备缜密的逻辑思维能力和熟练的文字驾驭能力。尤其需要善于换位思考,能站在视障人士的角度进行揣度和撰写。有道是"心中装有盲人,妙笔方能生花"。

(一)撰稿人的角色

一旦你拿起笔,或打开电脑,成为无障碍电影解说脚本的撰稿人,那么,你就很荣幸地成为电影光影与视障人士中间的一座桥梁,一位影片思想艺术信息的承载者和向特殊群体——视障人

的传递者。此刻,假如你仅仅是喜欢看电影,仅仅具有爱心是远远不够的。你还必须懂得,视障人群希望通过无障碍电影获得什么。

你还要懂得一些电影的基础知识和表现手法,懂得一些电影的专用名词,了解一些电影手段的功能作用,并且能够以通俗易懂的语言诠释出来,更要能够善于将电影中那些所谓只可意会不可言传的意蕴,在领悟以后挖掘出来,用尽可能形象的语言表达出来,告诉接受者。

还有,为了更好地帮助视障人了解电影,理解电影,你必须学习和研究一些涉及视障人的心理学、接受学和社会学知识,了解视障人在怎样的信息条件下,会形成联想,用怎样的语言系统方能把电影的画面、人物、情节转换成视障人愿意接受、可能理解的信息,以达到帮助他们欣赏电影的目的。

因此,撰稿人的身份有点复杂,既要做观众,又不是单纯的观众,还要懂得一些电影专业知识,但又不是理论研究者,更要使自己成为视障人士感受电影的模拟体验者。这三方面融合在一起,构成了真正有素质撰稿人的特质。

用形象的语言来说,撰稿者用眼神确认撰写的电影,再用语言的转换来确认眼神;而视障人士则用他们的耳朵,通过聆听电影的原声加上解说,再对电影的内容和艺术进行还原和确认。

(二) 撰稿人应具备三个"心"

人无精神不立,文无精神不行。态度决定一切。

撰稿者的精神要求概括起来说,就是三个"心"。

爱心。参与公益事业,撰写解说脚本首先需要的是爱心,为善之心,或者说要有公益之心,而非功利之心。这才能有克服困难,默默耕耘,持之以恒的动力。视障人是个特殊群体,他们虽然视觉有障碍,但听觉却十分敏锐,感受力很强。我们可以做他们的

图 3-1　无障碍电影日获奖志愿者合影

图 3-2　快乐的志愿者

眼睛,用我们的努力来丰富他们的精神文化生活。从更高的层次来看,有人说,残障人是社会的一面镜子,帮助他们是健全人的义务和责任。我认同这个观点。将来,即便有了无障碍电影工作者这个职业,这份爱心善意仍然是不可或缺的。

耐心。观看电影本来是一种享受,可是为了撰写解说脚本,就要在短时间内将一部电影连续反复看许多遍,到稿子完成,甚至要看上十余遍,有撰稿人说,这已经不是享受,而是一种折磨,大脑里会不停地响起电影音乐和对白。而一篇脚本文稿往往要经过三到四遍的撰写修改,字数会达到 1 至 2 万字,这也非常考验人的毅力耐心。

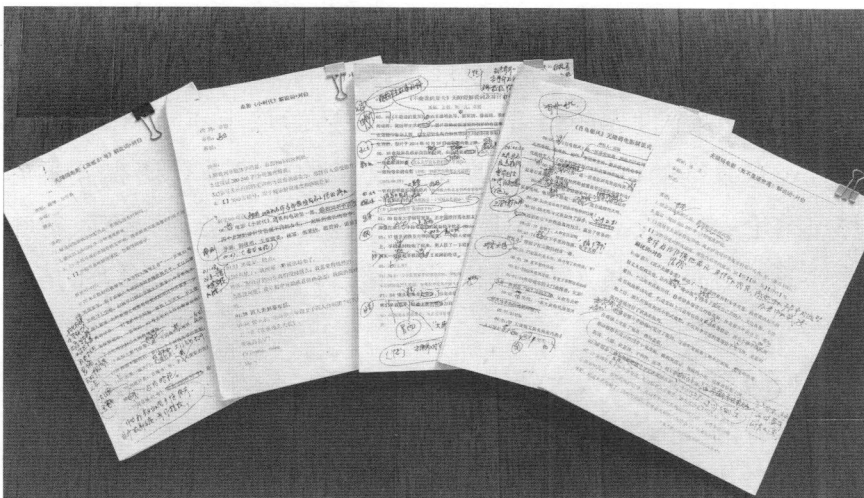

图 3-3　解说脚本手稿

细心。导演在拍摄电影时经常会用镜头进行细节刻画,正常人观看,往往心领神会,而视障人则无法感知理解,这就需要撰稿者细心观看,细密揣摩,然后细致准确地在解说稿中加以描述。

如果说爱心是精神境界,耐心是心理素质,那么细心就是对艺术的敏感性。

要写好解说脚本,需要一种工匠精神,与细节较劲,与编导和主角对话,认真对待每一次创作,认真对待每一部影片,讲究质量第一。

爱出者爱返,福往者福来。从事这项公益事业的人,在付出的同时也有收获,这就是做了公益,帮助了他人,赠人玫瑰手有余香,内心会充满快乐和成就感;同时还可以提高自身对电影的欣赏能力和文字表达能力。

正如上海无障碍电影发起人王世杰所言,"我每一次撰稿都带着虔诚之心",就是这个意思。他有一次在社区为盲人讲电影,之后接受采访时说:"每讲完一场电影,我心里特别舒服。并不只是为他们(视障人士)服务,我自己也从中得到了愉悦。"

《连接两个世界的声音——香港口述影像十年》的作者徐婉珊曾经对香港的口述影像长期依靠义工的状况进行调查分析后得出结论:义工投身其中的原因不一,包括有意义、满足感、趣味性等等。但是,这些义工们都强调,不是单纯的"我帮你",而是互相欣赏,彼此依赖。

(三)了解视障人士需求

所有的残障里,盲是最严重的,盲人是最困难的。肢残者即便坐着轮椅,但一切依旧在可控之中。正常人一旦蒙上眼睛,即使走在平地,也将惶恐而难以控制身体。

广州市盲童学校的一位负责人曾经告诉前来采访无障碍电影放映活动的记者,愿意且有能力为盲人电影写解说词的人很少,因为要写得好,本身也得懂这个群体。如前所述,作为无障碍电影解说脚本撰稿者,光有爱心还不够。做好盲人的眼睛,先要多了解他们,包括了解他们的生理和心理特点。

1.爱"看"电影的心理需求

正如华东师范大学教授徐光兴所言:"电影艺术的魅力,就在于可以使观众暂时抛开由压力、焦虑、忧郁等元素构成的实际情绪的种种牵制,也暂时摆脱对于人际关系、经济职业等因素的痴迷,唤起心中视觉的意象,诱发人们或温暖,或甜美,或忧伤,或激奋的种种联想,从而得到某种心理的投射或满足,这就是'看电影心理学'的秘密所在。"[①]

这里有一个最新的例子,可以说明电影对人们生活的重要意义。2020年初,突如其来的新冠病毒肺炎疫情让电影业遭受了极大的冲击,甚至有人将其喻之为"一场速冻的冰风暴"。从1月24日起,院线电影连续撤档或调档,之后全国各地的影院纷纷关闭,而且一关就是数月。原本应当最热的春节档成了"史上最冷"。一直到了6月份还是没有确切复工消息。没有体育比赛的生活没了"神",没有电影的生活没了"魂"。线上的观影追剧很难有影院观影的体验和仪式感。就如一位朋友的调侃,独坐家中,面对屏幕哈哈大笑,身边却寂静无声。原来,去影院看电影已经是我们社交的重要组成部分,是我们与陌生人一同对抗孤独的良药。

这个例子从另一个侧面印证了电影对于人们日常生活的意义。电影缺席后,似乎日子不完整了,生活不正常了,文化娱乐生活缺少了新元素和新刺激。

尽管笔者不是盲人,但笔者接触过不少视障人士。笔者知道,对于文化生活本身已经很单调的视障人士特别是盲人而言,无障碍电影的意义和作用尤为特殊和强烈。

[①]　徐光兴:《序言》,载郑世彦《看电影学心理学》,广西师范大学出版社2018年版,第3页。

　　回到话题,视障人士,特别是盲人为什么喜欢看电影? 无障碍电影到底满足了他们的哪些心理需求呢?

　　在分析求证之前,笔者想先讲一个听来的故事:

　　有一次,一位做按摩的盲人师傅告诉客人,华山的风景美极了。客人小心翼翼地说,你能看见美景吗? 盲人师傅沉默了。当客人临走与他说再见时,盲人师傅突然开口:"我问你,美只是用眼睛才看得见的吗?"

　　——从文化生活来说,"听"电影是视障人的一种难得的娱乐方式,有利于解除心理压力,获得文化滋养和心灵慰藉;"听"电影还是人际交往的好机会,通过无障碍电影活动,他们可以聚集和交流,排遣孤独感。残疾人社会学研究发现,有一种松散型的残疾人群体,他们形式不拘,吸引力强,可以聚在一起,尽情享受他们在其他地方享受不到的平等感和快乐,可以不受拘束地谈论自己,叙述个人的痛苦、渴望与追求,甚至"袒露"自己的秘密。笔者也注意到,每次举办无障碍电影活动时,影院总是聚集了大批的视障者,他们像过节日一样快乐,叽叽喳喳,甚至手舞足蹈。缘由其实也很简单,他们试图减轻来自外围世界的压力,他们希望得到认同,希望自己能够参与一个集体的活动。所以他们喜欢集体观看无障碍电影这种仪式感,同时寻求他们与社会文化的联系和存在。

　　2019 年 6 月 27 日,国泰电影院无障碍电影日放映《一条狗的使命 2》,这里又如往常一样聚集起了大批视障人士。这样的每月一次的聚集,已经持续了七年! 盲人黄宁(音)女士牵着导盲犬来了,她是铁杆"影迷",原住在老城厢的她一直在国泰电影院看无障碍电影,后来因动迁她家搬到了远郊,但还是每月来国泰电影院看无障碍电影。每一次的观影日,对于黄宁来说,除了是来"听"电影,更是她必不可少的社交活动。她在接受新民晚报融媒体记者采访时的一席话,道出了广大盲人的心声,"原来没有无

图 3-4　视障人士领到电影票后的喜悦

图 3-5　盲人黄女士接受记者采访

障碍电影,我们就不出门。很多盲人虽然在网上聊天,几年十几年,可都没有碰过面。无障碍电影放映以来,大家都会相约而来,相聚见面。"①

——**从了解社会来说**,"听"电影是视障人了解社会生活常态和物质环境状态的一个重要途径。大部分影片能比较准确地还原现实世界,给人以真实感和亲近感,有如身临其境,可以满足人们更多样、更真实地感受生活的愿望。对于视障人而言,这种欲望则更为迫切和强烈。电影中日常生活的无限多样性成为他们感知世界、想象世界的对象。通过看(听)电影,他们就能获取许多所触及不到的东西,比如说楼宇建筑、山峦海洋,还有火车开动、飞机起飞的状态等等,电影丰富了他们对外界的感知。对于电影所折射出的社会环境、自然环境、植物动物世界,视障人喜欢将自己植入其中,想象其实在性,以唤起自身与影片环境的同一感觉。

杭州无障碍电影创始人之一、杭州广播电台主持人雷鸣在接

图 3-6　杭州广播电台主持人、无障碍电影志愿者雷鸣在讲电影(《杭州好人》节目截图)

---

① 《暖心,在这里用耳朵"看"电影》,微信公众号"上海发布"2019 年 6 月 28 日。

受电视节目采访时,谈到他从事无障碍电影公益活动的体会:"(无障碍)电影是盲人了解世界的一个窗口,讲述者的声音,如同盲人的眼睛,他不仅能让盲人们看到电影世界当中的丰富多彩,同时还可以让盲人们对精彩的生活和日新月异的城市、形形色色的人群,看得更加清楚。这份语言的力量,不仅可以丰富盲人的精神生活,同时也能够为他们擦亮双眼。"①

香港的口述影像电影爱好者、患有视网膜退化症的邝美仪女士向《连接两个世界的声音——香港口述影像十年》一书作者徐婉珊表示,对于他(她)们来说,观影不但丰富了生活和社交,而且还能开阔眼界与视野。比如看《山猫特工队》会认识到一点泰国文化、考试制度,看《军舰岛》会知道一些韩国的历史。

——从心理共鸣和情绪宣泄来说,电影的本质就是造梦,影院还是观众逃避现实压力的空间。电影中所叙述的精彩故事,所传达的悲欢离合之情,往往可以更加深刻地引起视障人的共鸣,丰富他们相对平淡的人生。甚至在观影的感受共情中,他们会将自己不肯示人、难以言说的情感借题宣泄,在自身心理活动和电影放映过程中完成这种释放。每个人对生活都有着发言权,但是残疾人往往难以发言或者不愿意发言。所以,他们一旦从电影情节和人物中找到与自己生活境遇相似的镜像,发现与自己内心相同的情绪,他们往往会对这部影片产生共情,进而会更加感兴趣地寻找和观看无障碍电影,去享受那一刻沉浸与快感。

——从社会存在感来说,欣赏无障碍电影,对于盲人和视障者来说,是他们感受联合国《残疾人权利公约》提出的参与、平等、

_____

① 《杭州好人》节目组采访。该期节目《我是你的眼睛》于2015年1月在杭州电视台播出。

共享理念,体会我国《残疾人保障法》中提出的"国家保障残疾人享有平等参与文化生活的权利"最为显见切实的一步。一位王姓盲人在一次无障碍电影座谈会上说,他从小就爱看电影,电影曾经是他生活中很重要的一部分。当年的《少林寺》他就看了三四遍。不幸的是从 20 世纪的 90 年代起,他的视力开始退化,慢慢地不能再去看电影了。无障碍电影的出现为喜爱电影的他重新带来了希望,他可以用耳朵去听电影了。他认为,看电影是视障者接触主流文化的机会,无障碍电影是一个平台,让他们能够出来,与普通人一样参加社会活动。

著名电台主持人,上海广播电视台无障碍电影公益解说团队发起人、召集人曲大鹏谈到他多年来从事这项活动的感受:"由于各方面的原因,很多残疾人不愿意走出家门,窝在家里。我们之所以举办影院无障碍电影活动,目的就是动员他们出来,走进这样一个文化场所,因为可供他们享受的文化场所并不多。电影院

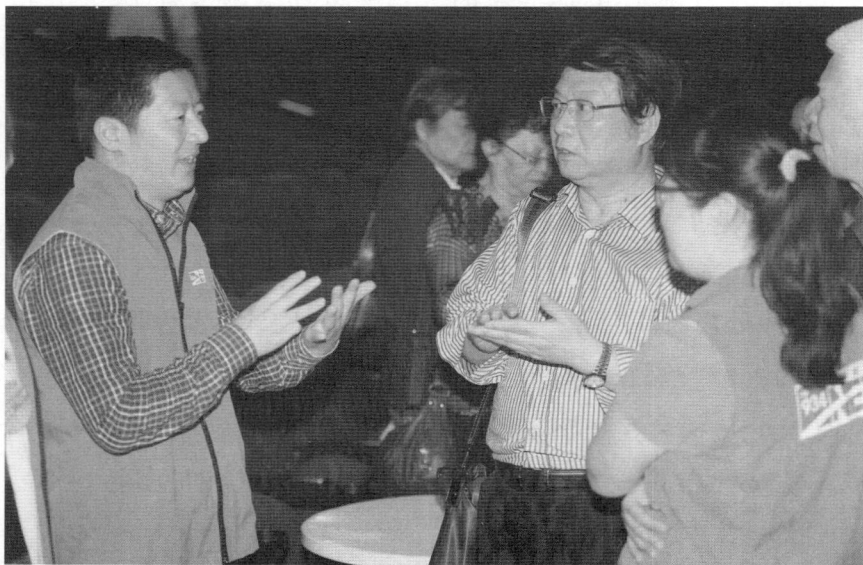

图 3-7　现场解说结束,曲大鹏(左一)与视障观众交谈

恐怕是为他们提供的最好的一个场所。"

笔者非常认同北京"心目影院"创办人王伟力的观点，"盲人朋友不缺故事，缺的是视觉呈现的故事，而视觉呈现的故事，给他带来的是社会常态的认同、认知和社会文化、思想、情感的一种共享。这种共享标志着他从残疾人能不能真正的成为社会人"。[1]

图 3-8　北京"心目影院"创办人王伟力

把上述表述结合起来，无障碍电影真正的社会意义就凸显了出来，我们所努力、所用心、所奉献的无障碍电影，它是可以帮助视障人走出家门，踏上社会的一条路径，一个桥梁。同时，又是残疾人认同、认知社会，并获得社会认同认知的，最终融入社会，成为社会人的相对简单易行的通道之一。

人们常说，阅读改变人生。对于视障人士，特别是盲人而言，观赏无障碍电影自然就是他们的一种阅读，阅读社会，阅读内心，是否也有可能进而改变他们的生活甚至人生呢？

---

[1]　《Hi 中国人｜心目影院》，中国网 2017 年 12 月 20 日。

总之,你无法否认,发展无障碍电影,既有文化意义,更有社会意义。

2. 视障人接收社会信息的特点

据有关调查统计显示,视障者后天致残的人数多于先天。后天与先天视力残障对于信息的接收和处理能力有着很大的不同。后天致残者凭借先天的经验会保留对部分信息的印象和处理能力。在此,我们试从一般视障人群的生理和心理状况来研究他们接收信息的特点和规律。

在接收途径方面,视障人的视觉渠道完全堵塞或严重受阻,难以获得外界事物的视觉信息,而主要靠听觉、触觉、味觉等感觉功能。所以,他们这方面的功能优于正常人,听觉则尤为突出;

在记忆方面,先天盲的视力残疾者完全没有视觉表象,对颜色、明暗、空间透视没有概念;后天盲者在失明前获得了一些视觉表象,但因得不到强化会逐渐弱化甚至消失。总的说,他们记忆的表象缺乏完整性,或者缺乏视觉表象,他们很难依靠视觉表象来进行记忆,通常也以听觉记忆和触觉记忆为主。

在思维和想象方面,视障人缺失形象思维,往往不能对物体的整体性进行综合,容易出现片面性,即类似于"盲人摸象"的误判。他们善于用自己已知的、类似的、可以感知的事物来推演和理解事物。虽然他们很难领会"日照香炉生紫烟","落霞与孤鹜齐飞"这样的优美意境,但是,有的时候则可以借助语言进行想象,可以把听到的声响信息或描述语词连贯起来,展开一定程度的想象,此即所谓听觉想象。

在注意力方面,如前所说,视觉功能的缺失使视障人的听觉、触觉、味觉等注意力有所加强。特别是在欣赏电影时,注意力主要分配在听觉上,其他感觉通道通常停止活动,注意力的稳定性相对较高。

这些特点,结合到视障人观看无障碍电影这项具体的信息接收活动上来看,可以试着归纳出这样一个结论:视障人在看电影的过程中存在着诸多困难:由于视力障碍,他们无法辨识出现在银幕上的视觉图像;由于感知系统中存在许多空白,他们对听到的影片声音无法转换成形象;由于理解系统薄弱,他们较难理解依附于影片画面之外的客体,诸如"内涵信息"、"象征符号"等等。

所以,无障碍电影解说脚本的撰稿人若能够了解视障人特别是全盲人的生理心理特点、掌握他们在观影时的困难和特殊需求,将有助于提高撰写解说脚本的针对性,并通过提供高质量的解说脚本,来提高作品的质量。

3. 探索规律、提高针对性

电影作为一种大众通俗文化,在人们的休闲娱乐中占有较大比重。而如何通过无障碍制作,将优秀电影变为残障人文化生活的组成部分,满足他们的现实需求,不仅是对无障碍电影撰稿人道德精神层次的一种检验,也是对其电影艺术鉴赏力和文化眼光的考验。

从传统的电影观众学来说,电影是注意力的艺术,如特写镜头和拍摄角度的强调作用;电影是记忆和想象的艺术,如蒙太奇手段的创造能力;电影又是情感的艺术,体现在故事的叙述和人物命运的展示之中。

从电影语言学的角度来说,电影是"影像的艺术",是以"视"为主,以"听"为辅的艺术形式,有着一套有别于文学、戏剧的独特语言,这种语言的基本特征就是它的普泛性,超越了各民族语言形成的障碍,实现了"视像化的世界语"。这也是电影属于最容易走向世界的艺术形式的原因。

视障人士对于庞大的电影观众群体而言，是小众的，而且是特殊的小众。编导在拍摄影片时，不会也无法顾及此类小众。电影最强大的艺术手段，正是视障人士因生理短板所无法领略感受的。因此，作为无障碍电影脚本撰稿者，就需要花费功夫，研究和采取相应的方法技巧，做好从视觉到听觉的转化，还原影片的声色情味，引领视障人欣赏。

所谓"针对性"到底要针对什么呢？

盲人观众陈衍提出的"四个还原"观点，有一定的代表性。（详见本书第二章第二节）

再来听听我国无障碍电影的开创者、先行者是怎么说的。

在北京，"心目影院"的创始人王伟力说，给盲人讲电影，就是通过描述电影的画面，真实客观，让视障观众找到理解和判断的依据。把对电影镜头语言和主题思想的理解传递给盲人观众，使他们在内心形成一个流动的、有声有色、有思想、有运动状态的心理视像。通过画面的讲述，让盲人观众在"听"的方式中建立视听一体的电影模式，使他们能够站在视觉的角度来理解电影画面，欣赏电影作品。①

为了了解和体验盲人的世界，王伟力甚至曾试验过长时间蒙上眼睛，去到十几里外的市场。于是他在写稿子讲电影的时候，就会站在一个盲人的位置去考虑，就这样逐渐摸索出了为盲人讲电影的技巧。王伟力还举例，说得越详细形象，盲人朋友才能越"接近"看到电影。如讲"一个梳着奇怪发型的女人出场"，不如讲"一个梳着面包形状发型的女人出场"更好理解。

在上海，开创上海无障碍电影先河的蒋鸿源、王世杰两位先生也都有着深切的体会。在笔者拜访两位时，他们都谈到了

---

① 张鹏：《14 年他帮助 2 万盲人"看"电影》，《北京青年报》2018 年 12 月 24 日。

撰稿理念。

　　蒋鸿源认为,撰写解说稿首先要搞清楚写给谁看,怎样让他们"听"懂。盲人在"听"电影时,心中不停地在产生问号。所以,解说稿就是要不停地、准确地解答他们的疑问,问号消除得越多,解说词就越成功。

图 3-9　蒋鸿源在家中撰写无障碍电影解说词

　　谈到解说脚本为什么要写得那么细致,王世杰说:"这些琐琐碎碎的事情,对明眼人来说,天天看见的。对视障残疾人来说,他们太想知道周围有什么东西,他们太想了解他们看不见的世界了!"盲人们在看完王世杰撰稿并解说的无障碍电影后纷纷表示,"王老师又把我们带到了电影世界,我们'看'到了电影里的一切,'看'到了电影里的情节和故事,就像眼睛睁开了一样!"

图 3-10　王世杰在给闵行区"我是你的眼"无障碍电影志愿者团队做培训

　　归根结底,对视障者而言,电影并不是在银幕上,而是通过影片的对白和音响,加上无障碍解说,映射在他们的头脑中,他们在脑海中还原真实的影片。此刻,解说脚本应当起到了决定性作用。

　　解说词要做放大镜,要做情感盒,要做五彩笔。正是有了解说词的串联融合,视障人们才能够完整地有滋有味地欣赏一部电影。

　　笔者为了研究,也接触过不少盲人版无障碍电影,包括解说脚本,有的则只有很简单零散的解说,这可能代表了一种观点,无障碍电影中不要有那么多的解说,让盲人视障观影者自己去理解。其实,这种观点值得商榷。

　　影片用来表现故事情节的每一处画面、对白、音响,都是影片艺术魅力的组成部分,没有一分钟离开过视障观影者的耳畔与脑海。而我们的解说词,就是黏合剂,帮助他们进行联接、联通、联想,并产生"化学反应",共同构成他们能够"看见"的世界,呈现电影的五彩天地。

优秀的解说脚本是视障人照见好电影的心灵渠道。研究和现实都已经表明,视障人特别是全盲人,拥有极为敏捷的声音收集和转化能力。在可能的情况下,解说脚本细致而丰富的讲述,正是他们所需要的。

每一次与视障人士的沟通和讨论,都会给笔者带来新的灵感和启发,他们对无障碍电影的特别需求,在一次次的思考打磨中变得愈加清晰明确。

2019 年的 11 月的一天,上海的一场无障碍电影院线放映解说活动在某影院举行。一位在现场的志愿者朋友录制的现场视频显示:电影还在放映,解说志愿者还在解说,但是残疾人却已经吵吵嚷嚷地退场了,不一会,影厅几乎走空,让解说者十分尴尬。这个场景让人感到非常痛心,本来残障人士是非常珍惜每月一次的无障碍电影放映活动的。据该志愿者后来分析,除了视障观众的文明素质有待提高,影片内容缺乏吸引力,加上解说志愿者不太熟悉稿子、解说欠流畅等原因外,与解说脚本写得不符合视障人士观影要求,留的空白太长太多也有关系。还有一位在浦东新区一家影院观看该片无障碍专场的志愿者反映,该解说脚本写得与影片画面有些脱节,水平比较低,可能是新手写的。

事实证明,对于有质量的无障碍电影来说,解说脚本不是可有可无,更不是有话则可、无求质量。而是需要撰稿者尊重规律,符合需求,全神贯注,精心打造。

三、无障碍电影解说脚本撰稿人的艺术追求

电影是一种音画结合,动变兼具,时空一体的影像艺术。从其诞生到现在已经有了一百二十多年的历史。形式上从无声电

影到有声电影,从黑白电影到彩色电影,再到现在的 3D 电影,VR 电影等,形式日新月异,题材不断开拓,艺术不断创新,已经成为成熟的艺术形式和文化项目。

而我国的无障碍电影自发端发展到今天只有短短的十六年时间,形式和艺术总体上说还处于探索初创阶段。

从笔者个人撰写和审改无障碍电影解说脚本的取向,以及与撰稿同仁的接触交流来看,每一名志愿者,包括笔者自己都很认真努力,想写得好一些再好一些。当然,因为解说脚本是对艺术作品的阐释和再创作,目前并没有一个固定的衡量客观标准。只是笔者始终认为,没有标准不等于没有要求,撰稿者应当有追求的境界和努力的方向。只有在不懈追求的过程中,才能爬坡过坎,达到高点。标准也才会在无数人的努力追求中产生和成熟起来。

(一)撰稿的三重境界

王国维在《人间词话》里提出,人生成就大事业大学问必须经过三种境界。无障碍电影解说脚本的撰稿同样也有境界之分。

初级境界:能叙述故事,情节完整,语言流畅,对人物和场景能做基本描述,时间码把握准确,字数恰当。

中级境界:在初级境界的基础上,能对影片的关键细节予以描述,对人物性格特点能够展示,对影片所表达的情绪和色彩能够恰当地再现。解说词能够与影片的节奏、对白、音乐等有机契合,逻辑严谨,层次清楚,主题突出,顺畅易懂。

高级境界:在中级境界的基础上,善于用准确精辟的语言,表述人物的思想、情感、性格的发展脉络;解说词穿插长短有节,快慢有度,密处尚能透气,疏处不留大白;融情于词,抒情议论恰到好处,善于揭示影片画面表现的内在意蕴,用心且自然地体现电影之特点,把影片的精神美、人性美、场景美等充分描述出来,传递给视障观众,完美实现把好看的电影变成好听的电影这一最终目标。

艺术追求无止境,高级境界当是努力方向,但并非最终境界。

（二）撰稿的三个"关键点"

"境界说"仍显空泛,还需要具体抓手,有实例才容易理解,便于操作。笔者以为,实现境界升级需要抓住三个关键点。

1. 摹形

古人云,能工摹形,巧匠窃意。这里先讲摹形。

美国绘画大师爱德华·霍普说过,如果可以用画面,你就没有必要再用语言表达了。电影本来就是以画面表达为主要手段的艺术。作为电影的编导更是用心用力于此。但是,对于没有视觉,或者视觉有障碍的人来说,他们无法接收到这种画面信息。所以,制作无障碍电影是反其道而行之,需要在脚本撰写的过程中运用摹形,把画面尽量描绘和表达出来,用言语帮助视障人的在心目中重建画面,重现光影。

摹形主要包括:

人物描写:包括肖像、服饰、神态动作的描写等。

物体描写:包括各种物品和物件、动物和植物的描写。物体的大小、形状、颜色、质地,物体的整体到局部,物体的动与静、由远到近或由近到远。要特别注意对贯穿全篇,串联情节,体现主题的某些物品的描摹。

环境描写:影片揭示或人物所处的社会环境和自然环境,以及室内外场景的描写。自然环境包括时间、地点、季节、气候等。

通过这些方面的摹形表达,尽量为观影的视障人士创造如临其境、如睹其人、如历其事的感受。

2. 绘色

即描述影片的色彩色调。比如大自然的季节色彩,天气特点,物体、建筑的颜色等等。

色彩在电影中的作用是毋庸置疑的。研究表明,色彩可以给人视觉方面的享受,情感信息的传达,以及深层次价值观的体现。电影在诞生和成长的漫长岁月中,长久地沉浸在黑白世界中。虽说早在 1910 年第一部彩色的剧情片就已诞生,但业界公认,由于独特、创新的色彩运用,1964 年意大利人安东尼奥导演的《红色沙漠》,才是电影史上第一部真正意义上的"彩色电影"。彩色电影一经问世,黑白电影就基本退出了市场。除非是特殊的电影,或者彩色影片中的部分特殊需要。

众所周知,色彩是有生命有寓意的,色彩是沉默的语言。所以,无障碍解说对影片中色彩的描写和表达,对于视障人士感受体味电影,有着特殊的意义。比如:

红色,是太阳和火焰的色调,象征着生命、鲜血、爱情、革命。红色给人的视觉感受是热烈而活跃,具有蓬勃向上的感觉。

黄色,象征着阳光、欢乐、温暖、享乐。黄色给人以明朗和欢乐的感觉,常常被用来象征幸福和温馨。

绿色,是自然生命中生机盎然的色彩,往往代表着春天。绿色象征着生机、生长、生命、青春、和平、希望。

蓝色,象征着冷静、纯洁、高雅、浪漫等。蓝色在心理上会形成一种冷的感觉,有时象征着寒冷,有时蓝色还包含着抑郁和忧伤的成分。

即使是同一个物件,由于颜色的不同,往往代表着不同的含义。最典型的如玫瑰花语,红玫瑰代表热恋,白玫瑰代表纯洁的爱情,黄玫瑰则寓意道歉或消逝的爱。

色调则是影片画面总的色彩组织和配置,它往往以一种或两种颜色为主导,使画面呈现出一定的色彩倾向。梁明、李力在《电影色彩学》中的一段有关色调的论述比较恰当,"电影色调是电影的色彩基调,即影片的主要色彩倾向。""色调是整部电影总的视觉氛围的主要组成部分,是影响并形成影片情绪基调的主要视觉手段。"①这里,既指出了色调在电影里的物理性质,又揭示了其在构成影片的视觉氛围和情绪基调中的化学功能,它们的根本目的就是用视觉来传达感动。

在一部影片中,色彩和色调的综合运用,往往可以起到渲染环境、营造氛围、表现人物心理、预示剧情转折、区分时空变化、突出影片主题的作用。

以影片《现代启示录》、《赤色分子》、《末代皇帝》三度获得奥斯卡最佳摄影奖的摄影师维托里奥·斯托拉罗把电影中的色彩与光影看得一样重要。他有一句被广泛引用的经典论述:"色彩是电影语言的一部分,我们使用色彩表达不同的情感和感受,就像运用光与影象征生与死的冲突一样。"②

美国南加州电影艺术学院教授诺曼·荷林教授在他的《引人入胜的策略:影片建构教程》一书中的"色彩系统设计"一节开头就提出设问:"电影人如何以银幕为画布调和出丰富的色彩系统,如何运用光影、色彩、明暗、饱和度可以给人留下难以磨灭的印象?"然后,他又举出许多案例来论证这个色彩系统的建立可以有效地帮助观众们建立明确的情感意向,帮助制造出引人入胜的戏剧情节。③

再以被誉为"色彩大师"的张艺谋为例,他作为摄影师出身,对色调的掌握更是有其独特的风格与理解。色彩色调成了他电影中非常重要的视觉符号,与情节发展、人物性格、整体的美术设计息息相关。据说张艺谋当年在北京电影学院的毕业论文也是

---

①　梁明、李力:《电影色彩学》,北京大学出版社 2018 年版,第 210—211 页。

②　转引自王云:《色彩与电影艺术的关系》,《理论观察》2008 年第 6 期。

③　[美]诺曼·荷林:《引人入胜的策略——影片建构教程》,胡东雁译,复旦大学出版社 2017 年版,第 52 页。

写的有关色彩方面的。他早年导演的电影《红高粱》,用绚丽愉悦的红色,恢宏壮美的画面来烘托九儿与余占鳌的激情,视觉效果上给人以强烈的冲击,连片名都是在纯黑的底色上,赫然而出的三个红色大字"红高粱"。曾有人统计,影片《黄土地》,有549个镜头中,有20多个黄土地、黄河的空镜头。大量的是仰视苍茫的天空,俯视无边无际的黄土高原。天,没有一点蓝色,地,没有一点绿色,这种对黄土地的氛围渲染有效地烘托了人物的命运。而他的影片《我的父亲母亲》则反用,回忆是彩色的,说明父亲母亲的爱情是美好的;现实是黑白的,表现父亲去世以后,母亲的心情和现实的残酷。而他在2018年拍摄的电影《影》,讲述的是一个忠诚武将和一个挣扎女子的故事。影片在色彩色调的运用上,更多的是将自然的完整色彩,褪色为接近水墨黑白灰调子,并且贯穿全程,鲜红的色彩只是作为反差色。让观众感到的是热流涌动却仍感苍凉。黑白灰的主色调,完美地呈现了影片所表达的人性的波涛汹涌和故事的扑朔迷离。

如果为张艺谋的影片撰写无障碍解说脚本,则必须在色彩色调上花费更多的笔墨。

视障人士观看无障碍电影,往往对色彩有着更多更高的希冀,他们希望通过色彩填充自己苍白的想象空间,期望通过色彩体会影片更多的内涵意蕴。对于他们而言,色彩不仅具有象征作用和情感作用,而且还具有将电影世界具象化的作用。撰稿者在撰写脚本时,注重对影片中色彩色调的描述表达,既是对影片风格、编导意图的尊重,也是对视障观影者需求的满足。

笔者曾经就解说脚本是否需要色彩和如何描述色彩问题,与无障碍电影体验员、视障朋友陈衍进行过交流。他认为,视障者对颜色的感受要有所区分。先天性的全盲者对于颜色的定义是根据别人的看法评价来定位的;后天失明者本身以前看到过颜色,对于颜色有理解,可以根据解说中告知的颜色自己进行理解;至于低视力者,也需要通过文字的描述来帮助理解。所以,在无障碍电影中对色彩进行描述是很重要的。不管是全盲还是低视力观影者,色彩的描述都可以帮助他们理解欣赏影片。他还认为,撰稿人对影片中某些重要色彩的含义要予以表达,甚至加入一点自己的感受,让视障者观影时体会其中的意境。

陈衍的观点,比较客观地反映了视障人观影中对色彩描述的诉求,也是撰稿者写作中不能忽视"绘色"的重要依据。

最后,笔者想用美国的导演帕蒂·贝兰托尼教授所著的书名作结:"不懂色彩,不看电影"①。每一位无障碍电影的撰稿者,请别再用单纯的眼睛观看电影色彩,而是要用你的身心去感受色彩,在五彩的世界中,读懂电影,并使视障观众与你共享!

有人说,无障碍电影需要"绘声绘色",的确有道理,但那说的是盲聋综合版的无障碍电影。我们讨论的盲人版无障碍电影,则强调其中的"绘色"。

香港口述影像协会的梁凯程博士提出一个原则性观点:集中描述"视觉元素",省略明显的"听觉元素"。她在审核《山河故人》无障碍解说脚本时,将"强烈的音乐节奏中"、"锣鼓声响起"、"噼噼啪啪的鞭炮声"等都删去了。理由是:视障人士能够听到这些声音。

笔者认同这一观点,因为这样既可以在有限的时间和空间中相对集中精力讲明画面,又符合视障人士观影的特点,完全有道理。当然,也不能一概而论。比如撰稿中遇到一些特别怪异的声响,突然出现打乱节奏的对白,以及需要特别强调的声音等,还是要有所描述。但其描述的往往并不是声音本身,只是描述声音的

---

① ［美］帕蒂·贝兰托尼:《不懂色彩　不看电影》,吴泽源译,世界图书出版公司 2014 年版。

背景、效果或者独特性等。比如影片《京城81号》中的"惊悚的怪叫""一个声音从虚幻中传来"等，以此来烘托影片渲染的恐怖氛围。

3. 传神

从字面意思看，传神是指生动逼真地刻画出人物神情。这里是泛指传递出整部影片的神韵。其实，摹形也好，绘色也好，都还停留在形的范畴，而撰写解说脚本最为核心的是传神。也就是解说脚本在撰稿时，要特别关注影片展示的深化主题的手段，显示的风格特点，以及那些只可意会，难以言传的意蕴。

一般来说，看过片子动笔之前，可以抓住人物关系、思想性格、情感的变化，影片的整体氛围，先进行整体思考谋篇。并不需要面面俱到，突出一到两个方面即可，关键是要抓得准，写得透。

说到底，无论是"摹形"也好，"绘色"也好，"传神"也罢，根本目的是要将你所看见的与感觉到的与视障观众分享。有人认为，这个分享的效果有时甚至会超过分享本身，"如果口述影像写得足够精彩，视障者透过听见的故事而想象出来的世界和画面，甚至会超越我们被视觉框设住的认知"。①这个猜测，目前尚没有实例佐证。

（三）撰稿的四个"着力点"

1. 着力做到"声画同步"

所谓"声画同步"原本理所当然，无需赘述。但是，在撰稿实践中却经常容易出现问题。笔者在审核初学者的脚本文稿时也经常因为这个问题花费许多时间去帮助修改。

上海光影之声2019年召开的无障碍电影撰稿研讨会，就把"声画同步"作为唯一论题进行研讨。笔者的发言题目则套用了一句2019年的流行语，《撰稿规则千万条，声画同步第一条》，话

---

① 邓婉晴：《意识口述影像 盲人如何看电影》，《街报》2016年3月31日。

有一点夸张,但是理是正确的。

(1)"声画同步"是无障碍电影解说撰稿的基本原则

笔者认为"声画同步"是无障碍电影解说脚本撰稿中重要的、基本的原则,是其他撰稿技巧运用的基础和前提。

没有人会否认,一部影片往往就是一个小宇宙,它有着自己生命体系和打开方式。从欣赏的角度讲,不同的影片有着不同的打开方式。同一部影片或许还有不同的打开方式。这完全是由影片的丰富内涵以及观影人个人体验所决定的。此亦所谓"一千个人心中有一千个哈姆雷特"。

为什么说"声画同步"是基本原则呢?

所谓原则是指行事所依据的准则。原则的提出依赖于人们对所行之事规律的认识与深化,并用之于指导活动进行。原则是必须遵循的,而方法是可以选择的。

"声画同步"是电影的艺术特点所决定的。文学从语境中来,电影从画面中来。电影最突出的艺术特点:电影是运动的艺术,画面、镜头乃至故事都是运动的;电影是视听一体的艺术,通过蒙太奇手段实现镜头组合、营造跨越时空的画面。这些特点决定"声画同步"撰稿原则的客观基础。

"声画同步"原则还来自视障人士观赏电影的内在需求和局限性。视障人士对于视听艺术,他们只能闻其声音,不能观其画面,或者不能完全看清画面。对于线性流动,一般过而不返的影片镜头及相应的对白和声效,一旦跳脱,就很难衔接,更谈不上欣赏了。因此,撰稿者就是要在影片的行进当中,利用影片对白的间隙,插入对电影画面、人物、情节等方面的描述,令其贴合并透过画面,结合对白等声音展示出来,努力创造一个方便视障人的观影环境。而视障人士则在解说的帮助下用耳朵跟上影片进程,在脑海还原影片场景,加上想象和联想,获得现场体验感,综合体味电影艺术。

比如我们要为视障人描述长江,绝不是用几个抽象概念就可以使他们认知长江的。而是要通过画面描述,具体表现出其源远流长和雄伟壮阔:青藏高原唐古拉山的涓涓细流,一路接纳万千支流的曲折过程,雄伟险峻的瞿塘峡,三峡电站的高峡平湖,再到江苏南京一带的平阔无际,最终在上海崇明岛汇入东海。这样追随江流的描写,才能使视障人士脑海中对这条大河构成具体完整的印象,感受其险峻和宏阔。

(2)"声画同步"是无障碍电影解说撰稿方法

既是原则,又是方法的说法并不矛盾,现实中例子很多。比如,"理论与实践相统一",既是马克思主义的一个基本原则,同时,又是普遍的研究方法。再如,"晓之以理,动之以情"既是教育的原则,又是教育的方法。

上海无障碍电影研究第一人于江在其《无障碍电影解说词撰写基础》中就提出了"跟着画面走的"观点和相应的具体方法,比如,抓住镜头切换节点,跟着出现的画面描述;抓住大段的无对白画面中的场景变化描写;抓住对象的特点进行描写等。这就给这方面的研究开了一个好头。随着高学历撰稿志愿者的增多,随着撰稿实践和思考的深入,人们对于"声画同步"的理解和研究也愈发深入。前面提到的光影之声无障碍电影撰稿研讨会,就"声画同步"话题进行专题研讨。十余位发言人交流内容丰富,涉及面较广。宏观方面看,有对"声画同步"定义到运用的探讨,有"声画同步"从原则到方法的辨析;从具体应用场景方面看,有"声画同步"的镜头切分法,场景转化中的"声画同步",战争片中的"声画同步"等,甚至还有人研究"声画同步"与留白;从专业技术方面看,有关专业人士从解说者的角度、从电影摄像层面、从后期制作合成环节出发,探讨对"声画同步"的理解和要求。虽然发言者大多数为志愿者,但是这些研究体现了专业的角度和水平,来自他们对无障碍电影的专注。有熟识的网友这样评价,对问题长期的专注和正确的研究方法,可以使非专业的人走上专业的道路。

(3)"声画同步"在具体撰稿中的要求

第一,控制字数,掌握节奏,适当留白,形式上符合要求;捏住关键,不失细节,善做加减,内容紧贴画面。

以2019年国庆上映的献礼片《我和我的祖国》中的第一集《前夜》为例,笔者试以高潮部分的解说词作为样本加以分析。①

表 3-1　《我和我的祖国》场景解说词分析

场　景	解说词	分　析
林治远接受上级命令,经过努力,终于完成了升旗装置的试制。开国大典开始,毛主席亲手启动升旗。	毛主席转动按钮,然后脱下帽子拿在手里,向国旗和人民群众致意。 军乐团奏响嘹亮的国歌。林治远站在毛主席身后,在天安门城楼的核心位置。 看着自己负责设计的电动升旗装置把新中国第一面五星红旗缓缓升起。 这面国旗冉冉升起的背后是亿万如林治远一样的劳动人民的鲜血、智慧和努力。 眼泪从林治远的脸庞上滑下来。 他自豪,为自己,更为新生的祖国。 国歌结束,国旗刚好到达顶点,在阻断球的作用下,稳稳地停住了。	人物动作叙述,与广场群众互动,便于视障人产生想象。 天安门城楼场面宏大,如此描述可以帮助视障人士在心中为主要人物确定方位。 这是来自镜头画面感受的拓展性议论,阐释深化影片主题。 人物表情描写,为导引观众情绪进行铺垫。 人物心理活动外化式抒情,将主客观融为一体。 解说最后落在了客观叙述阻断球发挥作用,高潮所至,恰到好处。

---

① 该影片的解说脚本撰稿者为成都青芒无障碍电影团队吴润齐。

图 3-11　影片《我和我的祖国》截图

　　这一段是《前夜》中的高潮，撰稿者跟随画面，运用多种手法，描述了现场的动与静，抒发了由画面生发出来的情与理。既有一定思想深度，但又十分自然，对全片起到了总结和升华的作用。

　　第二，眼到为基，手到为功，心到才算天道。

　　眼到为基："基"是指撰稿的基本要求和实现"声画同步"的基础。只有看清画面内容，看全画面要素，看懂画面之间关系以及画面内在含义，方能有次序、有选择地进行描述。

　　手到为功："功"既指撰稿人遣词造句准确表达的功夫，也指写出来的解说词能让视障人心领神会才算成功。"手到"是"眼到"的延续和落实。

　　心到方为天道：所谓天道，即万物的规则和道理。这里比喻撰稿的终极目标。意思是你用心撰写的解说脚本与影片的思想性、艺术性、可感性方面紧密融合，如影随形；你在脚本中体现出影片的人性美、精神美、自然美，能够随着影片播放和解说传达，渗透到视障人的内心，产生共情。

请看影片《我不是潘金莲》无障碍解说脚本片段。

赵大头追求李雪莲的目的得逞，但是没有想到阴谋败露，激怒了李雪莲。

01:39:16　大雪飘了起来，路面上、屋顶上一片白茫茫。旅店走廊边，赵大头在压低声音打电话。

01:39:28　（对白）不是我老给你打电话，我把你的事情落实了，你把我的事情落实了没有啊？

01:39:36　【快】大头没发现李雪莲走过来。

01:39:38　（对白）不是，不是，我不是不相信县长，我要眼见为实！我儿子说，他转正的事，一点动静都没有。你光想着向县长汇报我搞定李雪莲的事情，你怎么不汇报我儿子工作的事情呢？啊！

01:39:56　李雪莲停步倾听。

（对白）你这叫什么话，这两件事情怎么能比呢？我在这里没法叫你眼见为实，别说在黄山了，就在我们县，我跟李雪莲在床上的时候，你也不能在床边看啊，怎么不会落实呢？我们两个都要回去结婚了，她还能去告状吗？算了算了，不跟你说了！她马上就回去了。

01:40:25　大头挂断了电话，回头看到身后的李雪莲，他惊呆了，支支吾吾地说。

01:40:34　（对白）这件事情，你听我给你解释。

01:40:37　愤怒的李雪莲转身操起一个热水瓶砸到大头身上，又把身上的包砸过去。

01:40:45　（对白）畜牲！

01:40:46　李雪莲回屋狠狠地关上门，大头推不开，敲门也没用。大头解释说。

01:40:57 （对白）我也是被这件事情给逼的，这主意不是我出的，是法院的贾聪明出的。

01:41:07 大头又敲门。

01:41:09 （对白）你开门啊，你别生气了。算了儿子的事情我也不管了，我是真心实意想跟你结婚的，啊！（敲门声）你要是不解气，我和你一起骗骗他们，好不好？

01:41:28 门开了，李雪莲冲出来。

（对白）你干什么去？你听我给你……

（对白）你别跟着我，再跟着我，我就杀了你！

01:41:36 大头眼睁睁地看着李雪莲走出了旅店，感到很失败。

01:41:52 他来回踱了几步，无奈地蹲下收拾扔在地上的包包。

01:42:06 李雪莲痛苦地走在积雪覆盖的道路上。

01:42:12 （旁白）赵大头与贾聪明的勾结，是李雪莲没有想到的。她十来年告状的原因之一，是秦玉河说她是潘金莲，过去十年来不是潘金莲，如今让赵大头污了身子，倒成了潘金莲了。她不把自己洗刷明白，活不下去。

影片的这一场很有戏剧性。上访十年的李雪莲，在对她一直有意的老同学赵大头劝解下，到北京一同游玩，她也渐渐想通，打算把上访的事情放下，也不再计较前夫秦玉河把自己称作"潘金莲"了，甚至可以与赵大头一起过日子，眼看着一切云开日出。不料，竟然遇上的是一场完完全全策划出来的阴谋。阴谋败露之日，就是李雪莲绝望之时。于是，故事又将在新的一页中展开。

笔者撰写这一段解说词时，把握了这样三点：

首先，紧贴着镜头画面进程、人物对白动作来描述，李雪莲的好奇、愤怒、决绝、再出发；赵大头的惊恐、难堪、解释、失败，率直表现人物此刻的心情。

其次，景物描写印衬人物及心理；这一节开头写道：大雪飘了起来，路面上，屋顶上一片白茫茫。结尾写道：李雪莲痛苦地走在积雪覆盖的道路上。"化景物为情思"，这里的天气描写不是可有可无，而是有着很重要的隐喻意义，暗示李雪莲人生的冬季并没有过去，今后的道路还将坎坷难行！

再次，因时因势而不为，让画外音去声画同步。此处情节大转折复杂得有点出乎意料，赵大头的所作所为也十分自私卑劣，致使女主人公情绪激烈，几近崩溃。按理可以加上几句议论。但是，影片紧接着有一段旁白，剖析李雪莲的内心，预设她的下一步走向。所以，笔者就有所不为了。

总之，声画同步是原则，而声画不同步是例外。原则主导例外，例外补充原则。有关"声画同步"的例外情况，将在本书第四章有所论述。

做不到声画同步的无障碍电影，就不是真正的无障碍电影。

2. 着力讲好故事

这个问题似乎太简单，并不成问题。但是一百多年以来，电影始终致力于一件事，讲故事。无论是格里菲斯的剪辑革新，还是斯坦尼斯拉夫斯基的体验派理论，都是用不同的手段完善、丰富、创新讲故事的手段。

"好故事"从来就是好电影的追求。这一点在好莱坞叫做编剧思维"核心事件"。在好莱坞的体制中，电影编剧必须能够在最简短的时间内，用最精练的语言向最强势的制片人讲出自己的故事，这种优胜劣汰的竞争格局使得编剧们必须高效表达，他们的"故事核"必须足够短，却又足够精彩，他们才能将剧本卖出去。"故事核"的强度直接关乎编剧的生存。美籍华人作家、好莱坞专业编剧严歌苓的小说也好,剧本也好,无一不有精练而精彩的"故事核"。比如"妓女换学生"残酷献身的《金陵十三钗》,比如"归来不识"当年人的《陆犯焉识》,还有《芳华》,因为一桩"触摸事件",让主人公刘峰的形象从此倒塌,命运急转直下,余生只能很"丧"地活着。

即便是科幻片的机甲世界,或是动画片的动物世界,同样需要拟人化的故事,需要人性与情感。记得在 2014 年 6 月的一天,英国导演加里斯·爱德华斯为宣传他的科幻新作《哥斯拉》现身北京电影学院,和华语电影大师张艺谋导演展开一场对谈。对于科幻电影,两位导演的观点不谋而合。爱德华斯认为,在 90 年代初刚刚有电脑特效时,大家还有很多的创新,现在所有该玩的都玩过了,现在应该回到故事本身了。张艺谋也认为,即使是非人类的科幻电影,讲的也是人的故事和情感,同时特效也很重要,"好电影应该是好的故事、情感和好的视觉效果各占 50%。"他总结说:"一成不变的是情感,日新月异的是视觉。"[1]

2018 年,张艺谋面对记者提问,"怎样提高讲故事能力? 有什么经验可以分享?"他回答:"讲故事的能力,坦率地说,没有哪个导演就能说是做好了的,这是一辈子的事情。"人有爱听故事的天性,"所以直到今天为止,故事讲好,一部电影才能成功……不管你的观点、你的道理、你的哲学多么深邃,多么了不起,但要是你的故事没讲好,大家就不买账。而且,故事不但要讲好,还要讲得有特色。"[2]

好故事对于电影的重要性毋庸讳言。

---

[1] 《张艺谋谈科幻电影:讲的永远是人的故事和情感》,中国新闻网 2014 年 6 月 12 日。

[2] 徐剑梅:《时代给了你机遇,要对得起这个命运　本报记者在美国波士顿独家专访张艺谋》,《新华每日电讯》2018 年 6 月 1 日。

2006 年上映的电影《疯狂的石头》，曾经被称为十年来最好的国产小成本电影。豆瓣评分为 8.2，好于 91％的喜剧片，也好于 90％的犯罪片。该片没有用大明星，没有到国外拍场景，但是故事吸引人，导演肯用心，就受到了观众的欢迎。

2019 年第 72 届法国戛纳电影节唯——部入围主竞赛单元的华语影片《南方车站的聚会》导演刁亦男在接受新华社记者的采访时说："好看的故事是优秀电影的基础，能让观众与电影人物一同呼吸。电影艺术所表现的人性共同点，使观众能够感同身受，受到启发和引领。"①

而有一些国产电影，往往也由于讲故事的能力不足而失败。有的抛开了故事本体，而把主观意愿、情绪化表达、意向性拼接误作为故事，导致评价下滑和票房失败。

即便是在巨大的产业化背景之下，电影的灵魂永远是人和情感，电影的魅力永远是在高技术包裹之下的"好故事"，是熔铸着编导独特思维与审美的艺术作品。

在大数据时代，我们还可以运用数据说话。"2019 年腾讯娱乐白皮书—电影篇"分析了 2019 年一线至五线城市观众观影爱好，得出的结论中有一点是共性的，就是动作和剧情电影是全国各地观众共同的爱。而且，2019 中国内地电影票房 TOP10 和 2019 国产影片票房 TOP10 都印证了这一点。

现在回到无障碍电影的讨论。笔者前面所述摹形、绘色、传神等等，其实都是手段，归根结底指向的目标只有一个，这就是讲好故事。这里讲好故事的语义，指的不仅仅是要讲一个好的电影故事，更重要的是要讲好电影里的故事，这时的"讲好"是语法上

---

① 杨永春、杨一苗：《中国电影要在传统文化基础上借鉴创新——访〈南方车站的聚会〉导演刁亦男》，《新华每日电讯》2019 年 5 月 20 日。

的动补结构词组。

　　台湾淡水大学赵雅丽教授在她的著作中,对电影故事及无障碍电影故事的叙述特征有过简单的概括。她说:"电影的叙事者是一连串的影像和声音的流动,而非一个真正说话的人,因为电影中的故事并非叙说出来的,而是演出来的。""电影文本的叙事者可分为旁白叙事者和角色叙事者",对于无障碍电影而言"另一个叙事者就是口述影像者。"①

　　毫无疑问,无障碍电影制作人从挑选影片到撰写解说,都要以故事为核心,尤其要重视把电影中的故事讲好。

　　制作无障碍电影,首先是要挑选故事性强的影片自不待言,其次是努力讲解好这个故事。怎样才能讲好故事?简言之,需要依靠撰稿者的电影意识、艺术眼光和逻辑思维,还包括留意悬念、写好高潮、刻画人物、渲染氛围。而且要做到让这些成分相互联系、相得益彰。

　　行文至此,还需要厘清一个问题,就是无障碍电影是讲故事还是讲电影,或者说,是讲电影故事,还是讲电影中的故事。有人会说,这有什么区别? 我说有!

　　笔者所指的电影故事是从电影中抽离出来的,具有情节、人物的故事,比如电影文学剧本,电影故事梗概等;而所谓电影中的故事,则是通过电影的包装、外壳、影像和声音等手段,所展示出来的故事。它的故事内容与形式已经水乳交融,像灵与肉那样不可分割,存在于影片本体之中。

　　之所以要明确,无障碍电影撰稿要着力讲好故事,指的是讲好电影中的故事,其意义就在于,我们应当努力让视障人群听到

---

　　① 赵雅丽:《言语世界中的流动光影——口述影像的理论建构》,台湾五南图书出版股份有限公司 2002 年版,第 221—222 页。

具有电影特质的故事,而不是电影录音剪辑,更不是广播剧。

笔者曾经看过一位志愿者撰写的《金陵十三钗》无障碍解说脚本。事实上,撰稿者非常努力,写作很认真。例如其中一段:

00:21:40　此时,教堂大门外一群装扮考究的女子大声叫门,叫"红菱"的女子说找"老顾",教堂原来的厨子。听到打门声,陈乔治跑到门下从小窗里露出脑袋。

00:22:38　(对白)老顾!快来给我开门,我是红菱,听见没有?

00:22:43　(对白)老顾,开门,我是红菱!

······

00:22:19　(对白)他一大早就跑掉了,你们赶快去西边安全区!

00:22:30　(解说)这些女子原来是要进教堂躲避战祸,被陈乔治拦在门外,还是不甘心,拼命打门,喊声惊动了不远处的李教官。一位补妆的女子,关上化妆盒,抬起右手,用力地把皮箱往围墙里甩去,其余姐妹见状,心领神会,个个把自己的皮箱扔进围墙,然后,相互帮扶着,一个一个踩着其他姐妹的肩膀爬进教堂围墙。

以笔者看来,其实这一段可以这样描述:"镜头转到教堂大门口,一只手在猛拍大门。"而后面的描述,应当尽量插入对话间隙当中,而不是采取概括性表述。这种运用一段一段的文字来叙述情节发展和对白含义的概括性表述,脱离了影片的演进和对白的固有节奏。这种写法,不能说绝对有错,而是撰稿者对无障碍电影的表达方式理解不同,从而导致表达角度方式的不合乎需要,事实上效果也并不好。

讲好故事,应当是跟随影片的演进,描述画面的内容,而不是独立地叙述故事。

换一个角度分析,无障碍电影到底是通过影像描述让视障者欣赏一个可以"听"的电影,还是仅仅听到一个故事。如果是前者,原有的电影声音的保留和利用就很重要,电影之所以作为电影,其艺术特点和表现手段也极为重要。如果是后者,撰稿人只要把故事连贯起来,人物关系表述清楚,脚本的任务即告完成。但实际上,这样就脱离了电影的外壳,进而褪去了电影的神韵,只是一个故事而已,失去了电影应有的画面感和镜头感,乃至失去了应当体现的影片节奏感,其效果则趋近于故事播讲或广播剧之类了。上述那位志愿者撰写的脚本,虽然又经过修改,最终还是无法采用投入录音制作。

根据笔者多年来的撰稿体会,无障碍电影要想讲好故事,做好电影的"另一位叙事者",大致需要关注这样几点:

首先,从画面信息来看,视障者往往难以将跳跃的画面声音信息连贯起来理解,所以撰稿者要把故事的联系纽带尽可能交代清楚,把观影者带入其中,更快地与故事、人物、场景建立联系,重视并运用好场景构建的逻辑。可根据需要,采用诸如平面概括式、镜头移动式,或人物倒入式等手法,其间还要重视解说对视障观众的引导,注意将影片情节伏笔交代清楚,把握影片镜头节奏的缓急,如直接动作需要快节奏,描述环境、心理活动时采用慢节奏等,尤其是要注意小高潮的层层铺垫和大结局的用心用力。

其次,从影片人物来说,视障人与正常人相比较,一般囿于缺少真实生活的体验面,缺少人际交往的广泛性,因此他们往往更加喜欢有真实内容,有逻辑依据的好故事。所以在撰稿时,须注重人物言行的合理性,通过人物交集和冲突推进情节发展,解说有时还需把人物的行为逻辑和心理动机讲清楚,而这些内容有时并非直接出现在画面和对白中,这就需要撰稿者的洞察和体味,从而启发和引领视障观影者与电影人物"一同俯仰呼吸","一起感同身受"。就如成都市特殊教育学校一位盲童在欣赏了无障碍电影《飞驰人生》之后,对主办方志愿者表示:感觉我就像在电影里面。

再次,从其他感知元素来说,视障者全部或主要要靠听力来欣赏和理解电影,对于电影表达的镜头语言,他们难于或无法感知。就如一位电影摄影师所强调的,镜头语言各种各样,后期剪辑手法也大不相同,但是我一直遵循着一条原则,那就是能用画面表达的,绝对不用对白或旁白。他们这是完全从正常人观影出发的,可是却与无障碍电影观赏对象的需求相背离。所以,撰稿人要反其道而行之,把编导通过画面所要表达的,自己所感知到的体现电影特色的东西,尽可能地描述出来,展现出来,把好的故事用心讲好。

3. 着力表现高潮

高潮就是电影情节中矛盾冲突发展到最尖锐、最紧张的阶段,这时主要人物的性格、作品的主题思想都获得了充分的表现。

从电影制作的规律来看,一般一部影片有一个高潮,或者由数个小高潮铺垫出最终的高潮。而所谓从头到尾都是高潮的电影,或许只是传说。

编导让观众融入影片情节的最佳方法无外乎制造高潮。高潮从来就是需要无障碍电影撰稿者重点挥洒的地方。设计高潮是导演之责,而在无障碍电影解说脚本里,表现和讲述好高潮则是撰稿者的义务。因为高潮包含着戏剧冲突,充满着情绪渲染,写好高潮,将有助于增进视障观众与影片的互动性,提高他们的参与意识,达到融入影片,理解主题,领略艺术的目的。

撰稿人在动笔前看片过程中,就要把找寻到影片的高潮作为重要任务,并且有意识地掌握导演推动影片走向高潮的各种铺垫,各种小高潮。在撰稿时,使用更多的时间和精力去表述和推出高潮,比如要关注影片在场面上的大幅度调度,关注影片的镜头比例、切换节奏,关注音响音乐上的大段空白等,努力将视障观影者同样置于导演营造的观众框架之中,通过高潮突出影片的主旨和涵义,把影片的精华完美地带给视障观众。

至此,对于寻找高潮,表达高潮,引人入胜是无障碍电影解说脚本撰稿重要着力点之一已无疑问。

比如,由熊敏撰稿、笔者审稿修改的影片《百鸟朝凤》在笔者看来有那么三次高潮,这是影片的亮点和焦点,必须抓住写好。

图 3-12　影片《百鸟朝凤》剧照

表 3-2　《百鸟朝凤》高潮部分解说词分析

解说脚本（加粗为解说词）	分　　析
01:03:04　面红耳赤的焦师傅将碗里酒一饮而尽，转身打开将藏唢呐的箱子。 01:03:14　今天，我要把这些宝贝全都传给你。 **01:03:20　【快】他取出一支精巧的唢呐。** 01:03:23　你看，这是我师爷的师爷的师爷传给我的，二三百年了。从前出活的时候，唢呐匠坐在太师椅上，孝子贤孙跪倒一大片，千感万谢的，可现在，谁他娘的还把咱唢呐匠当回事儿啊！来，我给你吹一段！ **01:04:00　酒酣耳热的焦师傅眉飞色舞地吹起了唢呐。唢呐声时而悠扬高亢，时而深沉绵长，时而轻松欢快。承载着庄户人欢乐和痛苦的唢呐文化，已经深深地融入了这位唢呐传人的血液和生命里了。他吹着唢呐凑近老伴，吹着唢呐逗引天鸣。他不知道，这唢呐技艺会不会随着社会变迁而淡去消逝。** **01:04:32　【快】忘情吹奏的焦师傅一个跟跄跌倒在天鸣面前，天鸣赶紧扶住师傅。** **01:28:09　听大师兄提醒，焦师傅仔细看看天鸣，见他满头虚汗，勉强支撑，便放下唢呐走到众人面前。** 01:28:20　大伙都看见了，游家班的班主病了，没有力气吹《百鸟朝凤》，今天，只好由我来代劳了！ **01:28:36　掌声中，天鸣为师傅捧上专吹百鸟朝凤的唢呐，焦师傅与天鸣换了位子，示意徒弟们。** 01:28:46　《百鸟朝凤》，敬送亡人！ **01:28:58　【慢、抒情】唢呐声起，这就是众人期待的《百鸟朝凤》，充满浓郁地方特色的曲调，深沉悠扬而引人追忆，清新活泼而富有朝气，在徒弟们各种乐器的应和中，显得高贵而富有华彩。** **01:29:26　台下逝者家人白衣白帽，跪倒**	高潮一：焦三爷醉酒吹唢呐。 　　表现焦师傅对唢呐的钟爱程度。唢呐历史的厚重，唢呐文化的濡染，乡里乡亲曾经的看重，而现在却被轻看，引发了一代唢呐王焦师傅的复杂情绪和怨尤，于是编导用一段酒后吹唢呐来让其内心发泄。 　　在描述中，注意既要描绘焦师傅的神情，又要传递唢呐声的美妙，还要点出唢呐所蕴含的文化意义，以及焦三爷与唢呐的深刻关联，联系影片前面的内容，揭示其内心的隐忧。 　　充分表现一代唢呐人焦师傅貌似醉后癫狂，实则是真情流露。 　　也是为后面焦师傅带病上阵吹奏《百鸟朝凤》做出铺垫。 高潮二：焦师傅泣血吹奏《百鸟朝凤》。 　　前面曾经有过一场戏，祝寿会上游家班子与西洋乐队斗法，最后以发生斗殴两败俱伤收场。当时焦师傅是被气走的。 　　而在此刻，影片为这场高潮的到来又做了层层铺垫：二师兄要外出打工，大师兄表示最后一次出活，天鸣抱病在身，而此场葬礼必须演奏《百鸟朝凤》。而且，此节戏码时间较长，总共有 3 分 22 秒。除了末尾焦师傅吐血时对白用了 35 秒外，共有 2 分 47 秒的空白，给了解说稿表现高潮很大的发挥空间，用来描绘终于亮相的唢呐名曲《百鸟朝凤》，刻画焦师傅不惜用

解说脚本（加粗为解说词）	分　析
一片，唢呐声声寄托哀思。围观的乡亲们密密匝匝。 **01:29:40　好一个《百鸟朝凤》！游家班子各种乐器在焦师傅唢呐声的带领下，将《百鸟朝凤》演奏得如行云流水，出神入化。** **01:29:46　【慢慢】镜头从空中俯拍肃穆的祭奠场面，镜头扫过满脸皱纹的老人，扫过凝神倾听的妇女和孩子，众乡亲们簇拥在大院里，都听得如醉如痴。** **01:30:05　【慢慢】镜头转到台上，焦师傅继续用心吹着《百鸟朝凤》，凤凰之声，婉转动人；百鸟之音，清耳悦心。台下有人不时抹着眼泪。** **01:30:35　焦师傅还在演奏，但不时俯下身子，看上去有点坚持不住了。** **01:30:48　天鸣一边吹，一边担心地瞟着师傅。忽然，他发现师傅唢呐的喇叭口淌出了一缕鲜血。** **01:31:00　【快】突然，焦师傅喷出一口鲜血。** 01:31:04　师父，师父，师父！ **01:31:06　众人扶住焦师傅，焦师傅坚强地抬头。** 01:31:11　天鸣，接着吹！ 01:31:15　师父，师父！ 01:31:17　把鼓抬过来！ **01:31:19　父亲赶快把鼓放在焦师傅面前。** 01:31:23　师父……师父……师父！ 01:31:27　师父！ 01:31:28　给他伴奏！ 01:31:30　师父！ 01:31:32　我死不了…… 01:31:34　师父…… 01:31:35　来呀！ **01:31:37　大家忍住悲痛，回到原位站好，焦师傅打起了鼓点，此刻，游天鸣带领游家班继续演奏《百鸟朝凤》，曲风渐渐活泼欢快起来。** **01:31:59　焦师傅侧头看吹奏唢呐的天**	健康和生命来延续唢呐之神韵，唢呐人心念的执着和坚强。 　　这时的焦师傅就是电影人常说的人物"弧光"，或者说高光之处。 　　这场戏中，焦师傅看着天鸣吹《百鸟朝凤》，从整个影片来说，此刻才真正意义上完成了交班。前面的只是形式上的交班，这里才是实质上的唢呐"精气神"的传承。 　　所以在撰稿中，要根据镜头变化和曲调演绎，写好"一点一面"："一点"就是唢呐曲调和吹奏人，"一面"就是葬礼场面，逝者家人和众乡亲的反应。 　　"淌出了一缕鲜血"这一句留下伏笔，便于后面医院画面的衔接。 　　描述中相互穿插，据镜转换，这样内容就不显得单调味寡了。 　　可以说，这一段戏是全片的最高潮。

（续表）

解说脚本（加粗为解说词）	分　　析
鸣,只见他满面通红,青筋暴起,但是唢呐声曲调韵律清晰,音色清脆高亢。焦师傅露出了欣慰的笑容,鼓点也敲打得愈发有力了,但是他嘴唇边的血痕令人担忧。 **01:42:30　镜头淡出淡入,俯瞰着陕北大地,寂静的山村,随后切到一座坟墓。妞妞趴在墓碑旁边,碑上刻着:"唢呐王焦三之墓"。镜头摇转,他的继承人游天鸣穿着出活的红滚边白短衫站在墓前,唢呐上系着红绸带。天鸣独自吹奏起了《百鸟朝凤》。他把对师傅的感恩和承诺,都融入了这声声唢呐当中。** **01:43:02　【慢慢】在天鸣眼中,一个模糊的身影逐渐变得清晰,是焦师傅! 他坐在太师椅上,双目死死地盯着前方。镜头不断推近,焦师傅的面部表情微微变化,有了笑意。** **01:43:32　【慢慢】接着,画面不断回放,再现影片中的一幕幕感人场景。焦师傅手把手教年少的天鸣吹唢呐,天鸣苦练技艺。** **01:44:24　青年的天鸣没有辜负师傅,终于学成了名曲《百鸟朝凤》,并且已经吹得熟门熟路,成为唢呐技艺的又一代传人。** **01:44:40　焦师傅醉酒后如痴如醉地吹唢呐。** **01:44:58　【慢慢、深情】这些场景已经深深地印在天鸣的心中。天鸣完全懂得了师傅至死难舍的唢呐之情,体会到了师傅不懈传承的坚毅之心。** **01:45:24　【慢慢】镜头回到坟前,天鸣依然在倾情吹奏《百鸟朝凤》。画面中,焦师傅慢慢站了起来,转过头毫无挂恋地慢慢远去。他的双脚踏在黄土地上坚定而有力,坟头的白幡在风中徐徐舞动。** **01:46:00　影片到此结束。**	高潮三:游天鸣在焦师傅墓前吹奏《百鸟朝凤》。 　　这里可以说是影片的豹尾。而且是长镜头画面,没有一句台词。 　　在市场经济和民工潮的冲击下,在亲友的劝说下,唢呐传人游天鸣面临着艰难的抉择。此刻影片安排了这样一个结尾:完成了使命的焦师傅走了,接班人天鸣吹奏《百鸟朝凤》其实是向幻觉中的师傅表决心。 　　这一节从陕北大堤,一座坟茔,到影片结束,共有3分半钟时间,没有一句对话。从理论上讲,可以写800多字的解说,实际上写了450字。 　　这一段解说词撰写中,主要注重了这样几点: 　　注重细节,如天鸣的服装,唢呐上的绸带;人物内心的适当描述。在完全没有对白旁白,只有音乐的时候,要依据影片前面的内容,不脱离当前场景,来描写人物此刻的内心世界。这里的描写,要符合影片的情节发展,要合乎于人物的性格逻辑,充分体现唢呐传人内心坚定和不变承诺。 　　而对幻觉中焦师傅的描写,也是与天鸣的吹奏融合为一体,最终完成了影片主题的凸显和升华! 　　掌握一个"慢",突出一个"情",完成了虚实结合,历史现实交织,最后给人一个仍有希望的结尾。利用这些空间更好地强化影片主题和编导的意图。

概而言之,影片最精彩的内容在哪里,撰稿者的心就应在哪里。当然,还要掌握好度,不可偏离导演的创作意图。

4. 着力让电影更像电影

这前面的"电影"是指无障碍电影脚本所要描述、表达、传递出的一切关于电影原片的信息,"更像电影"就是能够更多地恰当地体现电影特有的形式与技巧,让视障人听到的,欣赏到的确确实实是一部电影,而不是其他。

台湾赵雅丽教授始终坚持口述影像要让电影更像电影,她认为:口述影像的叙事功能,即是如何让视障者在听口述影像的电影时,"更像"一般观众在欣赏一部电影。"尽量无所遗漏地表现出电影画面原有的趣味、形式与风格,用一种贴近电影叙事的表现,透过口述影像,创造出一种让视障朋友也能感受的'电影叙事效果'。""告诉视障者导演'怎么说'(如何论述),就如同告诉视障者'故事是什么'一样重要。"①当然,笔者以为,无障碍电影解说脚本的叙述做到"无所遗漏"是不可能的完成的,也是不必要的。但是,赵雅丽教授所要求的努力方向是积极的,必要的。

就叙述内容的完整性而言,解说脚本在转述影片的内容时,不应当只考虑故事情节的发展,让视障者了解剧情发展脉络,也需要适时地对演员的表现、场景变化,镜头运用等进行描述,有时甚至还要对影片的风格元素加以表现。这样,视障观众在欣赏无障碍电影时,感觉上更像真正在观赏一部电影,在触碰实在的电影世界。

笔者认为,无障碍电影必须以电影的方式获得成功,才能使它避免混同于广播剧、广播小说,乃至电影录音剪辑。同时,是否

---

① 赵雅丽:《言语世界中的流动光影——口述影像的理论建构》,台湾五南图书出版股份有限公司 2002 年版,第 239—240、290 页。

更像电影,也可以考虑作为衡量无障碍电影质量的标准之一。

笔者接触到的几种无障碍电影形式,无论是现场解说,还是录制上网的,往往有着解说词繁简的区别,有着对白间隙利用准确与否的区分,但是,在如何让自己的无障碍解说令电影更像电影的方面,却令人遗憾。

或许有人疑惑,前面强调要着力讲好故事,这里又讲着力让电影更像电影,到底哪个着力更为重要呢? 其实,两者并不矛盾,结合起来讲就是这个意思,无障碍电影是一个"用来听的电影",一个用口述画面、技巧手段包裹起来的故事。

任何优秀的电影,都存在于一个极有特色的包装之中。任何一组有个性有追求的编剧导演摄影,都在努力地为自己的影片建造与众不同的、独特的,并且贴合故事的艺术包装和形式特质。故事与包装有着密切的关联和共生关系。欣赏和评价一部电影,是难以脱离对电影故事包装形式美的解析和评判的。

笔者以为,形式美是无障碍电影解说脚本不应该忽略的组成部分。

所以,撰写无障碍电影脚本,既要重视情节故事,亦要重视影像艺术,这是制作"好的"无障碍电影、提升质量层次的两大核心所在。两者的有机结合,才真正构成了无障碍电影之所以能够超过其余类似媒介的魅力,赢得一大批喜欢电影的残障者和同样有无障碍电影服务需求的老年群体。

现代电影所采用的艺术表现手段之多是过去所无法想象的,从打斗的眼花缭乱到情感的静水深流,从人神同框到寰宇太空,题材的丰富性决定了艺术表现手段的无限可能性,在给无障碍电影解说脚本撰稿者制造难度的同时,也提供了发挥创造的较大空间。

电影的形式美千变万化,但是基本元素目前看无非是画面、音响、色彩、光线、蒙太奇。但是，具体到影片场景描写，面面俱到往往没有重点。那么重点在哪里？这是许多人，包括笔者都在考虑的问题。

记得在上海光影之声团队召开的一次会议上，韩颖主任要求探索撰稿技术，提高脚本质量，强调要把影片中的镜头变化融入解说词中去。她说，有一位盲人听说韩颖在搞无障碍电影，便向她抱怨，说自己从来不看无障碍电影，因为它不像电影，而像广播剧或者讲故事。

笔者以为，韩颖所说的镜头变化，其实就是电影中蒙太奇的运用。这个提法应当是在撰稿的种种头绪中抓住了一个核心，牵住了牛鼻子，给撰稿人指出了一个方向。

无镜头不电影。对于电影而言，镜头既是形式又是内容，既是外壳又是灵魂。几代电影艺术家都深信，蒙太奇是电影艺术的基础，是电影独特的思维方式，没有蒙太奇就没有电影。一部当代故事片，一般要由 500 到 1 000 个左右的镜头组成。每一个镜头的景别、角度、长度、运动形式，以及画面与音响的组合方式都包含着蒙太奇的因素。

如果说，适应视障者的接受特点是撰写无障碍电影解说脚本的基础和出发点的话，那么，顺应电影艺术规律，适当地表达影片的镜头变化（蒙太奇手法），让电影更像电影，则可能提升影片意象在观影者脑海中构图联想的质量，让观影者更好地实现欣赏目的。

在解说脚本撰稿中深入挖掘和有效表达影片的形式美，实质上，是撰稿人对影片的真正尊重，对视障朋友的艺术理解力的真正尊重。

例如，故事片《遵义会议》，1935 年 1 月 15 日至 17 日，中共中央政治局召开遵义会议，结束了"左"倾教条主义在中央的统治，确立了毛泽东在中共中央和红军的领导地位。随后，红军部队浴血奋战,拿下了大渡河上的泸定桥。战斗胜利后,毛泽东、朱德、周恩来等红军领导人来到了泸定桥上,有这样一组镜头。无障碍解说脚本是这样描述的:

1:25:05　毛主席来到泸定桥上,拿出一张国民党的传单,上面写着"大渡河是红军的覆灭之地,让朱毛成为石达开第二"。他的大手将传单撕得粉碎,撒入河中。

【慢】毛泽东、朱德、周恩来等站在桥上,眺望远方。他们仿佛看到了红军长征胜利的曙光。

1:25:35　【宏远、深情】镜头俯拍,泸定桥、大渡河尽收眼底。远处,雄鹰展翅翱翔,群山云雾缭绕。

最后这个镜头解说,虽然是空镜头,但是联系前面的内容,既表达了红军领导人对胜利的喜悦,又表现了他们对遵义会议以后的革命前途充满信心,向视障观众传递出影片的主题。

图 3-13　影片《遵义会议》截图

总之,要让更多的电影符号、电影手段、电影元素融入无障碍电影解说脚本的肌理当中,使解说词更加贴近电影,让无障碍电影在视障人士的心目中更像电影!

四、选片的考量

探讨这个问题的前提是用于制作无障碍电影的版权问题得到较好解决,在大量的片源上有挑选的余地。

制作无障碍电影,第一个步骤就是选片。如何选片,选什么片子,其实有着许多政治、社会、文化考量。当然,也有视障人士表示,不管什么影片都喜欢。2017年3月的一个星期四,国泰电影院放映无障碍电影《萨利机长》,我的旁边坐着一位60多岁的大妈,她说自己曾经是上海赴江西的知青,后来因为患眼病而失明。她告诉我,不论是什么无障碍电影,她都喜欢! 喜欢坐在这里听电影,喜欢与她同样的人们相聚。听着的确是心里话。

北京盲人电影院"心目影院"的创始人王伟力自2005年以来,和志愿者一起先后为视障人士讲解了800多场电影。在选片方面,他的心得是:盲人听不懂台词的不讲;方言重的不讲;道德标准有冲突的不讲;血腥屠杀、色情的不讲。要讲就讲正面的、阳光的、暖心的、高兴愉悦的、长知识的,"因为盲人的耳朵是值钱的"。①

从2008年至2019年,眼下已经78岁高龄的上海无障碍电影撰稿第一人蒋鸿源,已经写了200部共计300多万字的无障碍电影解说脚本。在选片方面,起初蒋鸿源多选择故事性强、对白多的生活片。他认为,"这类电影,视障观众可以通过对白、旁白了解剧情,需要解说的部分较少,解说脚本比较容易写"。但后来随着影片的选择余地越来越小,而视障观众的观影需求越来越广

---

① 《为盲人讲电影 14年他帮助2万盲人"看"电影》,中国残疾人联合会微信公众号2018年12月25日。

泛,武打片、动作片甚至科幻片,蒋鸿源也是能拿到手就写,比如前些年,他就写了《叶问3》《敢死队3》《侏罗纪世界》《碟中谍5》等影片解说脚本。2017年暑期,由吴京导演的动作军事电影《战狼2》创下了惊人的观影人数和票房纪录,视障朋友也迫不及待地想欣赏这部影片。蒋鸿原就及时动笔,使他们得到满足。事后蒋鸿源说:"这部片子打斗场面多,每场打斗时间长,动作快而缺少规律,盲人观众显然看不到,只能听到杂乱的打斗声,必须更仔细地描写画面,这部片子又长,我写了3万多字。"

尽管我国每年都有几百部中外电影上映,但是我们制作无障碍电影的人力、设备、资金都很有限,而且还很分散。有能力进行制作的最多也就是几十部百余部。这就显得挑选合适的影片对于制作无障碍电影十分重要。这可以让有限的资源发挥最大的效益,让广大视障人士通过欣赏无障碍电影获得更多的正能量和愉悦感。

笔者以为,在选片制作的过程中,一般有"几做几不做"的考量。

(一)"几做"

其一,主人公是盲人或者反映盲人乃至残疾人生活的可做。视障人士尤其喜欢此类励志主题的影片。这类影片更容易使残障观众投入其中,内心上引起共鸣和认同。如《海伦·凯勒》《按摩》《隐形的翅膀》《光》等。还有一些具有强烈的时代感的英模人物电影,他们英勇顽强的精神对视障人士来说也是一种振奋和激励,如影片《李保国》。上海电影评论学会在2018年制作的无障碍电影中有一部反映聋哑人爱情生活的励志片,感动了许多观影的残障人士,这给了制作方很大启发。而后,学会在选片时注重坚持这个标准。在2019年确定制作的10部无障碍电影中,除了主旋律影片和外国经典影片外,还选定了四部涉及残疾人题材的影片,如《盲人电影院》《逆光飞翔》等。他们认为,这可使残疾人在观影过程中,感受人世间的真善美,接受正能量,增强自信心和乐观心态。

其二,情感深沉,故事缠绵的影片可做。从视障人士的内心需求来说,他们渴望被关心尊重,被接受,被平等对待,挑选的电影如果有这方面的主题和情节,则会受到残障人群的欢迎,满足他们的情感期待。如影片《山河故人》《芳华》。

其三,主旋律影片,历史题材献礼片等可做。重点选那些精神格局大的和艺术境界高的影片,以滋养精神,振奋信心。如《建国大业》《春天的马拉松》《我和我的祖国》等,使视障人士增强对美好生活的信心。王世杰这十多年来撰写了二十多部无障碍电影的解说脚本,他始终坚持挑选体现国家情怀,承载人文精神的主旋律影片,来为视障人群服务,如《三峡好人》《任长霞》《建党伟业》等。当然,还有反映社会热点问题的影片可做,如《我不是药神》等。

其四,根据著名小说改编的优秀电影可做。从电影一百多年的历史来看,我们必须承认,小说为电影提供了丰富的矿藏,而电影也使小说的影响进一步扩大,无论中外,概莫能外。电影永远无法代替文学,而电影永远需要借力于文学。在纪念改革开放40周年之际,有关专家分析列举了20部最具影响力的国产影片。细数下来,其中有12部都是根据小说改编的。比如,《人到中年》《小花》《人生》《红高粱》《大红灯笼高高挂》《生死抉择》等等。可见小说与电影相生相息,共红共紫。还有,或许一些视障人士可能听过这些小说的播讲,也喜欢该小说。于是他们会对由小说改编成的电影更加感兴趣。

其五,优秀的纪录片可以做。被誉为"一个国家的家庭相册"的纪录电影近几年来获得了兴盛发展。在产量大增的同时,主题

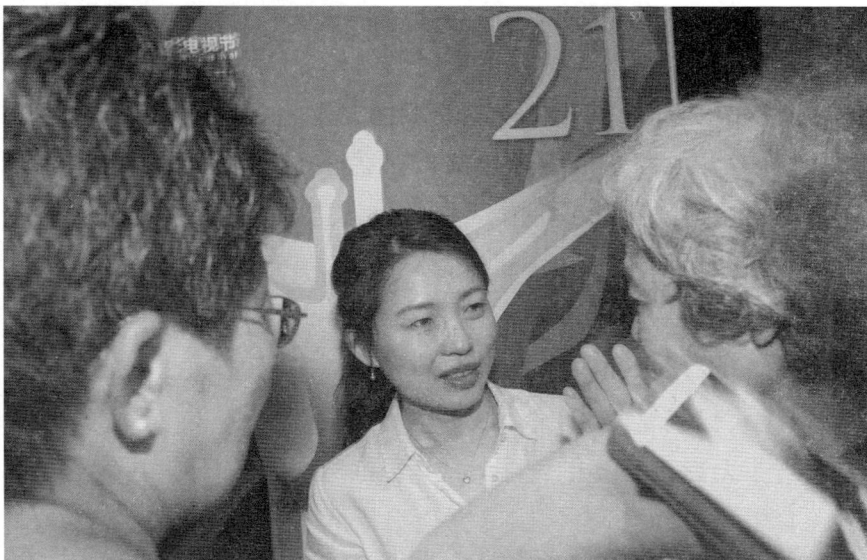

图 3-14　影片《盲行者》导演韩轶与观影者交流

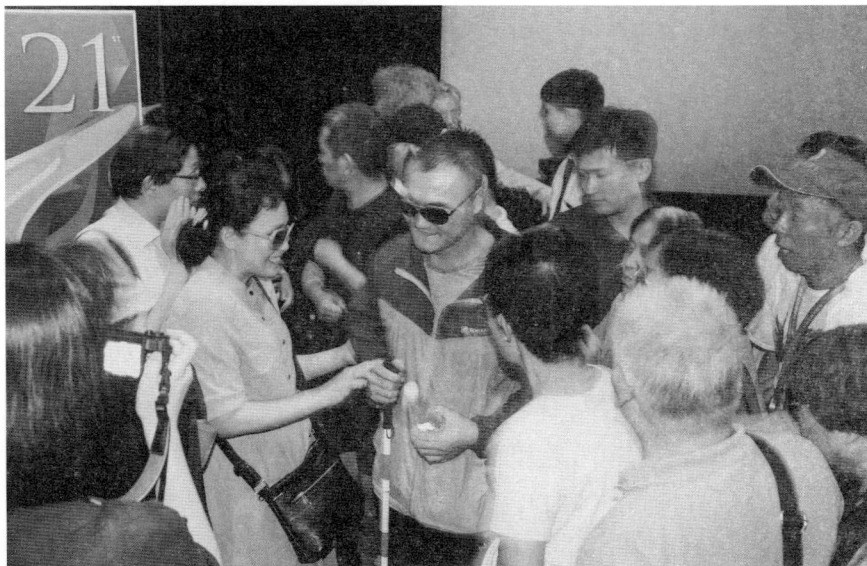

图 3-15　影片《盲行者》主人公曹晟康与观影者交流

也进一步拓展,出现了一些好影片。比如反映我国盲人周游世界第一人的《盲行者》,反映慰安妇的《二十二》,描述一对夫妻晚年生活的《四个春天》等。纪录片也是视障人群了解身边世界的又一片天地,是他们感情融通投射的更为实在、更为直接的一个场景。挑选优秀的纪录片制作无障碍电影,必定会受到欢迎。2018年6月25日,在第二十一届上海国际电影节上入围金爵奖的纪录影片《盲行者》在国泰电影院举办电影节专场放映会。放映结束后,视障观影者涌向来到现场的导演韩轶和主人公曹晟康,与他们握手、交流、合影留念,场景令人激动。

制作无障碍电影的纪录片,主要还是应当选择那些将镜头对准现实生活中的普通百姓、以完全平等的身份和地位客观"讲述"老百姓自己的故事以及那些从表象展现到内心记录的优秀纪录片。还可以选一些展示盲人难以接触到的历史文化内容的纪录片。2019年12月,中国残疾人联合会举行了一场特殊的接受捐赠仪式。人民出版社、中国广播电影出版社等向中残联捐赠了中俄合拍的纪录片《这里是中国》及同名图书的无障碍版权。这部纪录片以中俄合拍的视角,既聚焦中国智造、中国创造,反映当代中国的发展进步,又展示了中国戏剧、中国功夫、中国雕刻等传统文化精髓,让视障人无障碍地理解"丝绸之路"为世界作出的贡献,感受"一带一路"对人类社会的深远影响。这样的纪录片对于视障人群而言,就可以发挥其特殊的文化和公益价值。

(二)"几不做"或"少做"

一是,一味追求视觉和感官效果,流于肤浅的爱情片不做;情节繁复,玄幻过度的科幻片等不做。比如前面提及的《逆时营救》放映效果就不佳。还比如爱情悬疑片《深夜前的五分钟》,该片的主角是一对长相毫无二致的双胞胎姐妹若蓝和如玫,在老上海的背景下,两姐妹把观众带入了蜿蜒曲折的迷宫。两人经常玩互换身份的游戏,享受双倍的人生,加之两人又各有恋人,剧情错综复杂,悬疑重重。尽管影片叙事层层推进,画面精致唯美,演员演技也很高,但是,这对双胞胎姐妹的关系、情感复杂,又容貌相似,难以辨识,即使是普通观众,睁大眼睛,辨清若蓝还是如玫尚且很不容易,更何况是靠耳朵听电影的盲人呢。

二是,虽然带有一定思考,但与现实中的视障人群生活距离较远的影片。比如在 2018 年 9 月,笔者曾经参加的一场无障碍电影观赏活动,放映的是国产故事片《少年班》。这部影片的主题是对天才少年教育制度的反思。尽管影片中为少年班中的每一位天才少年都设置了不同的性格和专长,但是交代不够清楚,这些孩子脾气怪异,甚至会做出一些莫名其妙、有悖常理的事情,让观众难以理解。在影片的放映过程中,笔者很明显地感到,视障观众并没有进入影片。究其原因,大约是影片的主题和思考,与视障人很难产生关联,影片中反映的生活,与他们的生活距离过远,因此很难实现心理上的交融和共鸣。

三是,节奏过快,打斗激烈,跳跃频繁的动作片要注意适当回避。上海光影之声曾经组织了一批盲人担任无障碍电影观影体验员,盲人所提的建议中就有一条,节奏太快的影片不适合做无障碍电影,听影片解说时反应不过来。当然这也是相对的。光影之声曾经尝试制作警匪动作电影《湄公河行动》。影片绝对是大制作的动作片,场场精彩,节奏流畅,高潮迭起,不但有枪战、追车、爆炸等传统警匪片元素,又有丛林追捕、直升机与快艇作战等场面,阵仗很大,有大量画面需要解说,显然脚本撰稿的难度很大。光影之声团队经过反复讨论,最后还是完成了这部精彩影片的制作,呈献给盲人观众。

总的来说,选片时既要注重影片的思想内容,又要关注影片的艺术特点,还要考虑选片的多样性,挑选各种类型影片的口碑之作,尽可能地满足视障观众不同层次不同爱好的需求。

五、撰稿六步骤

在撰稿实际中,影片的长短、难易程度,撰稿人的熟练程度、身体健康状况等都会对撰稿效率和质量有所影响。笔者归纳了自己撰稿的一般过程,大致分为六个步骤。

(一)先观影片,识山探水

拿到影片后,首先要看一遍,有的影片情节复杂,内容晦涩,需要看两遍或以上。即便是以前看过的,也要再看,因为出发点不同。通过看片可以掌握片长、影片题材、拍摄风格、使用语言、对白多少等等,也有助于了解影片在思想内容的表达上是直白易懂还是意蕴深刻,看看影片的艺术特色和表现特点。对影片有一个总体把握以后,执笔写稿就有了心理准备。

还有无障碍电影人建议撰稿者要蒙上眼睛,自己先听上一遍影片。北京的"心目影院"王伟力和香港的一位口述影像员都认为,在动笔之前,最好闭上眼睛,听一遍需要撰稿口述的影片,这样更可以了解影片在没有讲述的情况下,你最想知道而无法知道的画面,从中找到视障人士的感受和需求。我以为,这是撰写解说脚本前的一个可选方法。

(二)搜索资料,加深了解

上网查阅该片的故事梗概、历史背景、主要演员和编导名单,还可浏览一下相关文章和报道,查看该片评论,包括观众网评等,对影片作进一步了解。根据需要复制可用资料,制作片中主要人物名单,标注身份、别称、性格等,可以方便写作,减少差错。对于那些重大历史题材影片和人物众多、线索复杂的影片,此法尤其有用。搜集阅读影片资料,看似费了一些时间,实际上却是事半功倍。

如笔者在撰写影片《南京！南京！》的解说脚本时，就通过报刊和网络查阅了关于南京大屠杀的相关资料，以及日本侵华时的慰安妇的资料，这样有助于把握影片的历史真实和艺术真实的一致性，便于撰稿时更加深刻地揭示影片主题和人物思想感情及行为动机。我还找了一些关于影片创作背景、导演陈述等，用于理解和刻画影片中特殊的场面和别有深意的细节。浏览了数篇观众影评，以借鉴和参考广大观众对影片的理解和思考，以及他们认为的影片亮点，帮助自己在撰稿中更加贴近视障观众。

90 后撰稿人沈颖闻在谈到自己撰写香港励志影片《20：16》无障碍解说脚本的体会时说，这是根据真人真事改编的影片，讲述了香港的化工大王叶志成在香港打拼成功的故事。她提笔前上网搜索，看了主演刘松仁一个采访视频，通过他的视角体会当时的香港梦，看了关于电影拍摄过程的纪录短片，还看了叶志成鼓励年轻人的自述短片，通过这些，对 20 世纪 70 年代故事发生的历史背景和人物心态有比较深刻的理解，对于准确用词和体现影片原汁原味上很有帮助。

（三）抓住重点，塑造毛坯

对着影片边看边开始写解说词，这是费时最多的一个阶段。有的时候，我们会拿到一个影片对白文字稿，你可以据此对照影片标注时间码，然后根据影片画面在对话的间隙中加入解说文字。此阶段注重流畅顺达，尚不必过于细致，主要是故事情节讲述到位，人物形象描写清楚，大小场景不能遗漏。在此基础上，对影片中的高潮和到达高潮的铺垫过程要心中有数，对影片中的悬念要设伏清楚，对影片中的隐晦之处、曲折之地，仅靠原有对白和正常解说尚无法破解深层含义的地方，要多加研究，笔下关注。

（四）精打细磨，上釉润色

将完成的初稿打印出来，对照影片精细修改核对解说词。落笔与敲键,笔者对前者更有感觉。此阶段重点是理顺疏通语句,使表达更加准确简练;加强叙述和描写,此时要特别关注影片中的细节和人物表情动作;进一步推敲用词,比如使用"夜幕"还是"夜色","感到突然"还是"感到茫然","挥手"还是"摆手"等;还要对一些专业术语进行核对。从脚本文稿文字表现力要求来说,应能够体现这样的层级过程:翔实→丰富→视觉美感→娱乐快感。

（五）时间节点,精准恰当

虽说在整个撰稿过程中,撰稿者都要非常关注时间码,但是此阶段时间码是重中之重。可以一边播放电影,一边自己读解说词,需要时暂停修改。修改的重点是看解说词的时间码是否精准,对话空白起讫时间是否够解说词用,解说词的句式和节奏是否符合影片画面变换和内容表达,是否便于朗读配音。要注意解说词的疏密相宜,文字过多或是空白太多,都会影响解说脚本的质量,给审稿和后期制作带来不便,最后还会影响影片的观看效果。

这里有必要提及上海译迩科技文娱无障碍项目组设计的一款用于脚本撰稿的模板。该模板根据 srt 字幕文件,基于 Excel 电子表格基本功能和技术特点,制作出相对应的口述解说词文档供撰稿者使用。其特点是时间码标示清晰,精准锁定内容空隙自动计算解说词字数和语速,解说词添加方便,显示直观。运用此模板撰稿可以节省时间,提高效率质量。目前该撰稿用模板正在试用和改进阶段。

（六）慎终如始,整体把握

最后再仔细校对一遍解说词。重点是精修文字,清除错漏,校准格式等。根据影片的内容和基调,对解说者年龄性别、风格特色可以提出建议。比如《不能说的夏天》主角是女孩子,影片中还有几个重要人物都是女性,所以笔者建议女声解说。在广播电台录音棚录音时,正好轮到的是男性播音员,笔者坚持改期,终于由一名女性播音员录制解说,样片出来后,明显感到配音达到了应有效果。

以笔者撰稿实际需要时间来看,一般影片大约在 60—80 个小时,较长的影片可能超过 100 个小时。

表 3-3　几部无障碍影片的片长和解说脚本字数

片　　名	时长(分钟)	对白字数	解说脚本字数
《南京!南京!》	130	4 102	20 598
《无法证明》	90	10 065	8 388
《触不可及》	98	4 197	14 199
《遵义会议》	94	10 605	9 739
《检察长》	90	10 810	8 083
《我不是潘金莲》	133	16 320	9 720
《伊犁河谷》	95	9 133	11 728
《我不是药神》	116	13 600	13 080

(注:均为数字化配音制作版本)

每一部影片解说脚本的字数是不同的,随着撰稿人风格、影片长度、对白间隙的多少而变化。中国盲文出版社的专家马波曾经说过,一部影片的无障碍解说脚本一般以 2 万字到 2.5 万字为宜。王世杰说,他撰写的首部无障碍电影解说词脚本字数是 14 032 字,而后的《辛亥革命》则达到 32 995 字。中国盲文图书馆口述影像馆专职撰稿解说员田珈宁说,她写的解说脚本字数在 8 000 到 10 000 字之间。

当然,纯粹用于现场口述的解说稿,相对数字化配音合成的脚本在撰稿的自由度上要大一些,字数也可能不那么受限制。

香港口述影像协会的梁凯程博士这样介绍她的口述影像稿的制作过程:

首先，我要以一个观众的身份看一遍电影，能够了解导演想带给观众什么感受，以便在撰稿时，尽量营造这种感受给视障观众；然后，再看一遍电影，找到哪里可以插入口述影像的空隙，并且不能与电影声音重叠，有时候一个地方要看很多次；然后，开始写稿。每一次都要思考怎样写才能贴切；修改稿子时，尤其是不知道这个场景是否描述得足够好时，会请自己的先生听一听，看是否 OK。稿子修改完了以后，还要进行彩排练习，只有彩排好了，现场讲解才能够比较理想。一部近两个小时的电影口述影像稿件的制作，大概需要七八十个小时，多则上百个小时。①

每一个撰稿人有自己的方式，我们需要的是在互相学习借鉴中寻找一些共同的、规律性的东西。

---

① 《[一席]怎样让盲人"看"一部武打片？梁凯程：影院里的一点光》，bilibili 弹幕网，2017 年 2 月 27 日。

第四章　无障碍电影解说脚本
具体撰稿技巧

一、"大处"与"小处"

我们经常讲"大处着眼，小处着手"。在无障碍电影解说脚本撰稿中，同样不能割裂宏观（大处）与微观（小处），同样需要大处着眼，小处着手，这是脚本写作的辩证法。虽说好像并不具体，但是却与每一个具体方法相关。

形象地说，宏观是精气神，微观是血肉骨。没有精气神，血肉骨就没有活力，就没有灵魂；而没有筋骨活泛，没有血脉畅通，精气神只能是虚无缥缈，无从着落。大处着眼、掌握宏观，就是把握影片的总体框架、主题思想、艺术特色；小处着手、抓住微观，就是紧扣细小部位，细节描写、氛围烘托、内涵外表等加以叙述表达。总之，两者是相互依存，相互渗透的关系，融为一体才能获得成功。犹如自行车的两个轮子，共同支撑着车身平稳行驶。

在撰稿审稿和研究过程中，笔者发现了一个现象，或者存在一种倾向：一些解说脚本撰稿人往往比较注意细节局部，却忽略了大局考量和综合平衡。笔者认为这方面还是要把握好，处理好。

一是既要注重影片中的细节，也要关注影片的宏观大局，比如时代背景、社会环境、世人心态、地域特色等等。努力做到由小见大，使人物更加真实，细节更加可信。

比如，在撰写影片《我不是潘金莲》的解说脚本时，我们不仅要注意主人公李雪莲愁苦的面容，执拗的性格，怪异的诉求等细节描述，更要把这些放在影片所揭示的社会环境中：某些干部害怕群众上访，千方百计加以阻拦的畏上心态；某些地方法治不够健全。这样，看似滑稽可笑的情节和内容就显得正常可信，让观众由嬉笑生出思考。如，得知李雪莲跑了的消息，各级官员的紧张反应和派人疯狂寻找的场景，既很可怜又很无奈。其中，县法院贾庭长为了官阶"进步"，与赵大头用心设计"接近、旅游、上床、结婚"的计谋，企图让李雪莲罢访的情节，在上述的这种背景下又显得顺理成章。也正因为是阴谋，所以败露之后，李雪莲感到尤为屈辱和愤怒，又走上了进京上访的道路。影片中，李雪莲从对前夫的不满逐步发展到对一个群体的不满，对一种社会现象的不满。有了这样的理解和把握，影片的社会意义就更为丰满，视障观众就比较容易理解了。

二是既要注重影片的局部色调和个体色彩，也要注重整部影片的风格与氛围。

2019年12月，笔者观赏了我国第一部原版的无障碍电影纪录片《大河唱》，觉得在成功之处外，遗憾之处即在于没能很好地把握影片的全局氛围。（详见本章第十节）

三是既要精准把握插入解说词时间空隙的分分秒秒，也要用心把握整部影片的节奏和韵律。

韩寒编剧执导的影片《飞驰人生》，记录了一个赛车手的人生悲欢，事业起伏。故事一气呵成，轻松自然。在撰稿中，应让语言贴合场景，有的时候轻松喜乐，比如张驰的"儿子"出现的场景，张驰拉赞助的滑稽表演等,需要使用诙谐的语气;有的时候节奏紧张,情绪亢奋,比如赛车进行练习和比赛的状态描述,又需要句短而词约,语气跳跃而具动感,把赛车的节奏充分体现出来,让视障观影人在赛车引擎的咆哮中想象比赛的场面,跟着影片情节激动和疯狂。笔者比较欣赏以下的解说词。(高书顺撰稿)

1:13:33　张驰系上头盔,慢慢系上安全带,他的目光坚定而执着。随后张驰戴上专用手套,双手紧握方向盘,将车开到指定发车点前。

分析:沉静与稳健中慢慢蓄势。

离张驰发车只剩 30 秒,张驰手抓拉杆、脚踩油门做好出发准备。倒计时越来越近,林臻东的车也越跑越远。

分析:烘托氛围,提示对手状况。

张驰的赛车还有着受损的痕迹,他牢牢盯着前方计时表,蓄势待发。

倒计时结束,张驰发动赛车。

分析:启动之初,人物与赛车一同进入角色。

慢镜头下,转动的车轮强力摩擦着地面,随之地面升起了一团团厚重如雾的灰土。赛车缓缓向前行驶,车轮碾压过的地面溅起大片的土屑,升腾的尘土中赛车越行越远,只见虚影一闪,赛车瞬间冲出重重迷雾,飞奔而去。

分析:控制之下,在“慢”与“缓”的节奏中突然爆发,进入“闪”与“飞”的快节奏。

赛车内部系统在高速运作,张驰冲向第一个弯道。制动、切换档位、变换方向,张驰一气呵成,一个利索的漂移驶过弯道。

分析:车由人操,人车合一,观影者在快节奏的解说中获得快感。

图 4-1　撰稿志愿者高书顺

二、片头与片尾

关于片头与片尾的处理方法,在实践中,我们曾经有过不少尝试和讨论。只是没有做过面向视障群体的调查。就在本书书稿即将完成之际,笔者看到了一份上海译迟信息科技有关无障碍电影调研问卷的数据汇总,其中有一问与此相关。大多数视障朋友的需求,给我们以启发,坚定了我们的信念。

Q-13　您是否接受在影视作品前后加入介绍和点评来帮助理解?　(单选)

图 4-2　调查问卷截图

(一)片头介绍

片头介绍就是在影片开头龙标(国家电影局的电影公映许可

证)出现、特定音乐结束后,用简洁的语言对影片的历史背景、故事梗概、编剧导演、主演角色、电影类型、出品机构、重要奖项等等,根据空白时间,进行有选择的介绍,方便视障观众先一步了解影片概况。就像是请客人吃饭,事先介绍一下是哪位大厨操办、是什么菜系。

如影片《小时代》解说脚本的片头介绍:

电影《小时代》是根据著名青年作家郭敬明同名小说改编的系列电影第一部。影片故事发生在经济飞速发展的当代上海,四个女生一起从中学到大学,关系亲密却有着不同的人生观和价值观,展示了她们在学习、爱情、工作和成长中的精彩片段。影片拍摄上精致唯美,深受 90 后年轻人喜爱。该片曾获得 2013 年上海国际电影节最佳影片奖。影片的编剧导演是郭敬明,主要演员是:杨幂、郭采洁、郭碧婷、谢依霖。(章娜撰稿)

短短 180 个字包含了大量信息,包括影片的编导主演、时代背景、主角关系、主要内容、艺术特点以及获奖情况。

又如,由中国传媒大学的王海龙、温默涵为"光明影院"撰稿的影片《流浪地球》无障碍解说脚本的开场介绍,在龙标出现后 1 分零 3 秒时间的解说词中,同样包含了大量必要元素和有用信息:片名、类型、特别出演、领衔主演、在内地上映后的巨大票房、小说改编、故事梗概等。

上述开头介绍写法是比较标准和通用的。

在片头介绍中,故事梗概最为重要,可以帮助视障观众及早把握影片的核心,并可以较快地与影片、与解说词建立沟通和共鸣。如果时间够用,也可介绍一些次要信息。

这里以 2019 年春节后上映的美国电影《绿皮书》在上海院线无障碍专场解说词中的片头解说词为例。

171

影片开头部分的时间码为 00：01—01：01，也就是 60 秒钟。如果按照正常速度每秒 4—5 个字，一般来说可以插入解说词 240 字到 300 字。实际上，这部分解说词用了 222 个字：

> 剧情片《绿皮书》由彼得·法拉利执导，维果·莫特森、马赫沙拉·阿里主演。讲述了一名黑人钢琴家唐·谢利，为前往种族歧视严重的美国南方巡演，找了一个粗暴的白人混混托尼·利普做司机。在一路开车南下的过程中，截然不同的两人矛盾不断，引发了不少争吵和笑料。但又在彼此需要的时候一起共渡难关。行程临近结束，两人慢慢放下了偏见，共同演绎了一段跨越种族、阶级的友谊故事。绿皮书，是一本专门为黑人而设的旅行指南，标注了各城市中允许黑人进入的旅店、餐馆。电影由真实故事改编。

一般来说，这段片头介绍没有多大问题，交代了导演和主演，介绍了故事梗概和主题思想，还对影片名称绿皮书做了解释，说明影片由真实故事改编，与随后出现的字幕"灵感来自一个真实的故事"相呼应。

但是，如果从更准确到位的要求来说，开场介绍的信息还可以更加丰富一些，况且字数方面尚有空间可用。笔者以为，开场的解说词还可加上这两方面的信息。

一是历史背景须提及。应当明确指出，故事发生在 60 年代初期的美国，当时的种族隔离、种族歧视还十分严重。这样就为后面所发生的黑人钢琴家谢利所遭遇的歧视不公待遇做出铺垫，便于视障观众更加快捷地理解影片故事的历史背景。在介绍绿皮书时，也应当加上"当时"两个字。

二是可扩展介绍重要信息。该片 2019 年 3 月 1 日在我国上映时，已经于 2 月 25 日获得了第 91 届奥斯卡最佳影片奖、最佳男主角提名奖等五个奖项。增加这些新信息有助于体现选择此片制作无障碍电影的意义和价值。

当然,影片开场的简介内容可以取自百度百科或者豆瓣电影,但可以多搜集一些资料,特别是最新信息来进行选择编撰。在空间字数允许的情况下,影片开头简介可以更加准确和丰富。

还有一种意见认为,开头介绍可以放在龙标出现之前解说,以保留影片的原始状态。笔者以为,此法未尝不可。但是,龙标出现,特殊音乐响起,标志着影片开始,观众注意力开始集中,这时介绍的效果相对更好。而且,前置反倒有损影片的原始状态。但是也有个别影片,龙标音乐一结束即进入了故事引子和实质场景。这种情况下,可考虑将片头介绍置于龙标出现之前。

(二) 片尾结语

关于片尾结束的方式,笔者分析了包括本人在内不同撰稿者的十余部解说脚本,大体有以下三种形式。

其一,在描述画面中自然结束,客观实在,无需多言。

我们来看影片《百鸟朝凤》的片尾处,两部不同撰稿人的解说词写法:

第一部:(蒋鸿源、蒋尉撰稿)

画面:唢呐王的传承弟子天鸣在师傅墓前吹唢呐。

解说:天鸣继续在师傅墓前吹着百鸟朝凤。仿佛坐在前面听的师傅,对无双镇有了游天鸣这样的唢呐继承人,十分满意和欣慰,听到这里,他站起身,缓缓转过身,朝远方走去,一直走去,一直走去,走去。

影片结束了。

第二部:(熊敏撰稿)

01:45:24　【慢慢】镜头回到坟前,天鸣依然在倾情吹奏《百鸟朝凤》。幻觉中,焦师傅慢慢站了起来,转过头毫无挂恋地慢慢远去。他的双脚踏在黄土地上坚定而有力,坟头的白幡在风中徐徐飘动。

01:46:00　影片到此结束。

其二,影片在字幕中结束。字幕往往会对人物和主题进行概括提升,对影片的思想意义加以发挥,所以,一般无须再加结束语。这里又分为两种情况:

一是既有字幕,又有旁白诵读。如影片《建党伟业》,结尾部分镜头闪过中国共产党成立以后领导人民革命,以及夺取政权以后走向复兴之路的一些重要场面。结束字幕用了近40秒的时间,对中国共产党成立的意义进行了评价和总结。

二是有字幕,没有旁白解说。这是不少影片结束时的惯常方法。对于明眼观众来说,识读没有问题。但是对于无障碍电影解说脚本来说,此时就需要原本照录,由解说人员解说配音,完成影片结尾。

比如,根据已故的"全国模范法官"、"上海市优秀共产党员"、上海市高级人民法院副院长邹碧华的事迹创作的故事影片《邹碧华》,片尾以习近平总书记对邹碧华事迹的重要批示全文作为字幕结束,高度评价了邹碧华同志,并号召广大党员干部特别是政法干部向邹碧华同志学习,大大提升了影片的教育意义。影片只有字幕滚动,没有配旁白,这就必须写入脚本加以解说。

其三,撰稿者在片尾加上感慨抒情,归纳全片,凸显影片主题思想或文化价值等等。

如影片《三峡好人》的解说脚本(王世杰撰稿),结尾处将主要人物一一点出,并给予饱含情感的评价,呼应片名:

最后,让我们记住他们吧,记住沈红、郭斌,记住热心的王东明,记住麻老大,记住血气方刚的小马哥,记住"唐人阁客栈"的何老板,记住只身移民广东的女厨师和她那断了一只手臂的丈夫老王。

更要记住韩三明和麻幺妹。还有为支持三峡建设，背井离乡而又故土难离的 130 万三峡移民！他们都是好人，是三峡的好人。祝愿好人一生平安！

又如影片《摆渡人》解说脚本（蒋鸿源、徐聪撰稿）的结束语。

画面：一艘写着"摆渡人号"的巨轮缓缓启动，驰向远海。

解说词：一艘摆渡人号巨轮，鸣着汽笛启航了，迎着朝阳，一直开往人生幸福的彼岸。生活中，我们都可能是一个摆渡人，同时也被别人摆渡，只要能到达彼岸，一切都会是美好的。影片结束了。

这段解说词在对影片结束画面描述的同时，有感而发，表达了对影片哲学意义的理解和阐释。

还有，如香港爱情喜剧片《全城热恋》（章娜撰稿）解说脚本，撰稿者在影片的结尾处添加了自己的情感和评价："一段段打破世俗常理的故事，带给我们一个感人的夏天。真正的爱情，是脱下美好的外衣，露出因热情而融化的真实内里。"审稿人认为此段结束语画龙点睛，使全片完美收尾，定稿录制时予以保留。

关于影片结束时，解说词是否可以有抒情性或评议性结束语问题，从目前的实际情况来看，大部分解说脚本都没有这方面的内容。在调研中，一些视障观众也认为，开头介绍很有必要，结尾抒情议论倒并非必要。

笔者认为，篇尾结语写得好，有画龙点睛之妙；写得不好，有画蛇添足之嫌。因此倾向于不加抒情议论，自然结束。

首先，总体上要相信视障观众的理解力和欣赏力，在影片结尾给他们留下一定的回味、想象空间；其次，尽量把想要表达、抒发、阐释的内容和情感融汇到影片解说词当中去，让视障观众先期理解消化；第三，在影片结尾处，导演往往对最后的表达有自己的设计和展示，我们要做的是准确客观的描述。

有专家说过：最后五页是剧本里最重要的五页。同理，对于无障碍电影解说脚本撰稿来说，最后的结尾也应当是最重要的。因为，这样可以给视障的观影者创造一个持续的记忆，或者总体的梳理，成为他们观影结束后与同伴交谈的引子，回味故事，理解全片的楔子。

总之，无论采用怎样的结尾，都要切合影片内容，都要非常用心，慎终如始。

笔者在为影片《伊犁河谷》撰写解说脚本时，进入到定稿润色阶段，再一次观看影片。影片在一首悠扬的哈萨克风格歌曲中结束。原来写的解说词是"在豪迈雄壮的哈萨克民歌声中，影片结束了。"因为影片中运用了很多现成的民歌，如《新疆是个好地方》《达坂城的姑娘》《掀起你的盖头来》等等。但这一次，笔者看到片尾字幕："主题歌《伊犁河谷之恋》，作词刘凡，作曲张千一，演唱张英席……"这不就是最佳的结束语吗？ 于是，笔者将解说结束语改为"在奔放抒情的主题歌《伊犁河谷之恋》中，影片结束了。"既呼应了影片片名，又体现了影片主题，同时可让观影者回味影片中那些刻骨铭心的爱情故事，可谓一举几得。

三、细节与表现

复旦大学龚金平教授认为："电影不仅仅是讲述了一个故事，（文学的方法），也不仅仅是用光影的方式讲述了一个故事（影像元素方法），而是用文学和电影的方法在呈现一个个细节。也就是说，电影是关于细节的艺术。"[①]

---

① 龚金平：《电影是关于细节的艺术》（代序），《光影之魅——电影鉴赏的方法与实践》，上海：复旦大学出版社 2016 年版，第 iv 页。

无数细节可以成就无限博大,一个个细节可以串联成饱满丰润的人生。其实,世界就是由无数细节构成的。事业上,细节往往决定成败。电影里,细节是电影的生命,编导对细节的态度,往往是一部影片质量优劣的分水岭。

电影中的细节,作用在于突出事物状态,营造氛围,展示人物内心世界,细节可以推动故事的发展,并将导演的理念展现给我们。有的时候,一部电影的情节都忘了,但是精彩的细节却还记忆犹新。

一位黄姓盲人在"文娱无障碍"项目组建立的微信研讨群中,对该项目组新制作的无障碍影视作品毛片提出观后意见。他指出,视障观众需要借助口述影像的解说,了解人物动作、眼神、花儿的颜色等等。知道了这些,脑海中就会结合起来构建画面。做到这一点,才是好的口述影像解说。

所以,解说脚本撰稿者应当对细节描述予以足够的重视,把其作为解说脚本撰写中的重中之重。

电影细节的表现方法,有的是以特写镜头突出表现,或者是一组镜头连续表现,有的却是轻轻带过,后者就需要撰稿者在看片时细心观察体会,在撰稿时加以展示放大。

这里所述之细节描述,大概包括以下几个方面。

(一) 人物细节

包括年龄、相貌、衣着、表情、动作等细节。

1. 反映人物性格

如影片《小时代》中,青年作家周崇光初次与林萧见面,林萧要与其握手,而周却与之击掌相识,体现了年轻人的特点和周崇光的另类性格。

如影片《南京！南京！》中贯穿全片的角色日本兵角川,影片正是设计了几个含义深刻的细节,诸如开枪杀人之后的忏悔、以教会学校读书背景为由讨要十字架项链、屠城情景下的情绪失控等等,成为人物性格转变的点滴累积和触发点,这一处处累积,最后令人物顺理成章地走到自我毁灭的悲剧结局。因此,在撰写解说词时需要细心观察揣摩这些细节,并循序渐进地深化表达。比如角川应不愿意被送慰安所受辱的姜淑云之请求,开枪打死了她。这一情节之后因时间宽裕,所以解说中综合运用了对表情细节、动作细节、还有心理活动细节的描述,使视障观众"看"见和感知到细节对人物性格、命运的推动。

2. 反映影片进程

影片《触不可及》中,特务们冲进来,中共地下党员林月颖迅速摘下耳环的动作,就为她后来为保守地下党秘密,保护同志而服毒自尽做出了铺垫。如果忽略了这个动作细节,视障观影者则会留下疑问,林月颖是如何自尽的?

可以通过人物肖像外貌,勾勒人物命运,揭示历史进程,渲染影片主题。笔者在为影片《我不是潘金莲》撰稿中就有亲身的感受。影片中女主人公李雪莲发型的几次变化就大有深意,描述绝非可有可无。

影片女主李雪莲是一个自认为受了冤屈,又告状无门,开始执拗地上访的年轻农村妇女。

第一个发型是长发。影片开场,李雪莲站在竹排上,长发飘飘。解说脚本写道:"她看上去三十来岁,模样标致,斗笠下的长发在风中飘动。这就是本片的主人公——李雪莲。"甫一亮相,结合场景的描述,就让人感到这是一个行走在凄风冷雨中的漂亮女人。

第二个发型是长发盘在了脑后。李雪莲到县政府上访时已经是此发型了,但当时没有间隙可以插入发型描述。而到了上一级的市政府上访时,她又戴上了头巾。笔者就在叙述李雪莲被公安局拘留之前的一个场景时做了这样描述:"镜头中是蓝天白云,阳光晴好。李雪莲走在一座桥上,头巾把她盘在脑后的长发裹了起来。她边走边啃着干粮。"这时的李雪莲似乎很轻松、自由,与随后突然发生的被抓上车形成对照。

第三个发型是短发。李雪莲决定进京上访,剪了个显得年轻的短发。因为她要获得中学读书时曾经暗恋过自己的赵大头帮助,方有可能达到向首长告状的目的。于是,当两人见面时,就有了这样的描述:"在仓库里,大头坐下,乐滋滋地看着梳着短发的李雪莲。"这是通过赵大头的角度,反映李雪莲的发型变化,以及赵大头的内心状态。

第四个发型是烫发。影片最后,李雪莲多年来状告的对象、前夫秦玉河突然出车祸死去,她打官司上访的历程终于结束。她利用技艺在北京客运站开了一家牛骨汤馆,开始新的生活。解说词表述道:"画面拉成了宽屏。几年后,北京客运站的小饭馆,烫着一头鬈发的李雪莲在上菜。"宽屏的出现象征着李雪莲恢复了正常的生活状态。烫了鬈发,既显示她向城市人们的发型审美靠拢,同时也暗示着她"往事如烟,不再提及",好好过日子的心态。

影片中的李雪莲在不同的阶段梳着不同的发型,既代表着不同的年龄阶段,又折射出不同的情绪和心态。只有通过细致的观察和描摹,才能将编导的细微用心传递给视障观众。

3. 反映人物情采

表情可以反映人物情绪。影片《我是医生》中,吴孟超终于说服了得意弟子、优秀的外科医生赵一涛去从事细胞治疗癌症基础研究,当赵推着资料小推车离开时,笔者在解说词中写道:"吴老注视着爱徒离去的背影,吁了一口气,但表情并不轻松。"这两句解说词暗示了吴孟超对癌症治疗新技术研究后继有人的欣慰和感到前途尚且艰难的忧虑。

具有特殊意义的动作,也可表达人物深刻而含蓄的情感。南朝梁代刘勰所作《文心雕龙》一书中就有"情采篇",表达他对文学创作中内容与形式问题的见解,提出了"情者文之经""联辞结采"的审美论。这里借用"情采"一词,是指影片中人物的情绪感觉透射和性格色彩表达的综合意象。

在赵宝刚执导的影片《触不可及》中,男女主角共有三次激情探戈舞蹈场景。编导可谓用心良苦,既契合了片名和剧情,相恋相爱却不能相成相守,又可以用跳舞来映衬女主角宁待舞蹈老师身份和男主角中共地下党员傅经年的信仰至上与绅士风度。编导三次安排两人在著名探戈舞曲《一步之遥》的乐曲中共舞。用舞蹈演绎表达他们的内心和爱情,让舞蹈成为男女主人公情感交流的上佳桥梁。高贵优雅的舞步,激情而又忧伤的音乐,那么令人陶醉。对于影片呈现出的一场场回味无穷的视听盛宴,撰稿者要在理解的基础上,通过解说词作出相应铺陈,使视障观影者在欣赏影片音乐的同时,去感受舞蹈的优美,体味男女主人公情感深化和故事演进。

图 4-3 影片《触不可及》剧照

以下是几段表现男女主舞蹈场景的解说词。

第一次,舞蹈教室。地下党员林月颖已经牺牲,只留下了她的表妹舞蹈教师宁待。傅经年为了刺杀日军高级军官方贺元藏而监视宁待的舞蹈教室。夜晚,他被一段优美的音乐所吸引,走进了小楼,来到宁待的舞蹈教室。他让宁待放音乐。

31:30　宁待心领神会。唱针放下,音乐响起来。

31:37　傅经年脱去外套,一把揽住了宁待细细的腰肢,随着音乐的节拍跳起了探戈,一招一式都是那么的专业。两人都说不清楚,为什么会跳得那么投入和默契。

32:33　跳到激情时,傅经年的手滑到了宁待的大腿处,宁待一个激灵,推开了傅经年。音乐在继续,两人相距咫尺,喘着气对视,青春的火在燃烧。

32:55　宁待关了留声机,取下唱片,装进了套子。

33:08　(对白)送给你。

33:10　两人相视无言,其实都有着千言万语。

第二次,傅经年的住所。两人各怀心事。在刺杀日本军官方贺元藏之前,傅经年冒着危险将宁待转移到自己的住所,并做好了事后撤离安排。而宁待却不愿意离开,要在自己的舞蹈教室帮助傅经年完成刺杀行动。

44:30　宁待什么也没有说,但是她有了自己的打算。

44:36　宁待走到留声机旁边,放起了音乐。唱片旋转,【与音乐声重叠】那首优美的曲子流淌了出来。

44:48　音乐声中,宁待轻轻地走到傅经年的身后,双手扶住了他的腰,又慢慢地搂住了他,头贴在了傅经年的肩上。

45:00　舞步开始滑动,两人心灵相通,身体越来越近,但是,那个应有的亲吻却仍然没有出现。傅经年在设想刺杀的场景。

第三次,重庆嘉陵江边,分别七年,宁待千里迢迢找到重庆,两人重逢就要开始新的生活,而傅经年却作为隐身敌营的共产党人,接受了潜伏台湾的任务,并要另娶他人作为掩护。在重庆码头告别时,两人有一段舞蹈,时间长达一分半钟,而且没有一句对白。这一段舞蹈要表达的东西很多,宁待期待新生活,傅经年要执行新任务,而此刻的宁待并不知情。两人在重庆嘉陵江边的淅沥雪花中跳起了探戈。这段比较充分的时间,为表现他们动情的舞蹈、复杂的心情留下了足够的空间。于是,笔者根据探戈舞的特点撰写下了这段解说。既有柔情诗意,还要有生离死别的隐喻。

01:21:40　深夜,下着小雪,傅经年带着宁待来到了接头地点,两人禁不住热烈拥抱。宁待充满了对未来的期待,要亲吻傅经年,傅经年却用口哨吹起了那熟悉的舞曲。

01:22:13　【缓慢抒情】夜幕下,雪花中,两人又跳起了探戈。

01:22:25　傅经年与宁待的舞姿时而柔情相依,时而刚劲洒脱,时而手腿缠绕,时而旋转相离。此刻,沉醉在舞蹈中的宁待哪里知道,这是又一次别离的前奏,抑或是人生的永别。

01:23:25　王婉萍带着小分队的同志来了,见状停住了脚步。

01:23:41　舞蹈结束,宁待喘着气抱住傅经年。

此曲此舞荡气回肠,这真是一幕触不可及,哀婉动人的爱情悲剧。落笔至此,撰稿者也不禁难掩伤感。

别样的爱情表达,放射出独特的人物情采。这部影片中的音乐和舞蹈令人感慨万千,回味无穷。真是一幕触不可及,哀婉动人的爱情悲剧,也是革命者牺牲自身,忠于使命的真实写照。

4. 反映人物关系

有故事的电影,往往是通过人物关系的矛盾冲突、转折变化来推进情节,深化主题的。

冯小宁导演的影片《紫日》所表现的是战争的残酷和人在战争中的挣扎求生。故事把来自中苏日的三个语言不通,角色迥异,立场敌对却又有许多交集的人物放在了同一条船上,让他们发生碰撞,让他们逐渐相互理解,并走向同生死共命运。在抗日战争末期的东北,中国农民杨玉福、苏联女兵娜佳和十四岁的日本女学生秋叶子一路逃亡求生,人物之间的关系微妙复杂且不断发生变化。影片全片几乎没有对白,靠的是表情、眼神、动作与呐喊。明眼观众理解上没有影响,而且纯粹的表情与肢体语言反而使影片人物变得简单易懂,同时又使影片对人性的刻画更加真实。但是,对于无障碍电影解说脚本撰写来说,则大大增加了难度和工作量。

图 4-4　影片《紫日》海报

以下试对人物关系的变化做一些分析。

杨玉福与娜佳。杨玉福被苏军从日本兵的刑场枪口下救出,到乘上苏军装甲车见到卫生兵娜佳,从陌生人——→同车人——→误入日本军营苏军战士牺牲,他们逃出。两人从相互排斥到命运共同,而在杨玉福救了娜佳之后,逐步建立起信任和友谊;

娜佳、杨玉福与秋叶子。他们在河边小屋遭遇了手雷的惊魂一刻,虽然日本女学生秋叶子加入了他们逃亡之旅,但彼此所在阵营和想法并不同。于是,他们的关系就显得复杂多变,波澜起伏:

——**仇恨与心软**。秋叶子故意把他们带入了日军的雷区,装甲车驾驶员沙科夫开路壮烈牺牲,娜佳让杨玉福杀了秋叶子,杨玉福举刀逼近,但是最终没有下手。

——**怜悯与凶性**。在深山老林里,娜佳先把热粥递给秋叶子;在过沼泽地时,秋叶子深陷泥潭,娜佳和杨玉福伸出枪杆救人。但当冲锋枪落入秋叶子手中时,她的眼中闪过令人心惊的凶光。

——**原谅与放松**。遭遇日本飞机坠落燃起的草原大火,按照秋叶子的办法,三个人死里逃生,满面鳖黑哈哈大笑,杨玉福挑断捆绑秋叶子的绳索,原谅了日本小姑娘。

——**本性未改,波澜又起**。迷途之中,秋叶子要把两人带入日本军营去投降,又让杨玉福和娜佳非常失望和气愤。

——**矛盾激化,达到高潮**。听到了日本停战投降的消息,秋叶子绝望了,拿起冲锋枪对准了娜佳和杨玉福。没有对话,全部通过动作和眼神来表达人物的惊诧、纠结、挣扎、崩溃。

——**最终谅解,山青水绿**。冲突消除后,娜佳跳入河中畅游,杨玉福编了花环送给秋叶子,秋叶子要认杨为哥哥。淳朴的杨玉福最终彻底谅解了秋叶子。

导演冯小宁曾经说过,《紫日》是他关于战争与和平这个命题的第六部作品。为什么会有战争？战争带给人们什么？法西斯主义对于人性到底会产生什么作用？它引发的是对战争,对人性的深沉反思,激发人民对美好与和平的向往。

影片中人物之间的关系曲折发展,充满了伏笔和意外。解说脚本撰写者只有深刻理解了影片批判战争,张扬人性的主题,只有搞清了人物关系在发展变化中的内因，才能把关键的地方点拨清楚，描述透彻，才能更好地表达影片的思想和神韵。

还有一种比较多见，就是展示人物之间关系的细节。在英美合拍的故事片《至暗时刻》中为了表现丘吉尔的形象，曾经有两次公开演讲场景，以表达他抵抗法西斯的决心和毅力，以及下定决心的艰难。用心观片，你就会发现片中女打字员莱顿小姐戏份不多却陪伴丘吉尔贯穿影片始终。第一次是在电台的讲演，红灯闪过三次以后，丘吉尔迟缓开腔，同样坐在直播间里的女打字员抢先一拍，无声地说出同样的话；第二次是在议会大厅，站在发言席的丘吉尔开口前，镜头追随他的视线，仰拍了旁听席上的莱顿小姐，镜头中两人彼此致意。在这里，大人物与小人物相呼应的细节，其深意就在于，影片中被塑造为英雄的丘吉尔，他的心与人民是相通的，他的力量来自人民。只有细致入微地观察和描述，才有可能在撰稿中实现影片编导所要达到的人物塑造境界。

（二）物件细节

在影片中，当物件与人或者事件联系在一起的，就称为"物件细节"。"有料"的物件细节能够成为剧情的有机组成部分，并与情节一起推动故事发展。高明的导演往往都是擅长运用物件细节的高手。

反映校园性侵的台湾故事片《不能说的夏天》中两次出现的蓝紫色鸢尾花，就是属于有料有故事的物件细节。鸢尾花第一次出现是在女主人公白白受辱自杀未遂后，入院治疗的病房，是性侵女主的李教授看望白白时带来的，而李教授给白白带来的却是紧张和恐惧。

请看解说词。

同李教授一起来的学姐利亚不知就里，告诉白白"花是教授送的"，"是教授自己种的"，而白白的表现呢？

35:16 【快】看到利亚身后的李教授,白白脸色变了。

35:36 【快、强调】这是一束蓝紫色的鸢尾花。

35:47 【慢慢】利亚去洗手间插花,李教授盯着白白,白白不敢对视,呼吸局促起来,李教授低下头没有说话,只是伸出一只手隔着被子抚摸白白脚掌,白白闭上眼睛喘着气。

稍后,鸢尾花又给病房里出现的另一个人物,李教授的太太带来猜疑和痛心。

画面:王老师带来了台东法律扶助基金会的公益律师,也是经常帮助学校学生的林律师。但令白白没有想到的是,林律师是李教授的夫人。听完王老师介绍,

37:10 白白又怔住了。

分析:来人的特殊身份加重了白白的思想负担。而林教授看到鸢尾花时却表情异样。

37:30 白白情绪激动地扭过头去,林教授抬眼看到摆放在床头鸢尾花,表情一愣,她站了起来。

分析:为后面埋下伏笔。

画面:蓝紫色鸢尾花第二次出现是在李教授的花园里:

01:27:53 李教授家的花园花开正艳,一朵朵蓝紫色的鸢尾花飞舞在绿叶之中,这种花又叫蓝蝴蝶,寓意吉祥和美好。李教授跪在草地上,用力除草培土,养护花草。

01:28:16 刨着土的李教授,突然捂住胸口喘息起来,好像心脏病发作了。

01:28:31 他抬起头,却叫不出声。屋内的妻子和儿子忙碌地准备晚饭,没有注意到外面。李教授只能匍匐在地上挣扎。

01:29:00 镜头慢慢地摇过,绿叶花草渐渐遮住了李教授。

分析：倒在鸢尾花丛中的李教授最终因病不治。再次出现的鸢尾花细节既呼应了前面所说的这花是教授自己种之言，此花的美好寓意又为李教授不堪的人生结局画上了一个带有反讽意味的句号。

他虽然喜爱并亲手种植象征着吉祥美好的鸢尾花，但是龌龊卑鄙的行为不但打碎了女学生白白纯洁美好的生活，也破坏了自己家庭的平静祥和。而李教授发病突然去世，既是其人恶行的报应，也为案件的水落石出和影片的顺利终结铺平了道路。

由此可见，在撰稿中，对于一个多次出现的物件细节要细致观察，结合影片情节，吃透其背后的含义与联系，并且加以必要描述。

（三）色彩细节

笔者在本书第三章的"绘色"部分，已经对电影色彩的意义、功能，以及无障碍电影解说对于色彩描绘的必要性做了充分的阐述。在此举例讲解具体方法。

比如，志愿者撰写的纪录电影《盲行者》开始时的一组镜头，穿着大红色 T 恤的盲人旅行家曹晟康来到北京长城，登上城楼，感到无比激动兴奋。脚本写道：

> 02:30 长城边草木深深，清风掠过树梢，曹晟康沉浸在自我发挥的舞蹈中，时而像伸展运动，时而又像是打拳击，双手自由挥舞，腰部轻轻扭动，最后还双脚离地跳起来，无比轻松，尽情宣泄。蓝天、绿树、土黄城墙上的一点红，构成了一幅美丽的画面。

解说词的最后一句有意识地描写色彩细节，还原了影片拉远的画面，短短一句话，点到了服装、天色、植被和建筑的四种颜色，又与主人公此刻的心情相呼应，给视障观众以轻松和愉悦。

在整部影片中被强调的特殊色彩，往往正是有着深刻寓意的色彩细节。著名影片《辛德勒名单》的基调是黑白的。但其中两次出现了一个红衣犹太女孩,一次是在党卫军和犹太难民中奔跑,穿过无情的杀戮;一次则是在影片接近尾声时,死去女孩出现在一辆装满尸体的手推车上,红衣显眼,虽然远远掠过,但也令人无比悲伤。我们在此片的解说脚本撰稿中,除了告诉视障观众这是一部黑白片外,还要对红衣女孩两次出现的衣着色彩细节进行描述,在对比中揭露和控诉法西斯的暴行。

(四)细节间的联系

细节绝非是独立的,往往发挥着刻画人物形象,揭示人物心理,或是抒发人物感情以及完善情节结构的作用,这些细节互相配合,展现了人物的发展轨迹、变化历程,往往决定了人物形象塑造乃至整部电影的成功与否。

1. 宏观介绍与细节描述穿插结合

如影片《触不可及》的开头部分的解说词:

1:16 大雨滂沱,无数把雨伞在雨声雷声中行进。

1:34 故事发生在1935年,被列强租界割据的上海,这是一个血雨腥风的年代,一个各方争斗的城市。

分析:交代故事发生的年代、地点、社会背景,属宏观介绍。

1:44 一把枣红色的雨伞下,是一个穿着风衣的男人,锃亮的皮鞋踏行在雨水中,他正在前往与地下党同志接头的路上。

分析:雨伞颜色——要与接头人一致,皮鞋锃亮——不是一般老百姓,对去干什么等做出交代,属细节描述。

1:54 他站住了,这就是本片的男主人公——傅经年,他的身份是国民党中央统计局上海站调查组组长。由孙红雷饰演。

分析:介绍男主人公的姓名身份及饰演人。

这样,影片一开头就通过宏观介绍和微观细节两个维度,完成了时代背景和男主介绍，并对后面情节的发展做出了铺垫。

2. 多重细节联合渲染影片氛围

《引人入胜的策略——影片建构教程》的作者诺曼·荷林教授还告诉我们："作为一名有着丰富经验的导演应该有能力在观众心中成功地营造出影片的氛围。导演有责任让观众积极地融入到影片之中。"[①]

氛围是一种感觉因素，一种情绪的表现形式，是人物情绪和剧情的空间衬托，有助于观众了解故事的性质和内容。独特的影片往往有着贯穿全篇的独特环境氛围。而对于欣赏无障碍电影的视障人来说，他们对影片表现的环境氛围是看不见的。所以在撰写脚本时，有必要把握并表达影片的独特的环境氛围，把相关元素融入解说词，传递给观影的视障人群。这是解说脚本效果提升的一个重要因素，也是使视障观众欣赏电影能够上一个层次的必要条件。

环境氛围的形成一般包括两个方面：一是剧中人物的气质情绪、心理状态和行为动作节奏；二是时空环境。

在创造环境氛围中，导演、摄影、服化道工作人员可以采用场景结构、色调光线、道具造型以及服装色彩等手段，运用对比、呼应、强调、隐喻等手法来追求其效果。

比如惊悚片《京城81号》就有着十分独特的环境氛围。这部影片由香港导演叶伟民执导，讲的是现代女作家许若卿来到京城的老宅后，引出的前世陆蝶玉和霍家三个公子之间发生的恩爱情仇的悬疑离奇故事。豪门大户＋青楼头牌＋富家公子，《京城81号》的角色乍一看是才子佳人浪漫爱情故事的标配，事实上讲的却是豪门惨案。片中的陆蝶玉先经历冥婚，后身怀鬼胎，再遭地

---

① 参见［美］诺曼·荷林：《引人入胜的策略——影片建构教程》，胡东雁译，复旦大学出版社 2017 年版。

牢禁锢,历经一连串诡异事件,命途多舛。所谓冥婚、头七、还魂、前世今生这些东方传说和民俗汇集也将影片整体诡异气氛吊至最高。把惊悚片拍成大片,自然不易,而要写好此类影片的解说脚本则更加不易。此片的无障碍解说脚本由复旦大学志愿者薛、丘两位同学撰稿,笔者审校。

比如影片的开头部分的解说词:

1:12　画面上雾气弥漫,镜头穿过一片阴森的枯树林,一座古宅的影子渐渐露出,并清晰起来。

1:27　出现一扇大门,吱呀声中,大门自动打开。

1:30　在一片阴森的黑雾中出现片名:《京城81号》。字上有着斑驳的血迹,片名文字的左上方一只血红色的眼睛与你对视。

1:43　【慢】镜头在古宅中穿梭。这幢民国古宅结构复杂,装饰已经古旧斑驳,却仍不失华丽厚重。滚动的字幕介绍着演职人员,同时画面镜头摇过灯影幢幢的楼梯,摇过阴冷潮湿的地下室,摇过长长的似乎望不到头的走廊,甚至出现了一根打着圈套的绳索高高悬挂着……

影片一开始就通过阴森的画面,惊悚的怪叫把观众带入了一个惊悚恐怖的氛围。

该片导演叶伟民曾经说过,影片给你创造了一个空间,让你去感受。而且导演在影片中制造的氛围就是阴森、恐怖、骇人。据介绍,为了达到这个效果,影片导演动足了脑筋,投入数亿资金,使用了许多手段,调动了诸多的惊悚元素:

题材上,故事跨越两大时代,前世今生的主题概念,人物轮回近百年,恣意放达的古今穿越;

音响上,凄凉的背景音乐,哀婉的电影插曲,涩重的开门声,怪异瘆人的"鬼"叫声;

光线色彩上,灯光明灭不定,闪电雷鸣不停,夜半红皮球,红衣索命鬼,噩梦中的魔爪,变成血色的蝴蝶和蝙蝠等等;

布景道具上,民国经典豪宅的面貌在镜头里显得厚重而阴森恐怖,逼真精致的筑景和道具(达 12 900 多个),女主角无论是现代装束还是民国衣着,都以暗色调为主,与黑暗的老宅背景融为一体;

人物以及所谓鬼魂动作,夸张离奇,恐怖惊魂。

总之,影片的环境氛围、故事演绎都被导演和演员们渲染得瑰丽而又凄厉。这些元素共同构成了这部影片的一种基调和氛围。

图 4-5　影片《京城 81 号》剧照

撰写解说脚本一定要立足于这个基调,描述和表达这种环境氛围,就需要撰稿者和审稿者在以下几个方面多下功夫:

一是人物的描绘,要由形而神,点化并描述人物的情绪和心理活动。

如大少爷霍连修在地下室向陆蝶玉说出七年来自己冒名弟弟霍连齐写信表达恋情的这段"情感表白"戏,应当是影片的一个

表 4-1 《京城 81 号》情感戏解说词分析

场景对白	解说词	效果评析
连齐死了! 你说什么?	身穿一袭白衣的连修拿着一张纸,扶着栏杆往地下室去,半道上他停下脚步。 坐在椅子上的蝶玉一下子站起来,揪住衣角怔怔地问。	连修有点犹豫,蝶玉感到意外。情感戏由此拉开序幕。
信是我写的。	连修撑着栏杆,俯身向蝶玉说,镜头闪出连修写信的画面。	连修吐露真情,情感戏展开。
你在信中告诉我:愿琴瑟在御,莫不静好,就是把你带走,离开这里,去属于我们的地方,过我们想要的平静生活。	连修深情地注视蝶玉。	用心勾连,推送情感。
可是过了七年了,他的样子开始变得模糊,当初的香水味道,已经消散了,只有书信才是真实的。	连修边说边靠近蝶玉,鬓角相磨,蝶玉双目含泪。	连修语气感人,体位贴近,加大进攻力度,蝶玉恍惚动摇。
信里面每个字都充满关怀和爱意,是你孤独时,唯一依靠的怀抱。	连修揽住蝶玉的腰,蝶玉双唇微颤,泪流满面。	出现亲昵动作,情感有所共振,表情出现突破。
你深爱着这个长情和专一的人,愿与他心意相通,此生不渝。你爱的,是给你写信的人,那个人不是连齐,是我!	蝶玉痛苦地闭上眼睛,泪如雨下。浑身颤抖着转身端详着面前的这个男人。 连修也深情地望着她。	两人视线相对,蝶玉防线将破,连修的成功似乎水到渠成。
你这个骗子!你骗了我这么多年,我不相信你,连齐没有死,你走啊!	没想到,蝶玉最后举起右手,给了连修一记耳光。痛苦纠结的蝶玉无法接受连齐战死的事实,腿一软蹲在栏杆前放声哭泣。连修落寞地离开了。	剧情突然反转,激情跌入谷底。 蝶玉陷入绝望,连修败走麦城。

转折点。虽然表达的是连修对蝶玉的真实爱慕与渴求,但是在当时历史环境下是绝对不可能实现的,最后只能是悲剧结局。在解说中,一定要配合着对白,有层次地刻画人物的表情和动作,细腻地表达出人物情感的流露和变化。

一段情感戏就这样以失败收场。在这一段戏中,通过对白和动作,表现了男女主角人性的渴求与理智的克制,感情的波涛一时涌起,似乎高潮到来,却又峰回路转,情潮止歇,回到原点。其中男女主角的对话、表情、动作以及透射出的内心世界,都需要撰稿人娓娓道来,层层展示,让视障观众感受影片男女主角的情感跌宕,并为理解他们的结局做出铺垫。

二是体现人物与环境的关系,特别是强烈刺激下人物的反应。

以许若卿睡梦中出现幻觉这场戏为例。

1:11:59　外面传来尖锐的怪叫,若卿吓坏了,紧紧搂住小梦。

1:12:19　明明灭灭的灯光中,若卿看见浴缸的龙头里喷出血来,还有大量的血从房门下面流进来。浴缸里面血水喷涌,从中慢慢地伸出一只手。

1:12:42　画面又转到霍家大厅,高高吊着的五具尸体开始扭动。浴缸里的人像是被砍死的仆人,他站起来,拔下斧头,挥动着砍了过来。

1:13:04　若卿连忙拉着小梦跑出浴室,回到房间,爬入床下躲起来。

1:13:30　只听有人拧门把手,最后用斧头破门而入。若卿捂住小梦的嘴,不敢出声。只看见那人的脚在屋内走来走去。

即便是幻觉的环境,也要将恐怖氛围写得逼真有加。

三是解说文字有时要色彩浓烈节奏加快，有时又要空灵而脱凡。

例如蝶玉得知丈夫连齐战死的噩耗，绝望之中从楼梯上跳下自杀的那一场戏。她穿上当年的嫁衣，洒酒祭奠丈夫，默默表示永远是连齐的新娘。这时飞来一只白色的蝴蝶，似乎是连齐的灵魂在感召。

1:04:30　蝶玉伸出左手想碰触蝴蝶，蝴蝶忽然向下飞去，盘旋着落到楼梯底部的天井地面。那里浮现出连齐的幻影。

1:04:46　（对白）连齐！

1:04:47　呼唤声中连齐抬头微笑，蝶玉伸手向下。

1:04:52　（对白）带我离开这儿好吗，我好累，我真的好累啊。

1:05:02　连齐举起双手，好像要接住蝶玉。蝶玉张开双臂，面向连齐，从楼梯顶端飘然坠下。

1:05:18　镜头又闪过蝶玉和连齐昔日的美好回忆，一个风流潇洒，一个美丽动人。

1:05:30　待画面再转回时，蝶玉已落到地面，鲜血漫出。白色的蝴蝶在她身边翻飞，落到鲜血上，瞬间变成了血红色。插曲响起，哀婉泣血。

（歌曲）梦褪去黯淡消逝，当爱渐渐成空，痛飘飞散尽重拾，记忆变得模糊。

这里的解说词，既有自然间的空幻，又有血气中的轻盈，让悲剧变得诗意，令死亡充满回味。

四是强调现实环境与历史环境的对照和渗透。

现实是基，历史是影，影有时笼罩现实，但是最后还是要回到现实。让历史照进现实，让现实延续历史，最终达到了编导玄幻跳脱的创作追求。比如若卿与女儿小梦追随着红色蝴蝶来到地下室，发现精致木盒，里面的照片和书信将她们引入当年的场景描述，若卿变成了蝶玉。跳跃巨大却又过渡自然。

四、语言与文字

语言是由词汇按一定语法所构成的复杂的符号系统，是人类所特有的交际工具；文字是记录语言的符号，是语言的书面形式。

无障碍电影的解说脚本是要用来诵读、讲述的，所以对语言和文字的要求非常之高。语言是桥梁，要使视障人能够听懂电影的视觉画面以及内涵，就需要通过语言来搭建桥梁；文字则有如衣饰，优秀的解说脚本都立足于合体而又优美的文字之上。

笔者一定程度上认同美国口述影像协会（LLC）主席施耐德博士（Joel Snyder）在上海交流讲座上的一段表述：口述影像其实

图 4-6　施耐德博士在交流讲座现场

是一种文学的艺术形式。文学艺术是一种宽泛的广义的定义,如果从狭义上来说,口述影像是一种诗歌,是一种像日本的俳句那样的诗歌,是短小精悍的诗歌。

博士还进一步解释道,口述影像是用尽可能少的语言去描述可以被看到的东西,然后将这些视觉上的东西,变成语言文本上的东西,变成听感上、听觉上能够听到的东西,变成可以用口头表述出来的东西。用极其简洁的、生动的、富有想象力的文字去将视觉图像中想要传达出来的东西传达出来,传达到有需求的一部分人群。

笔者从事解说脚本撰稿这些年来,听到关于如何运用语言的许多说法。笔者以为,重要的不是最优美的语言,而是"恰当"的语言。也就是说,必须为影片画面描述、意义情感表达找到"对的"语言。

把握和练就无障碍电影解说脚本的语言文字,需要长久的磨炼。虽说不提倡唐代诗人贾岛"两句三年得,一吟双泪流"的速度,但是需要这种精益求精的精神。

下面,试就解说脚本涉及的常见语言文字运用问题做一些探讨。

（一）口语化当置首位

解说词的口语化可以使解说者与视障观影者处于更为平等的地位,用平实、清新、明快、易懂的语言,降低他们的理解难度,提高信息的获取量。

有关口语化的技术建议:

用句要短,修饰语要少,少用长句和复句;将书面语言改成口头语言,如"迅速"改成"很快","连日"改成"好几天";尽量避免使用文言句和倒装句;一个意思可以用几个词来表达的,尽量选择易懂的词汇;方言土语要少用;难懂的、文绉绉的成语少用,早已口语化的成语除外；等等。

在撰稿实践中，既要表达丰富的画面内容，又要使语句让视障观影者听得清搞得懂。笔者总结了几种具体操作方法，现以影片《伊犁河谷》的无障碍解说脚本为例。

成分分解法。就是用几个连贯的短句，表达画面同时出现的元素。如内地参军的女兵们乘着卡车进军新疆的画面。

> 06:30　一排解放军卡车沿着山谷驰来，山路曲曲弯弯，车轮滚滚，灰尘满天。每一辆卡车的驾驶室顶上还架着机枪。

拎取主干法。就是先拎出主干，再使修饰限制的成分独立成句。影片中男主人公、骑兵团团长徐祖雄第一次出场的解说词："一匹战马抬起双蹄嘶鸣。马上是革命烈士的后代，骑兵团团长徐祖雄，湖北黄冈人。"

逻辑顺序法。以画面内容的逻辑关系为经，对内容进行有先有后的描述。如，当女兵们来到伊犁河畔，看见男兵们赤身裸体地在河中洗澡，由羞涩到直视，由听歌到应和，再进入下面的场景：

> 12:42　【缓慢，抒情】水里的战士们纷纷站起身，兴奋地将水花扬向天空，发自内心的欢呼声感染了岸上的女兵姑娘，女兵们也挥舞手臂大声呼应，画面在水花飞溅的浪漫场景中渐渐模糊。初次的见面在欢呼声中结束了。

描述中有先有后，有召唤有呼应，最后在共同快乐的高潮中结束了这场戏。

多用主动句。主动句主要陈述一个动作、事件及其过程；被动句主要说明人和事物。于是往往在需要叙述时就用主动句，需要说明时就用被动句。在撰稿中，因为解说多是跟着画面人物走，以人物或者场景作为叙述对象，多使用主动句，既符合画面要求，又使听觉和顺。

比如,说"一轮明月在天上挂着",就不如"天上挂着一轮明月"语气通顺,直白易读。

另外,用词讲究音节音韵。一般来说,多用双音节词和多音节词,控制节奏,使视障观影者略有缓冲。如,"纸屑飘然落地"。此外,要避免同音字的连用,注意用词响亮上口等。

总之,口语化的手段还有许多,需要撰稿者在实践当中操练和多听取盲人朋友的感受。

(二)简洁而丰富

看上去这里有一点矛盾。但这是从不同的角度来说明问题。

因为插入解说词的间隙时长往往很有限,必须用最恰当的语言和字数来填空,这就是简洁。一段画面中的信息量有时多有时少,无法一概而论。但是在可能的时间与空间之中,还是要争取信息量的丰富。我们经常听到一些视障朋友,抱怨解说脚本过于简单,影响理解影片。

所以,笔者认为,需要把握的原则是:与画面密切结合,以有用有效为首要,以信息丰富次之。同时,不能忽略后面将要出现内容的伏笔。

试以纪录电影《盲行者》不同撰稿者的三个解说脚本对同一节画面的描述为例。

画面内容:经过长途跋涉,盲人旅行家曹晟康来到了印度,他一大早前往恒河边,看信徒们的圣浴。此段时间空隙为20秒,按照每秒4至5个字的正常语速计,可以插入解说词80至100字。

脚本 A:许多信徒来到沙洲边,站在恒河水中。老曹也站在沙洲边,他看不见,没敢下水。(37 个字)

脚本 B:曹晟康来到河边,他小心翼翼地用盲杖点了一下河水;朝霞中,朝圣者尽情享受恒河沐浴的时刻;恒河里设置了浅水区,朝圣者既能沐浴河水,也能保障安全;而曹晟康却静静地坐在

岸边,若有所思。(88 个字)

脚本 C:【慢】太阳升起来了。曹晟康终于来到了恒河边,他的盲杖点到了河水;朝霞中,朝圣者在浅水区尽情沐浴;曹晟康手扶盲杖,静静地坐在岸边,倾听着,想象着,思索着。(73 个字)

比较下来,三段解说词各有特点。脚本 A 描述简洁,只有对印度信徒和曹晟康的浅层次表述。37 个字相对 20 秒的时间,字数少了些,语言亦较平淡,未能很好地传递画面要表述的信息。

脚本 B 表达细腻,信息量较大,感情色彩和场面动静形成对照,且字数也在范围之内。但笔者觉得,浅水区和保障安全等信息并非必须。

脚本 C 突出了时间点和曹晟康来到河边之不易,"终于","点到了河水"。画面描述也由远到近,最后停在曹晟康身上,并加重用"倾听着,想象着,思索着"三个并列的修饰词,是对曹晟康由外而内的表现。他作为盲人,更多地运用听觉器官,根据听到和感受到的东西去想象。用"思索"一词,不是外加的心理推测,而是与他的性格特征相吻合,既能与他的人生追求、生活向往联系起来,又便于与后面他对致盲后少年时代的痛苦回忆衔接起来。字数虽然少了 15 个,但是信息量并没有减少,重点也突出了。省出来的两三秒钟作为留白,供视障观影者品味。

每一段的解说词中包含的信息量,全凭撰稿者的自由度量,而简约不简单应当是撰稿者追求的目标。

(三) 人物称谓的使用

影片中主要人物的地位决定了其出场次数和解说词涉及的频率。由于其具有的多重身份,往往有多种称呼。从逻辑上来讲,这是概念的同一性问题,对于同一对象的不同属性分别加以反映,就形成了同一关系的若干个概念或称呼。有时看似随意而用,其实并不然。指代的灵活运用有着内在的逻辑规律,它是随着电影展开,随着语境变化而形成的,具有准确性、妥帖性和丰富性等特点。在撰写解说脚本时,对主要角色的指代使用,需要认真研究、准确安放。

试以影片《我是医生》为例。影片主人公吴孟超的身份包括:院长、医生、父亲、老师,而在影片中用的比较多的是:吴孟超、吴老,还有父亲、老师(恩师)等。在具体使用场合有如下规律。

1. 吴孟超:绝大部分时间使用的称谓。主要用于工作场合,与其他医生护士在一起,体现出中立性正式感。

例如:这时,吴孟超与医生护士们走进病房。

又如:吴孟超召集医生们研究茜茜的手术方案。

2. 吴老:是对学术权威、对长辈、对老师的一种尊称,所以,常用于他与学生弟子一起活动的场景,或者在家中与女儿在一起的时候,体现出一种特殊身份和亲近感。

例如:女儿吴翎给父亲洗脚,吴老拿起几张资料在看。

又如:吴老、赵一涛一行来到夜排档。

再如:吴老亲自给病人喂药。

3. 老师、恩师等:便于体现和处理特定的关系。

例如:"赵一涛拉住老师",又如:"张素素紧紧拥抱恩师"。这个时候如果用"吴孟超",既体现不出师生关系的亲密,也会显得不够尊重和妥帖。

4. 避免重复。这种情况是指同一段解说中,刚刚使用了"吴孟超",随后就可用"吴老",以避免重复。

例如:一辆黑色轿车在吴孟超家门前停下,吴老缓缓下车。

又如:吴孟超兴致很高,赵一涛却没多大兴趣,落在三五步以外,吴老察觉了。

从上述可见,灵活运用不同称谓从语言表达上来说具有许多好处:可以多侧面地反映对象身份内涵;可以使表达更加生动灵活;体现特殊的场合、特殊关系和特殊意义;可以增添影片的吸引力和感染力。

(四) 镜头术语表述

在电影中,场景都是通过摄影机镜头不断变化的视点、焦距和取景构成的,引导观众随着场景变化,视点移动并受到感染,最后趋向认同。一部电影往往要拍摄数千个镜头,导演和剪辑师根据需要精心挑选,去芜存菁,按照最富于电影银幕效果的顺序组接起来,这就是所谓的蒙太奇。

有观点认为,蒙太奇可以分为两大类:叙事蒙太奇和表现蒙太奇。叙事蒙太奇是通过镜头组接叙述一段故事,包括时间顺序和空间顺序。表现蒙太奇则是通过逻辑上具有一定内在联系的镜头并列组接,用来暗示、说明、创造一种寓意,抒发某种情绪,激发观众联想。

我们在撰写脚本时会遇到这样的问题,影片通过移动摄影机和镜头变化,去引导和影响观众。脚本撰稿中,是否也应当跟随这些位移和变化去描述,突出强调某些视点,某些重点,乃至隐藏在后面的东西?

具体的蒙太奇手法,有人总结归纳出十几种。

笔者以为,尽数描述显然不现实也没有必要。但可以有所挑选,采取常用易懂的方式和语言,对于那些蒙太奇手法或曰镜头变化进行一些展示,以增强解说中的电影感和视障观众的体验度。以下这些基本术语应该掌握并有所运用。

镜头景别:远景、全景、近景、特写;

镜头移动:推、换、摇、移;

镜头角度:俯视镜头、仰视镜头、平视镜头;

还有一些手段,如叠化、延长、反复切换、慢动作等特技;

这些镜头组合和方法运用所产生的综合效果往往是千变万

化的。撰稿者需要依据影片具体场景的理解来加以选择和描述。

比如人物特写,人物眼部特写是运用的比较多的蒙太奇。人物目光往往是表现人物之间关系,表达人物关注点,带动观众走入场景的一个重要手段,甚至被认为是电影表现手段中一个独特的核心元素。《现代电影美学》一书中,细致阐释了"目光"特写的作用及功能:"目光与欲望的衔接,目光与诱惑物的衔接,注定使目光具有既是'叙事艺术',又是'视觉艺术'的双重特征的艺术中发挥这种核心作用。"①

在撰稿中对于影片镜头转接,哪些时候需要表述,哪些时候可以不说,并没有标准性规定。笔者在此提出几个原则供撰参考。

1. 便于视障观众能够清晰地感知影片画面变化,跟上影片情节的演进节奏,不能为了表现而表现。

2. 根据时间窗口长短来确定是否使用,形式服务内容,灵活变化,适宜为上。

3. 依据影片的题材风格,与镜头内容紧密结合。镜头在进入回忆和跳出回忆时一般要用,场景有大的转换时要用,镜头用来强调情绪、情感时要用,展示增强视觉效果时要用。

4. 少用生僻的专业术语,尽量口语化,通俗易懂。下面是撰稿中常用到的镜头转换用语:

(1) 按照时间顺序切换场景:可以直接叙述,或者加上"接着"、"随后"等,注意体现进度和速度;

(2) 同一时间不同场景的切换:如"镜头跳到"、"镜头转到"、"与此同时"等;

(3) 现实与回忆场景之间切换:如"想起"、"眼前浮现"、"画

---

① [法]雅克·奥蒙、[法]米歇尔·玛丽、[法]阿兰·贝尔卡拉等:《现代电影美学》,中国电影出版社 2016 年版,第 250 页。

面回到"、"镜头转回"、"思绪闪回"等；

（4）交代镜头运用或拍摄手段：如，镜头推至、镜头拉至、特写镜头、长镜头、叠印、渐显、渐隐，等等。

另外，要注意观察和表述一些影片中特殊镜头构图所表达的特别含义。如冯小刚导演的影片《我不是潘金莲》，部分镜头采用"圆形画幅"，这是极为少见的。很多观众看了以后心存疑惑，也有评论者认为，冯小刚及其摄影师对圆方长三种构图变化的探索，艺术创新的精神值得肯定。圆形镜头显示视觉效果逼仄，但又焦点明确，像一个偷窥的管道，一个可以看到别人，别人却看不到我们的道具。真实地反映了当下"吃瓜群众"当看客的心态。影片还特地运用了方形和宽屏画面，笔者以为在脚本当中应当把该片的三种镜头画面变化表述出来，以体现时代发展进步的投影和暗喻。

图 4-7　影片《我不是潘金莲》剧照

台湾淡江大学教授赵雅丽认为："上述的现象的确都是将一些电影的某些美学符码，表现介绍给视障者时所面临的一些挑战,但这样的问题,似乎也不足于阻挡视障者希望接近电影特殊表现的好奇与可能。"在赵雅丽教授的视障者调查访问中,有两位受访者不约而同地提出了极具建设性的建议:可以适度的在镜头转换时加入摄影机的效果,作为提示。这样视障者不但可以自行从镜头转换的讯息中,推论出场景、角色、空间关系等情节内容,也可让视障者直接从剪接的节奏中,感受影片的风格表现。①这里又再一次实际印证了我们所讨论的,在解说脚本中适当加入镜头转换用语、镜头表现手段的功能性与必要性。

五、解说与对白

影片对白(台词)是电影内容的重要组成部分,具有刻画人物性格,反映人物心理,表现人物情感,推进故事发展的作用。在无障碍电影中,对白则更是视障观影者理解影片情节,了解人物状况,把握影片主题的重要信息来源。有的影片往往对白较多,用来叙事和人物交流。而在对白的过程中,经常发生说话主体变更、人物表情变化,还有动作辅助、场景移动等情况。因此,解说脚本有时须在对白的间隙中插入解说词。

对白中插入解说,首先要符合影片内容和解说词的要求,见缝插针,文字准确简短,贴切达意。笔者在审稿中发现,这个环节往往是一些撰稿新手容易忽略的。有的时候大段大段的对白就这样照录过去,没有插入解说,甚至没有必要的解说。这样势必主观上失去了对对话场面的过程掌控和节奏调节,客观上增加了视障观众的理解难度。

---

① 参见赵雅丽:《言语世界中的流动光影——口述影像的理论构建》,台湾五南图书出版股份有限公司 2002 年版,第 186、187、256、274、304 页。

笔者根据撰稿实践,归纳出在对白中加入解说的大体情况。

(一)对话中穿插动作

如:影片《山楂树之恋》中,男主老三来看女主静秋,这时静秋正在写一篇关于山楂树的文章,静秋嗔怪他走时不打招呼。老三走近静秋,解释道:"走得急,没时间过来说一声。"此处需插入解说:"这时,老三掏出一支钢笔,递给静秋",视障观影者才能理解老三的下一句话:"你那支钢笔漏水了,以旧换新吧。"两句台词之间时间空隙只有三四秒,加注了【稍快】。这样,对白和动作衔接上了,观影者容易听明白。

(二)点出人物身份

在三个人或三人以上的对白中要注意插入解说。

如影片《紧急迫降》中,B2174民航客机起飞时,发现起落架有故障,无法正常升降,机组人员启用各种紧急方式均无法放下起落架,只好选择紧急迫降。在机场指挥中心里,市党政领导、民航局长、机场负责人和专家等在商讨飞机紧急迫降的有关问题。此刻是人物多、身份多、话题变化多,对话中插入解说尤其必要:

1:05:40　指挥中心会议桌前围满了领导,大家七嘴八舌地争论。(介绍场景概貌)

1:05:47　对白:我的意见,如果要迫降的话,就在跑道上迫降,这种大型客机自身重体积大,如果在其他场地降落,不可预见的情况太多,危险性更大。

对白:我们跑道状况是一流的,前不久刚完成改造,覆盖了高强度沥青,相对来说……。除了这个地点,还有时间,什么时候降合适一定要掌握好,带多少油降?带多了,起火的可能性就增加了。带少了?那就是一锤子买卖,连复飞的可能性都没有。

1:06:11　空管局长说。(介绍人物身份,专业人员讲得出专业问题。)

　　1:06:14　对白:这天上的事我们是外行,但是不论你们做出什么样的决定,一切责任都由我们来负,市里最高领导今天都到这了,我看开常委会也不过如此。

　　1:06:30　市委书记为大家减压。(点出人物身份,市委书记作为一把手说话居高临下,有原则,敢担责。)

　　对白:是呀,所以说你们有任何要求只管提,今天市里各个口子的负责人都到位了,我们一定配合好,确保万无一失。

　　1:06:43　市长也明确表态。(点出市长身份,配合书记积极表态,抓具体协调落实)

对白中插入一些必要的解说,可以丰富解说词的内涵。原先撰稿志愿者提交审核的稿子,因为没有插入必要解说,所以说话者角色不清,更没有能体现出市党政领导在这场危机中坚定的态度和敢于担当的精神。

(三) 缓和节奏、提示要点

　　如影片《小时代》中,Kitty 给新招聘的总经理周末助理林萧布置工作任务时,有两大段台词。这就需要在台词中间找出转换点。比如在 Kitty 的台词开始前,插入解说:"Kitty 叮嘱",和下面"第一、第二、第三……"的对白无缝衔接。这样只用了一秒多的时间,就起到了缓冲并强调的作用。

(四) 提示人物表情心理

　　还如影片《紧急迫降》中,乘客"刺儿头"再次发火,乘务长丘叶华和乘务员舒骏处理一节:

　　30:31　说话间,一个乘务员慌慌张张跑进来。

　　30:35　(对白)你干嘛那么慌张?你现在的一举一动都会影响乘客情绪的,镇定点,明白吗?

　　30:44　刺儿头乘客又发火了,(出现新的对话主体)

30:46 （对白）说返航它为什么会下降呢？别以为别人都不懂,这里面肯定有问题!

您放心,有什么情况我和你一样在飞机上的。

什么意思？你跟我比？你算什么东西,跟我比？

31:12 舒骏忍耐着,（表现乘务员的职业素养）

（对白）对不起,也许我说的不对,只是请您不必太紧张。

跟我比,你比得了吗？我每个月扔给你们航空公司就好几万呢! 跟我比,我告诉你,我下次再也不坐你们这家公司的飞机了。

30:31 丘叶华过来和舒骏对视一眼,（提示对话人物将发生变化）

30:33 （对白）先生,对不起,我们有什么服务不周到的地方,我向您道歉。

您千万不必,我保证,下这班飞机,我就不当乘务员了,行吗？

听听,这什么态度？

对不起。

31:48 丘叶华一边道歉,一边把舒骏带往休息间。（矛盾冲突结束,对话主体离开）

有了这样几句插入对白之间的解说交代,尽管节奏很快,听的人还是很容易明白的。

（五）会议场面点面兼顾

会议内容的表述,既要关注发言人,还要兼顾会议场面,尽量做到点面结合,主体清晰,客观还原。

如影片《遵义会议》,由于题材的缘故,会议场面是该片的重头戏,占了相当大的篇幅,而且有人物讲话比较长。比如:

1:02:33 下午会议继续,会场上大家都沉默着。（描述

会议场面）

1:02:42　毛泽东揿灭烟头,站起来发言,(点名发言主体)

对白:博古同志的报告,用红军不能粉碎五次"围剿"的种种客观原因,来掩盖军事指挥上的错误,这是不可取的。……

为什么前四次的反"围剿",我们都胜利了,而唯独这一次,我们却失败了呢？今天我想和同志们把这五次反"围剿"的情况回顾一下。……

1:04:32　【快】大家认真听着。(插入解说,适当照顾会议场面)

1:04:34　对白:博古同志对第五次反"围剿"的失败总结了六个理由,第一,……

你这是报复我,

1:05:10　【快】李德坐不住了。(点出插话人物)

对白:是因为我批评过你。

我是实事求是,以理服人,有理说理。华夫,不了解红军,只了解德军。他不打堡垒战打什么战？他要为他的上级负责任,他的上级是谁啊？曼弗雷德施特恩。……

1:06:11　【快】李德拂袖而去。凯丰站了起来,(动作体现人物情绪,同时点出新的对话主体)

对白:毛泽东同志,你也就是多看了几本古书,三国演义、孙子兵法。

好啊,凯丰同志,那我倒想问你几句,三国演义有多少回,孙子兵法又有几章？

1:06:32　凯丰坐下,林彪插话,(讲话人变化)

对白:不懂不可怕,最可怕的是不懂装懂。……

1:06:38　聂荣臻发言,(讲话人变化)

对白:你们现在军事指挥上的最大问题是,……

1:06:55　【快】彭德怀站起来,(讲话人变化)

对白:我也经历过,过去也讲过,但是有些人没听到。……

1:07:33　【快】彭德怀气呼呼地坐下,刘伯承站起来,(体现讲话人表情,点出讲话人变化)

对白:这些我们不是没有看到,谁敢提?提了就是对战争的动摇,就是机会主义,就是反革命。……

1:07:54　朱德接着说道,(讲话人变化)

(对白)如果继续这样错误的领导,那我们就不跟下去。……

1:08　【慢】听了大家的发言,博古眼神中透出不满与无奈。会场陷入了一片沉寂,只有淡淡的烟雾在会场上缭绕。(对会议场面描写,同时体现出会场氛围与参会人员心情)

在对白中插入解说的情况多种多样,在此无法悉数罗列。哪些地方不用插入解说词,也要有所把握。比如,两人对白,特别是男女人物的对白可不插,没有特别需要的可不插,时间不够不要硬插。

总而言之,在影片对白的中间插入解说,有的时候的确是必要的,就像指挥棒或者味精一样,没有它们,可能呆板枯燥,平淡无味;用上一点,整个场面就会生动鲜活起来。

六、抒情与议论

抒情与议论作为带有一定主观因素的表达,是否应当出现在解说词中?前面已经有专节从理论层面加以论述。本节主要讲述具体运用的情境和运用方法。

当下,有一句比较流行的话:这是一个发展步伐不断加快的时代,匆匆赶路的我们,千万别跑得太快,一定要记得等等自己的灵魂。

每一部好影片,都有自己的灵魂。这个灵魂有的直白,有的隐晦,有的曲径通幽。但是都有着传递的渴求和方式。对于正常人,可能比较容易理解,对于反复观看影片的脚本撰稿者,更没有问题。但是,对于那些视障人士而言,往往具有较大难度。他们在接受影片时会损失大量乃至全部画面信息。视觉残疾的局限导致他们在观影时,思考的链条有时来不及串联,联想的画面达不到全面还原,更不要说领会言外之音、画外之意了。于是在理解影片灵魂、感受影片艺术精妙方面势必产生不少困难。这就需要我们在解说过程中适当停顿一下,加力帮扶一下。这也就是笔者始终主张并在实践中尝试的,在解说词撰稿中间,适当插入抒情议论的客观依据。

传统的撰稿理念强调要留有余地,要让视障观众自己去理解去思考。而实际上,如果仅仅僵化地理解,又容易滑向另一个极端,忽略了制作无障碍电影的初心。

电影本身是一个情感的媒体。表面上,人们看电影是在看故事,但实际上,他们是在体验情感。激起观众预先规定的情感,往往是某些影片的必要条件。"空气在颤抖,仿佛天空在燃烧","暴风雨要来了",这是 1977 年在中国上映的影片《瓦尔特保卫萨拉热窝》中令人记忆尤深的经典台词,其中包含的抗争的勇气和力量,极大地起到了渲染情绪的作用,也是某种斗争行动的暗示。

回头来说,当影片来到那些情绪尤盛的关键时刻,解说词撰稿者却要把自己的情感关在门外,强调客观冷静,而不去体会、升华、传递这种激情,撰稿中完全放弃议论抒情等表现手段,或许并非正确。

无障碍电影解说词中涉及的议论和抒情,与传统写作中以说理、分析、论证、推理为经脉的议论不同,也与单纯的抒发情感,以情动人不同。往往是一种抒情式议论,或者议论式抒情。它们往往把抒情和议论融合在一起,去进行情绪丰沛、由内而外的评论和升华,从而打动视障观众。往往出现在"情到深处,不得不发"的桥段。其所表达的并非撰稿者自己的观点和情感,而是来自影片的血脉、编导的取向,是撰稿者将编导在影片镜头中所隐含的"观点",用语言文字表述出来予以强调并达到一定的深度。

在方法论上,运用抒情和议论要"知时节"。这里的所谓"时节",是指时间节点。在恰当的时间节点,加上恰当的议论抒情,是对视障观影者缺失画面信息的必要补充。从实际效果上说,有助于视障观众借此联想银幕上的画面,加深对影片重要场景、关键情节的体验,有益于他们增添特有的观赏效果。

这种抒情议论的目的指向大约有如下几种:

(一) 强化人物内心冲突

影片《紫日》中人物性格激烈冲突的一段戏。听到天皇宣布日本投降,绝望的秋叶子端起冲锋枪,对准了一同逃亡多日对她照顾有加的娜佳和杨玉福。影片三个主人公在此刻只有动作与表情,没有对白。笔者在撰写解说词时,就适当添加了议论。例如:

解说:广播声中,秋叶子的手微微颤抖,但她并没有开枪。杨玉福扔下刺刀,直视着秋叶子的眼睛,迎着枪口,一步一步地走上去。(以下为议论)此刻,不仅是枪与人的对峙,更是心灵的搏斗。

又如:

解说:杨玉福的胸膛抵住枪口往前走。秋叶子慢慢后退了,哭出了声。直到背靠装甲车无处可退,她把枪扔在地上,捂住脸痛哭起来,声嘶力竭。(以下为议论)她实在不知道该怎么办。

这一段场景的无障碍解说词在描述他们三人的动作表情外，特别通过秋叶子的动作、神态的描述和适时插入的议论，揭示人物的内心纠结，不仅填补了没有对话的较大空白，还有助于外化人物内心，体现性格逻辑。

（二）服务主人公心理转化

印度故事片《我的个神啊》，用了很大的篇幅描述了主人公、来自外星的 P.K 为了找回被抢走的飞船遥控装置，走上了虔诚的寻神拜神之旅。影片同样有大段无对白的画面，解说脚本除了要把 P.K 所作所为描述清楚之外，还需适当地对 P.K 的内心活动一些解析式议论。首先是进行描述。

解说：P.K 和印度教徒一起在十胜节当天去恒河边沐浴洗刷身上的罪恶，换取神的接纳；他把牛奶倾倒在石柱上，用以供奉神灵；他走入了基督教堂，接受了神父的洗礼；他和锡克教的教徒们一起在殿堂里磕头跪拜。在印度教的 Somavati Amavasya 节日上，P.K 游走在拥堵的街道上，额前涂着鲜艳的姜黄粉，跟着成千上万的印度教徒一起泼洒黄色粉末；在基督教堂里，P.K 跪在地上，向着上帝祷告，诉说自己的愿望，却只能失望而还。

经过对一连串的场面描述之后，该有所归纳，明晰导演意图了。于是解说中加上了一句议论："P.K 一次次地期待着神能够听到自己的祷告，实现他回家的渺小愿望，却一次次地经历希望落空的挫伤。"

随后又进一步描述。

解说：P.K 仍然没有放弃对神的期望，他跟着伊斯兰教徒虔诚跪拜，他为锡克族教徒们擦拭鞋子，像印度教徒一样在手腕绑上圣线，他参加伊斯兰教的什叶派的纪念仪式，用铁鞭抽打自己的身体直到鲜血淋漓，……

这些描述暗示虔诚的 P.K 已经做到了极致，可得到的仍然是失望。于是，他开始产生怀疑。接着，解说词通过对闪过画面描述与议论结合，对影片主题予以提升："这个世界有如此多的宗教，到处屹立着印度教的神像、基督教的十字架、佛教的佛祖像，到底哪一个才是自己应该信奉的呢？P.K 乘车奔波，徒步跋涉，到处找寻着他的所求。"

此处解说词在描述中夹入设问式评论，有助于表现 P.K 的认识转化，引领视障观众思考影片探讨的宗教文化，感受主人公内心世界的困惑和彷徨。

（三）揭示人物精神和影片主题

影片《我是医生》中的一个片段：

画面，一个夜晚，吴孟超在看望了第二天就要为她动手术的女儿后，离开病房，走在医院的大厅里。

1:30:08　夜半，灯光昏暗的医院大厅里，吴孟超一个人坚定地走着，（以下是议论）他决心勇敢面对各种困难和可能的失败。

这里的议论虽然只有一句，但是分量很重。这句议论之根，来自影片前面所做的多处铺垫：他忙于工作，却忽略了对唯一亲人——女儿的关心，女儿罹患癌症，他刚刚与女儿推心置腹；回忆中老师陈汉给他以鼓励，还有美国某癌症疫苗公司开发出首个具有癌症免疫治疗里程碑意

图 4-8　影片《我是医生》海报

213

义的前列腺癌疫苗,却仍破产的消息。吴孟超却逆流而上,投入人力物力建设实验室。这一句议论,可以更加凸显主人公的形象和精神。他是一个平凡的人,有着常人的至爱亲情;他又是勇往直前的战士,是具有大爱大美的医生。吴孟超之所以能够达到人生事业的巅峰,完全因为他无私忘我的精神,不怕艰险的信念,来自医学前辈的精神传承。短短一句,既是实景的描述,又具有象征意义,毫无突兀硬装之感。

镜转而意显,情动而辞发。这里的抒情议论,夹叙夹议手法的作用显而易见。虽然只有短短一两句,但是往往包含着很大的信息量,承前启后,归纳提升,传递精髓,导引观众。当然运用中须注意语言精练,点到为止。

(四)适当留白

最后谈谈留白问题,也就是说,在某些场面,不需过多抒情议论。

严格地说,这是一个与抒情议论反向的问题,但又是一个值得讨论和应用的手法。

以影片《不能说的夏天》为例。音乐系新生白白被李教授诱惑性侵之后,这个神情迷糊,甚至怀有幻想的女孩来到了李教授家的外面。

影片第53分左右,有一组李教授、其妻林教授与儿子在家中的场面,而心情复杂的白白来到了教授家的院子围栏外。

54:14　【慢】李教授家院子栅栏外,穿着蓝色外套,戴着墨镜的白白看着屋里的教授夫妇和儿子一家人温馨的场面,眉头微锁,嘴角下垂,泪水流过她的脸庞。远处雷声隐隐约约。

54:34　镜头切换到海边,海浪翻滚,滔滔不绝。白白孤零零地坐在海边巨大的水泥防波桩上,那么渺小而柔弱。

按正常语速,这里的解说到 54:45 就可结束。而下一个画面开始是 54:53,就有了 8 秒钟的空白,撰稿者并没有充填解说,而是特意留白,让滚滚海浪的音效更加突出,以映衬白白内心的浪潮涌动和思想斗争。此刻是她抛弃幻想,走向清醒和抗争的一个转折点。随后,白白开始尝试寻求律师的帮助,最后走上了起诉李教授的道路。

必要的留白并不是空白,而是服务于观影者的思考品味的需求。

图 4-9　韩颖与复旦大学《不能说的夏天》解说脚本撰稿志愿者交流(上海光影之声提供)

七、象征与隐喻

"赋比兴"是中国古代诗词的三种主要表现手法。南朝钟嵘在《诗品》中,评论阮籍的诗善用赋比兴手法时曰"言在耳目之内,情寄八荒之表",以推崇"文以尽而言有余"的创作观点。撰稿者要善于从我国的古典文学中汲取养料,丰富和滋润我们大脑和眼睛。

在电影艺术中,象征和隐喻手法的大量运用为电影带来了无穷的意象和回味,已经成为电影创作者表达主题、传达内涵的有力手段。

简单地说,象征手法就是通过一些形象描写,寄予其超越具象的概念、思想和感情等抽象内涵。而隐喻又称隐喻蒙太奇,它通过镜头或场面进行类比,含蓄而形象地表达创作者的某种寓意。隐喻蒙太奇将巨大的概括力和简洁的表现手法相结合,往往具有强烈的情绪感染力。

那么,这些象征和隐喻手段在电影的制作过程中,一般产生在什么阶段呢? 在一本电影分镜头脚本设计教程中,著者把包括省略、隐喻和象征内容的这一章称之为"画面表现手段",并置于"蒙太奇"和"镜头的顺畅连接"的两章之间。内容论述十分详细:隐喻包括了造型的隐喻、喜剧的隐喻、思想的隐喻;象征则分为画面的象征主义构图、画面的潜在或含蓄的内容。这里,笔者不想讨论分类的准确性,只是觉得由此可以说明,电影中的象征和隐喻的应用,大部分应当在导演拍摄之前已经有所考虑和设计,是导演把影片从文字变成视像的基础性作业,是分镜头脚本的必要组成部分。当然,也不排除有一些是导演及摄影的现场灵感爆发,神来之笔。建议初学的撰稿者,如果有时间,读一些此类的书籍,对于帮助理解和表达影片中隐喻象征手段一定有益。①

一部好电影,不可或缺的元素必然包括象征和隐喻。

知名电影研究学者贾磊磊认为:"优秀的电影艺术家会在叙

---

① 李杰:《分镜头脚本设计教程》,中国青年出版社 2018 年版,第 124—127 页。

事的过程中不断追求影像的隐喻功能,尽量实现电影的叙事性与隐喻性的相互统一、电影的叙事效果与隐喻效果相互融合。"①

从无障碍电影解说脚本撰稿的角度来说,要做的是,将上述的"相互统一"、"相互融合"首先统一于融合于解说脚本之中,设法表现好影片的隐喻和象征。这个问题既是无障碍电影解说撰稿的重点之一,也是难点之一。有曰,明示义易讲,隐含义难言。要把象征和隐喻手法带来的艺术感觉,融汇于影片解说词对情节和人物描述之中,用语言的方式再现给视障观众,的确是一种挑战,但又是一位成熟的撰稿者必须面对的。需要通过自己的努力和灵感,让视障观影者更好地走近编导,走进影片。

从实践的角度来看,可以从这两个方面入手。

（一）找出并描写影片中的象征和隐喻

严格地说,象征与隐喻是有着一定的区别的,象征指向观念,而隐喻则指向具体事物;象征突出意义的理性和自在性,而隐喻则体现意义的关联性和经验性。于是,在具体的影片中,象征往往贯穿全片,而隐喻则不然。在具体的电影作品中,象征和隐喻往往同时存在,有的时候还很难区别。但是总的说来象征高于隐喻。

一般来说,每一部影片都有属于自己的象征和隐喻元素,其区别就在于形式的不同和数量的多寡。

美国资深电影教授吉姆·派珀曾经这样说过:"如果在理解一部电影中的象征上没有障碍的话,那么弄明白整部电影就应该没有问题了。"②

对于无障碍电影撰稿者而言,需要的是先搞清楚影片中的象

---

① 贾磊磊:《什么是好电影——从语言形式到文化价值的多元阐释》(修订本),中国电影出版社 2015 年版,第 16 页。

② [美]吉姆·派珀:《看电影的门道》,曹怡平译,北京联合出版公司 2016 年版,第 251 页。

征和隐喻,才能在描述中不走偏。

美国影片《阿甘正传》有着许多带有象征意义的设计。如主人公阿甘的奔跑象征着流动在阿甘血液中的一种精神,奔跑扭转了他的命运,他也在奔跑中获得了快乐和自信。他的奔跑象征着一种不计较前程得失但始终向前的态度。又如影片对那一根飘舞的、洁白的羽毛的艺术处理,也使得影片无比精彩,耐人寻味。如果说,阿甘的经历映射着美国几十年的变迁,那么影片从头到尾所出现的那根羽毛,便象征着阿甘戏剧性的一生。正如影片中那句经典台词所说:"生命就像那空中白色的羽毛,或迎风搏击,或随风飘荡,或翱翔蓝天,或坠入深渊。"羽毛虽柔弱,却隐喻着阿甘的人生,在强风中尽情摇曳,即使落在了地上,也会被再次吹起,永不停息。还有全片不时出现的"妈妈说……",最初让观众觉得有点可笑有点可爱,但是随着故事的深入,妈妈已经更多地具有象征意义,成为上帝的象征,成为哲学家、箴言家的象征。她不时地在为影片增加思想的深度,为突兀的情节作着诠释,为阿甘的生活做着小结。

又如影片《紫日》中,太阳落山的画面镜头曾经先后三次出现,体现着编导深刻的隐喻之意。

图 4-10   影片《紫日》海报

218

第一次:逃过日军追击的杨玉福没有杀那个把他们带入日军地雷阵的日本女学生秋叶子,只是他与娜佳两人丢下了秋叶子,踏上了逃亡之路。解说:"太阳西垂,晚霞尚红,娜佳和杨玉福又踏上了逃亡之路。这次,他们没有带被绑在树上的秋叶子。"而后来,经过一番思想斗争,他们还是把秋叶子带上了,三人共同行走在夕阳下的山坡上。

第二次:三个人逃离了老虎之口,继续跋涉。解说穿插在对话中。画面:三人走上布满红叶的山坡。解说:"他们走上了一个高高的山坡。"画面:三人站住,看到落日。解说:"展现在他们眼前的是即将落山的太阳。落日美景让他们心醉。秋叶子感叹道:'多美的太阳!'夕阳映照着三人,渐渐西下。"

第三次:战斗终于胜利了,日本兵被迫投降。但秋叶子却被垂死挣扎的日本军官打死了。这时日落的含义就很丰富,需要浓墨重彩。

画面:血红的落日。解说:"落日是那么血红,发出紫色的光芒。装甲车收音机里传出日本投降,将举行受降仪式的消息。"

画面:杨玉福捡起八音娃娃。解说:"杨玉福捡起八音娃娃,感慨万千。娜佳凝望着落日:瞧那太阳,紫色的……。杨玉福也抬头看去,落日是紫色的。在紫色落日余晖下,战败的日本兵排着队,纷纷扔下枪支,扔掉钢盔,脱下军服。"

画面:夕阳下的日本兵缴械。解说:"夕阳低垂,一队日本兵丢弃着武器装备,融进落日,成为灰色的剪影。"

画面:娜佳、杨玉福和人们一起走。解说:"娜佳、杨玉福和日本伤兵、平民们迎着落日,走向光明,走向新的生活。"

画面:夕阳。解说:"半个夕阳,紫色更浓了,鬼子兵继续扔着枪支。"

按照所谓的"中心意象"理论,在影片的上述场景里,落日已经不是简单的时间元素,也不仅仅是美丽的自然景色,而是形成了反映影片主题的"中心意象",即:"有意味的色彩(紫色)＋有意味的自然物(落日)＋反复出现",三者的叠加会产生化学反应,可以充分体现出以太阳为国旗军旗的日本军国主义,在世界人民正义力量的团结抗击下,最后走向灭亡是必然的,是不可抗拒的。隐喻之意深刻而清晰。

成都青芒无障碍影院的撰稿者吴润齐曾经在他的微信朋友圈中晒出其撰稿脚本中比较满意的几个段落,并说"发现我很喜欢戳破电影中的隐喻"。例如他所写的影片《少年的你》中的一个场景画面:高考第一天一大早,下着大雨,学生和家长都撑着雨伞,拥挤等待在考场学校的大门外。

图 4-11　成都青芒无障碍电影团队吴润齐(吴润齐提供)

解说：

考试前的片刻宁静之后，警戒线被拉开，高考大军步入考试区，一顶顶雨伞倒下来，放在地上。陈念放下书，跟着人群前进。红的黄的黑的绿的，各种颜色的保护伞，都到了履行义务的终点。

解说词把编导通过雨伞对社会现实的隐喻揭示得十分透彻。用雨伞来隐喻家长对孩子的关照，是一个很具有中国特色的隐喻。只要你当过高考生，或者做过他们的家长，都会深有感触。孩子进入大学，一般来说，家长的遮风挡雨，悉心护佑的任务就基本结束了。

无障碍电影解说脚本中，撰稿者一定要细心观察，努力将这些视觉形象中象征和隐喻的内涵，作出清楚的表达或必要的说明，同时还要做到含蓄生动，雅致有文，以帮助视障观众提高观影的审美感受。

（二）运用比喻和象征让解说词更精彩

比喻和象征对于联想有着重要的启动效应，它有时候会产生奇妙的效果。曾经有一个生动的故事：

美国历史上有一位最了不起的保险推销员——本·费尔德曼，1992 年，他因脑溢血住院。80 岁的他躺在医院的病床上给客户打电话，28 天里卖出了价值 1 500 万美元的新合同。费尔德曼的成功方法就是，他是一个善用比喻的高手。他从不会强迫潜在的客户，相反，他会用比喻暗中启发他们。比如，他形容生命走到尽头的人为从生活中"离开"，让人联想到家庭责任里留出了有待填补的空隙，接着他又马上使用比喻，把寿险形容成解决方案，说"等你离开了，保险金会顶上来"。大多数客户能理解购买寿险在道义上的隐喻意义，于是会拿定主意。

精准用词和比喻，当然不是任何人都能随意做到的。只有在洞穿事物的本质以后,才能联系到大家熟知的事物从而打出精妙的比方。这是追求语言表达形象化所必须的努力。

撰写无障碍电影解说脚本,也要善于运用比喻的方法在两种事物之间建立联系,助力视障观影者激活思维,产生联想,并由此留下深刻印象。

美国口述影像专家施耐德博士在上海的讲座交流活动时说:要会用比喻,象征来修饰。比喻和象征等修辞手法,可以使解说更具有画面感,有情趣和有想象力。这些语言可以帮助视障观影者在理解这些画面的时候,增加合理的艺术性。

许多撰稿实践也证明的确如此。

比如,赋予具体物件以生命。纪录电影《盲行者》的解说词:"夜深人静,按摩中心熄了灯。崔海滨和盲友小胖相伴回家。两根盲杖就像两根触须,舒展着在前面探路。"

比如,把不易想象的含义形象地表达出来。影片《假装没感觉》的解说词:"阿霞有着姣好的容貌,又正逢花季一般的年龄;可是,她的脸上却总有与她年龄不相称的、消不去的浓郁阴霾。"

比如,通过比喻外化内心感受。影片《三峡好人》的解说词:"此时沈红的心,像掉进了冰窖,她也似乎预感到了什么。"

比如,抽象内涵用对比引申。影片《三个俘虏兵》的解说词:"火柴慢慢地熄灭了,老柳的心里却亮堂了起来。"隐喻手法表达原国民党士兵老柳慢慢地了解和信任红军,形象而不显得生硬。

比如,渲染细节之中的意蕴。影片《三峡好人》:"三明咬下了一半,把另一半递回到幺妹手中。温柔的幺妹也蹲下身来,把那半块奶糖放进了自己的嘴里。离散了十六年的苦难夫妻,如今又共同享受着卑微生命中的这一点点的甜。"

比如,用喻体的真实意象表现抽象的舞蹈语言。影片《逆光飞翔》中描写老师舞蹈："老师翻身旋转，慢慢起身，变成了一只自由的鸟儿，双臂如同天鹅的翅膀，自由地舒展着，身体则如轻盈的燕子，温柔旋转。"描写小洁的舞蹈："她在阳光下，像一只迷失了方向的小鸟，迷惘的眼光，双手不断地向空中探索着。"

解说稿撰稿人，应当是一个具有艺术敏感性和创造精神的人，能够把那些电影中的比喻象征元素，负载上具有感染力的思想、含义、形象，清晰地传递给视障观影人，让他们更深入地领略电影的魅力。

八、插曲与音乐

现代电影中，插曲和音乐的作用从来都是被肯定，被强调的。说实话，插曲与音乐的作用确实很多。比如，电影开篇的音乐就如序曲，能体现出影片的整体风格和气氛，音乐有时能暗示环境和人物性格，有时还能主导情绪或预示将来发生的事件。音乐有一种向观众传递信息的独特能力。我国著名导演江海洋这样谈到对电影音乐的理解，"音乐是电影的量子发动机，它所凝聚与发散的能量难以估算：抚慰情绪，触摸心率，唤起思绪，慰藉灵魂。"①当然，有的影片专门创作歌曲或音乐，还有的采用现成的歌曲或音乐。后者大多是采用著名的、有经典色彩的作品。比如前面提到的影片《触不可及》。

在观影活动中，影片中的插曲、音乐会打动视障人士敏锐的听觉和敏感的神经。撰写解说脚本，要善于利用影片的音响音乐和歌曲插曲，在可用的时间里予以描述发挥，帮助视障观影者增

---

① 《〈无问西东〉——2018 年中国电影的动人开场白》，《文汇报》2018 年 1 月 24 日。

添欣赏元素,增强欣赏效果。

贾樟柯编剧导演的影片《山河故人》,全片贯穿了香港歌手叶倩文演唱并流行于 90 年代的粤语歌曲《珍重》,令人印象深刻。看完影片以后,犹觉值得再三品咂。影片上映之后,贾樟柯在接受媒体采访时说:"《珍重》是那个时代我所喜欢的歌曲,非常惆怅的离别,不清晰的甚至充满危机的未来,还有恋人的嘱托"。①听懂了这首歌,就是听懂了一个时代的爱情。有经历的人听到了那首歌,就宛如回到了那个年代。作为脚本撰稿者,在撰写解说词的时候,对于同一首歌在影片中多次出现,有必要给予足够的重视和笔墨,使视障观众通过歌曲填充更多的影片信息。

歌曲《珍重》在影片中出现了五次,每次所用时间都不短,歌曲每次响起的场景,都有其独特的含义,已经成为影片叙事的一部分,而且与影片人物的离愁别绪十分契合。撰稿者应当从影片有机组成部分的视角来看待歌曲《珍重》,有意识地描述歌曲每一次响起,并使其与人物、情节有机融合,势必能使解说词锦上添花。

下面试对歌曲《珍重》五次出现场景解说词,以及撰稿思路进行一些梳理。

第一次,00:18:30—00:19:18 共 48 秒。

这是 1999 年底在山西汾阳小城一家杂货店里响起的歌声,顾客用带来的 CD 放入音响试音,似乎是偶然的,不经意的,但是为歌曲扎根影片打入了深深的楔子。此刻,本片的三个男女主人公都在场,充满了青春活力,但是矛盾已经显露,告别已经开始。歌曲暗示三角关系即将破裂,剧情将要发生转折。

00:18:55—00:19:07 音响传出粤语女中音的歌声,唱

---

① 《对话〈山河故人〉贾樟柯》,微信公众号"川报观察",2015 年 10 月 29 日。

道:"突然沉默的空气,停在途上令人再回望你,沾湿双眼渐红,……

00:19:10—00:19:12 这是叶倩文唱的《珍重》。

这一段撰稿时,为了求取效果,便于观众理解,撰稿者特意将这几句歌词翻译为普通话,写入解说词,还特别说明歌名和演唱者,以期对观影者形成初步印象。

第二次,00:20:55—00:21:26 共31秒。

看到沈涛喜欢听《珍重》,张晋生出去后不一会儿,给沈涛买回来一张唱片,并放给沈涛听。这一段歌曲时间相对较短,还有一些对话,影片画面上只有沈涛和张晋生两人。撰稿中,注意突出张晋生的气恼情绪,以及歌曲音量高起来时张晋生的动作。

00:20:42—00:21:04 张晋生没有答话,虎着脸走到音响前,放进一张碟片,按下启动键。这时,叶倩文的歌声又流淌出来。

00:21:10—00:21:23 张晋生还在生气,不理睬沈涛。歌声高昂起来,张晋生又猛地把唱片盒拍在音响上,转身走出杂货店。

这里主要体现张晋生情感到达临界点,为他随后的表白做出铺垫。

第三次,00:23:30—00:25:18 共48秒。

沈涛追着张晋生来到外面街道上,张晋生说出"我在乎你""所以你就欺负我"。张晋生的表白让沈涛既意外又感动。张晋生走了,沈涛走在回家的路上。

00:23:30 叶倩文的《珍重》又缓缓响起。画面转到集市,卖菜的、卖花的人来人往……歌声唱道:"突然沉默的空气,停在途上令人再回望你,沾湿双眼渐红,难藏热暖及痛悲,多年情……"。

00:23:53　沈涛站在楼台上,默默看着烟雾缭绕的街道。远处的仿古城楼,近处的破烂屋脊,以及天空中漂过的云丝,都映衬着沈涛的内心。

00:24:06　画面出现闪耀迷离的彩色灯光……。

歌声始终萦绕,成为这一段一百多字解说的背景音乐。

张晋生突如其来却又合乎逻辑的表白,打破了三角关系,使沈涛陷入了深思和烦恼。此次歌曲《珍重》出现的时间稍长,歌词也更多。尽管翻译的歌词有所重复,但十分符合此情此景,衬托出沈涛在两个男人之间的徘徊和犹豫心理。

第四次,1:24:30—1:25:18　共48秒。

这是到了2014年,沈涛带着儿子到乐回晋奔丧,来到阳明堡火车站。此刻歌声响起,寄托着对故人的怀念追思。其间有数十秒的时间没有对话,但是一根共用的耳机线,母子两人在同时聆听歌曲,影片画面温馨感人。而后,尽管画面在转换,但直到沈涛问儿子"好听吗?"歌声才戛然而止。这里的听歌,是为到乐出国20多年以后,再次听到歌曲《珍重》时那种似曾相识的感觉埋下伏笔。

这部分,如果撰稿者只写到"火车上。沈涛与到乐坐在硬卧上,他们同戴一副耳机,同听一首歌。"空留几十秒时间却没有做进一步描述,那可能会缺失了一点意味深长的东西,也失却了与2025年歌曲《珍重》再次响起时情节、情绪连接的扣攀。

第五次,1:36:35—1:38:05　共34秒。

2025年,到乐二十六七岁了。他在汉语补习班上认识并爱上了华裔中文老师Mia,于是引发了一段忘年情和关于故乡、母亲的对话。而《珍重》的歌声在这里又成为某种纽带和符号。歌声依旧但物是人非。这里是歌曲的最后一次出现,客观上唤起了对于之前每一次歌曲响起时情景的回放。在这部分,撰稿者不仅应当写到他们用黑胶唱片欣赏歌曲,还应当对《珍重》这首歌曲在此出现,对于到乐所言"好像在哪儿听过"等内容有必要的描述和发挥。

有网友对此评论,歌曲的反复出现,不仅呈现了声音记忆功能的文献性,同时也借用歌词延展了音乐的叙事功能,丰富了内涵。我想接着说,在无障碍电影解说撰稿中,则更需要把这些告诉视障观众,使之成为把握理解影片脉搏的切入口,让动人的歌声既萦绕在他们耳边,更沁入他们的内心。

九、复杂场面与加减之法——兼论"声画不同步"

在撰稿实际中,不少时候会遇到影片中这样的复杂场面:战火纷飞的战争场面,风云变幻的群众场面,还有眼花缭乱的打斗场面等等,撰稿者若要都予以详细的描述,时间显然不够,而且视障观影者也可能会陷入茫然无绪之中。这个时候可以采取对相似事物进行区分,条分缕析地进行描述。

有一位初学撰稿的大学生志愿者,上手就尝试写作美国战争大片、奥斯卡最佳影片奖得主《血战钢锯岭》。这部影片的特点是非常真实地还原了冲绳战役的宏大背景和点滴细节。枪林弹雨撞击金属的声音,技术含量高而且复杂的音效,显示了一场真正的战争场面,用视听形式展现了"战场绞肉机"的残酷。撰稿学生在开头部分就遇到了难题。那是近两分钟的复杂战场片段,抬着男主人公军医戴斯蒙德的担架两次出现,与长长的战场镜头交织在一起。而且此部分战斗场景有许多重复或类似的画面,诸如横飞的子弹、巨大的爆炸、熊熊的火焰,夹杂着士兵被炸飞与惨叫倒下的镜头等。撰稿学生不知道该如何下手,遂来询问。

笔者在看了片子之后给了他答复。总的意思是,如何表达描述,没有绝对的规则,最重要的一点是要把自己设想成为视障观影者,考量他们是否能够听懂听清你所描述的银幕画面。同时要明白,影片开头部分反复出现的画面,其实并不是导演的任意而为,有着内在的逻辑。所以,要在熟悉影片的基础上,既可准确地写,也可概括地写,思路清才能做到笔下层次清。

此片开头部分有100多秒的时间展示战场,目的在于真实表现钢锯岭战役的惨烈,用以衬托主人公戴斯蒙德救人的英勇和艰难。而且没有对白旁白,如果插入解说描述,可以有400多字。影片的开头是整个故事的序幕和人物活动的大背景,必须写好。

笔者还建议,撰稿看片时,不仅要看,还要注意听。细心倾听分辨,然后慢慢品味它们的内容,区分各种武器的声音。在写作的过程中,要条理清晰,既要突出重点,又要避免重复。可以根据画面内容,先是美军,后是日军,再是美军……为了充分表现战斗的激烈程度,就需要注意描述战场上不同武器的杀伤力度:大炮是炸飞,机关枪是打倒,火焰喷射器是把士兵变成火人等等。还有摄影机对战场的俯拍,三维慢镜头的显示,以配合战场音效等。脉络理清楚了,笔下自然就有条理了。

这其实是一种写意的处理方式,既不是对位描述,也不是简单的声画不同步。它的目的是有序地展示战场,烘托激烈程度,结合声音的高低强弱变化来叙述战场情势,使视障观众避免在轰响声中一片混沌,不知所云。

至于影片的男主角在01:37和02:33的两次出现,第一次是一晃而过,不知姓甚名谁,解说词点到即可。而第二次则时间较长,有名有姓,就需要做具体的描述:从鲜血浸透的伤腿,到面部痛苦的表情,再到战友们的呼唤。至此将这位战火硝烟中拒绝持枪杀敌的救人英雄军医戴斯蒙德正式推出。

有关"声画不同步"的问题,在这里也做一些分析。笔者在第三章阐述了"声画同步"既是撰稿原则,又是撰稿方法,但除此之外,还存在一些例外的情况,就是"声画不同步"。

具体分析,撰稿实际中一般有这样几种情况。

（一）根据需要,调整解说内容的位置,把重要的内容放到后边时间充裕时讲述。但是注意不可距画面时间过长。

（二）把后面的内容提到前面来讲,以便理解。比如在主要人物初次出场时,就将其身份介绍到位,实际上字幕交代或称谓之后才出现。

（三）影片中镜头有时会快速交叉,切换闪回,而声画同步的解说无法跟上其节奏时,可以采用概括法,对画面主要内容进行概括,不再重复解说每一个具体镜头的内容。影片《南京! 南京!》中,为了充分揭示日军在占领南京城后疯狂屠杀中国军民的累累暴行,用了很多画面镜头来表现。从 33:25 到 36:10,接近 3 分钟的时间内,两组日本兵大屠杀的重点场面:长江边的机枪阵屠杀和废弃工厂车间里汽油焚烧,分别出现了四至五次。前者包括难民和军人站起来,被逼转向长江,踏入江水,机枪开火,死伤者纷纷倒入江水中;后者包括往车间泼洒汽油,把军人和百姓押进车间,钉死门窗,点火焚烧、投掷手榴弹等,镜头在两个场景间不停切换。与此同时,在两个重点场景画面中间又穿插了大量日军活埋、刺杀、枪杀中国军民的镜头。从反映影片主题角度来说是非常形象有力的,但是却给解说词撰写带来了很大的难度,无法完全根据画面来实写。于是只好采取虚实结合的方法。实写那两个重点场景的进展状况,每一次出现都予以具体描述;虚写那些闪过的其他屠杀场面,围绕导演的主旨进行概括表达。这部分用了两段话解说:

　　活埋、刀刺、枪杀,镜头快速跳转,日本鬼子想尽一切办法屠杀着中国人!

　　镜头继续闪过中国士兵被活埋、被刺死、被射杀的惨状。

令人发指的屠杀还在进行，无数中国战俘和百姓被杀害。

这样，此部分解说词就有主有从，较完整客观地表达了影片所要突出的重点，也便于配音解说和视障观影者理解。

最后，再顺便讲一下解说词撰稿的减法与加法。

世界上的事物都充满了辩证法，在一定条件下，有的事加了就强，有的事减了反而佳。实践已经充分证明，撰写无障碍电影解说脚本，既是加法的艺术，更是减法的艺术。

无障碍电影解说脚本，就是为视障者描述其无法知晓的视觉信息，如：自然风景、人物状貌、市场商品、餐桌菜色、文字字幕等等。在原有的影片对白、音效的空隙之间，插入适当的解说，或者是在没有声音语言的部分，填充画面的内容和意蕴。这就是所谓加法的艺术。电影可以不语以镜，撰稿人不能保持沉默。

王世杰曾经对笔者谈起他为历史故事影片《建党伟业》撰稿时做"加法"的体会。他说，影片从 1911 年辛亥革命爆发开始一直叙述至 1921 年中国共产党第一次全国代表大会召开为止，共 10 年间中国所发生的一系列重大历史事件，来自国内外的诸多矛盾在十年之中汇集，最终促使了中国共产党的诞生。电影中出现了众多历史人物，而且其中不少人物不为人所熟知。因此，他在撰写《建党伟业》的解说脚本时，翻阅了许多资料，查对历史人物，进行补充说明。在两个多小时的讲解中，除了正常的情节与人物，他还见缝插针地给视障观众介绍了一些重要人物的背景，方便视障观众理解。有一次，无障碍专场放映结束后，影院经理跑过来激动地握住他的手说："我看了很多遍，都没有看懂，今天您的解说让我彻底明白了。"正常人尚且如此，视障人就更不待言了。

还有，有的影片涉及一些外国的地名和历史时，如果时间允许，也应加上一些说明性解说。比如：纪录影片《盲行者》在讲到曹晟康周游世界来到印度,清晨去恒河边感受印度圣浴节。可能有视障观众不懂这是什么节日,这就出现了做加法的需求。而这一段画面内容相对简单,时间却有 27 秒钟,可以有 100 多字的解说词,具备做加法的条件。于是,笔者在审稿中,根据时间空隙加上了几句查来的有关印度圣浴节的知识:

47:17　【慢】凌晨,天还没亮,室外灯火通明。成千上万的印度朝圣者,男男女女老老少少,怀着虔诚的心情,涌向恒河边,期盼在河里痛痛快快洗个澡,祈求恒河圣水冲刷掉自己的污浊罪孽,达到人生超脱凡尘、死后天国永生的愿望。这便是印度传统的"圣浴节"。

47:44　【慢】曹晟康拄着盲杖穿行在人群中,朝恒河走去。

这里共计写了 112 字,其中有一半是用来说明"圣浴节"的宗教意义,以帮助观影者理解。

再说说"减法"的艺术。相当多的影片,画面镜头内容丰富,节奏很快,填写解说词的空隙时间有限,将画面内容全部予以描述绝无可能。因此,在撰稿的大多数时间里,撰稿者在做选择,做减法。就是根据影片主旨和脉络,根据画面实际和表达需要,只描述解说一些必须的内容和有条件植入的内容,而舍弃其余。

美国口述影像专家施耐德博士在上海交流会上,谈到口述电影撰稿的四个关键词。第二个关键词就是——选择。他说,排除之后才有强调,让观众看到更多重要的东西,所以要将无关紧要的东西剔除出去。这其实就是做减法。有的时候,写出来的内容过多,又不知如何删减,笔者建议,可以尝试采取这个思路:

一是减去主要人物的非主要的表情、动作;

二是减去次要人物的次要活动;

三是减去碎片式的对话和通过汉语解说可以直接取代的外语对白;

四是减去场面和景物描写中的旁枝侧叶,突出主干。

总而言之,是做"减法"还是做"加法",情势不同、条件不同,选择也就不同。做减法是常态。做出选择,做好加减,其目的指向却是相同的,就是让重点更加突出,主线更加清晰,详略更加得当,视障观影者更容易理解。

十、纪录电影《大河唱》无障碍解说脚本浅析

2020 年 11 月 26 日,"至爱影院——无障碍观影"项目在上海红星电影世界上海汶水东路超级店正式启动。隆重的项目开幕仪式上,请来了上海电影界的重磅人物,发表了充满梦幻的致辞,宣布了合作平台单位和艺术顾问,宣示了项目的美好愿景:共同欣赏,同步发行,最终实现上海生根,长三角发芽,全国开花。广大视障朋友又将增加一种全新的观影模式。

仪式结束之后放映了一部无障碍电影:由柯永权、杨植淳、和渊导演的纪录电影《大河唱》。与会人员,包括 5 名盲人代表,戴上接收器和耳机,借助科技手段听取拷贝音轨上嵌入的无障碍解说词,欣赏了影片。笔者后来获知,《大河唱》是我国首部在全国放映的预录原版无障碍纪录电影。笔者认为,以真实性为特征的纪录电影更为接近现实生活,在提供给残障人士的无障碍电影作品中,应当有其一席之地。《大河唱》敢为人先值得肯定。

《大河唱》是一部西北味道浓郁的音乐纪录片,影片以音乐人苏阳为线索,通过花儿歌手马风山、皮影班主魏宗富、秦腔团长张进来、说书艺人刘世凯的真实生活状态,在音乐人苏阳的串联述说下,表达了对传统艺术的挚爱、眷恋、传承,展示这些民间艺术与黄河流域山河大地的血脉关系。影片具有深刻的思想意义和粗犷的音乐艺术元素。

笔者作为无障碍电影解说脚本撰稿人和研究者，带着一双特别的眼睛，在观看、聆听和思考，散场后还与几位盲人观众进行了交流讨论。现将一些观感整理于此，以供拟制无障碍电影制作标准的相关方参考。所谓科学的标准，不是理论家制定出来的，不是"热心人"告诉你的，而是在创作实践中提炼出来的，是从视障观众的评价反馈中归纳出来的。因为观影一遍而过，且手中没有文字脚本，有所疏漏差错在所难免。

图4-12 影片《大河唱》海报

对于无障碍电影《大河唱》，现场观影的盲人朋友客观地认为，解说还是应在70分以上。

笔者认为，影片中多位主人公交织、线索场景跳跃，大量写实镜头，以及距离我们生活比较遥远的文化现象（虽说是获得国家认定的民间艺术非物质文化遗产），使得这部影片的解说脚本撰稿确实存在一定难度。总的来说，这部影片的无障碍解说脚本既有着优点和长处，也存在着明显的不足。

优长之处在于，作者描写得比较客观，符合纪录电影无障碍脚本撰写的基本要求。有一些场景描述得比较成功。比如：刘世凯女儿结婚、患病治疗、见到二姐、埋葬媳妇等场面，有人物、有情绪、有细节、有民俗，令人动情；还比如对一堵砖墙的细节描述，虽然有一些突兀，但是通红的砖头、露头小鸟的灵动，很有味道和意

233

蕴,这些处理体现了《大河唱》作为纪录电影的特质,体现了该片不仅记录了民间艺术的鲜活悠远,还原汁原味记录了艺人生活和环境。解说脚本在人物切换过程中有所提示,影片结尾场景描述颇具诗意,将影片表演过的曲目与黄河的流域图形相嵌合,以象征民族民间文化的源远流长、绵延不绝,实现了有内涵的画面构思和有分量的言语表达。

但是,实事求是地说,《大河唱》解说脚本还是显示出了明显的仓促感和表层感,有值得总结提高的空间。以下试作分析。

(一) 细节描述当是成功的金钥匙

"前面没有介绍,看了半天不知道影片的主干是什么,人物穿插运行有时令我迷糊,缺乏代入感。"现场盲人观众小叶姑娘说。

细节是电影的生命,没有细节就没有电影。无障碍解说脚本把握住了细节,就如同捏住了成功的金钥匙。而《大河唱》解说词对细节的描述和表达尚有不少欠缺。就如几位盲人观影者的共识:解说不够具体形象,人物描写、环境描写和服装描写比较少。说到底,就是细节描述不够充足和细致。

一些内容叙述的缺失,减弱了影片解说对盲人观影的导引作用。的确,这是一部有着五位主人公的纪录影片,与普通的故事影片不同,它没有系统的故事情节线索,没有必然紧密的人物联系,而是用一个个相对独立的艺术形式、人生故事和自然环境展开叙事过程。影片开头时,解说虽然有对五位主人公的介绍,但是过于简略,无法帮助视障观众建立有特点的人物标签,也不足以使视障人方便把握整部影片的脉络主题。正因为此,在影片的开头,实有必要做一个简要的人物和梗概介绍,使视障观影者有一个了解和心理准备,为后面的观影欣赏奠定基础。

比如人物细节描述。影片中的这几个主人公都是很有"腔调"的,只要开口,就有别于他人。可是观影结束以后,小叶姑娘对我说，对影片主人公的描写有些少了，无法在心中用影片原声与解说描述搭建出一个活生生的、具体的人来。的确如此，每一位主人公所具有的音乐符号，影片已经强力地推送给了观众，包括视障人士。但是，他们的形象符号，对视障人来说尚是一片空白，需要解说来为他们定制人物标签，尤其是每个主人公的第一次出场，最好要有肖像描写，使这个描写在盲人脑海中构成一幅人物图像。当人物再次出现时，这幅内心图像自然会呼应音乐与表演，与新的情节和事件联系起来，帮助视障观影者更快捷地接受理解影片信息。当然，这种描述话不在多，而在于抓住要点，突出特点。还有人物的表情细节，是喜是怒，是微笑还是夸张地笑，都应当根据需要予以描述。

再说物件细节。比如解说词没有对皮影戏道具做具体描写。盲人观影者小朱表示，应当对影片中出现的皮影戏这种民间文艺形式作一个简要介绍，可以描述一下皮影戏道具的大小、形状、质地、颜色等，方便他们在头脑中进行联想，重构或还原画面。笔者

图 4-13　影片《大河唱》剧照

235

还注意到,皮影戏班主魏宗富带着摄影组去他家破败的老宅拍摄,镜头中首先出现了大门上一个牌匾的特写:三个大字"耕读第"。编导用镜头突出这个文化符号,显然为了表现魏家系耕读世家,也是魏宗富坚守皮影艺术的原动力。但是解说词忽略了这个牌匾。这个文化符号的缺失,使人物缺少了那么一点历史背景底色,对视障观影者是一个小遗憾。还有盲人朋友认为,对民族服饰形状、颜色的描述也很不够。

换个角度说,就是盲人不仅是需要"听见",还需要"看见",通过解说者的言语还原影片画面,"看见"人物的长相、穿着、表情动作,"看见"影片画面中观众有必要知道的一切,甚至"看见"影片使用什么拍摄手段来表现:远景还是特写,仰拍还是俯拍。"电影讲述人把对电影镜头语言和主题思想的理解传递给盲人,使他们在内心形成一个流动的,有声有色的,有思想有运动状态的心理现象,站在视觉的角度来理解和欣赏电影。"这是中国无障碍电影第一人,北京"心目影院"创办人王伟力对于盲人接受无障碍电影过程的形象表述。[1]

影片中的细节是编导捕捉到的那些生活中的细碎美好或不美好,我们要收拢指缝,把它们精心捧给视障观众,去充盈他们想象中的电影空间。

盲人观众小朱还强调,我们不怕话多,只怕话少,不要留有太多的空白。他还举例道,那段在家中唱歌时断电的场景,主人公点起蜡烛以后,有一大段的空白没有解说。其实,这里可以插入不少解说内容,可以介绍为什么停电,还可以引导回忆,表现人物神态心情等等。

解说太少势必留白就多,留白过多就容易导致影片画面信息

---

① 《盲人也可以"看"电影》,《公益时报》2014 年 9 月 16 日。

的遗漏流失。视障人更敏感,他们对无障碍电影的要求更为直接和切中要害,对脚本撰稿者具有启发性和引导性。

（二）景色描述是成就盲人梦想的桥梁

视障人喜欢看无障碍电影,除了因为能够欣赏故事,沉浸于影片主人公的喜怒哀乐之中,达到共情和宣泄以外,还因为可以了解世间事物,特别是大自然的千姿百态,使神思随着解说翱翔,实现畅游梦想。而《大河唱》无障碍解说词对于影片中那些体现大西北地域、黄河几字湾的自然景色描写传达显得非常不够,使视障人士观影失去了一定的厚重与多彩。

明眼观众都会注意到,影片中用于表现大西北特有的自然风貌的镜头语言十分丰富,编导不吝惜时间,让那些广袤无垠的原野,千岩万壑的群山,烟波浩渺的黄河,以及黄土间的缕缕绿色,山坡上傲然矗立的大树等等,一次又一次地在观众们的眼前亮相。据介绍,全片的 98 分钟是从 1 400 个小时的田野影像中剪辑而来的。编导的意旨不仅仅是体现景色,更为了说明这是孕育民间文化的土壤,是民间艺人生活的底色。因此,在解说词中这些方面应当更加着力,浓重涂抹。遗憾的是,《大河唱》解说词只是在开头部分有所描述,在后面就失位了。其原因或许是撰稿人对导演意图理解不够,没有使自己的解说词融入民间艺术的精气神之中。比如,在讲到从小痴迷花儿,只有唱着花儿才会忘却一切烦恼的马风山漫步缓坡,走上高坡,边走边唱花儿的镜头,时间比较长,解说词的描述虽说体现了当地的人文,但缺少了对他身处的广袤壮阔自然环境的勾勒和身边花草的描摹,于是传递给盲人的信息中缺少了大自然的气息。

观影结束,当笔者询问几位盲人观众,是否感受到了大西北的自然风景,留下什么印象,他们都说不出个所以然。小叶姑娘表示,无障碍解说词中景色描述少,通过环境渲染所要表现的意

图 4-14　影片《大河唱》剧照

思就体会不到了。

概言之,只有对影片展示的文化及其渊源的有深刻理解,对编导设计拍摄的画面用心体会,才能够成功形象地描述这些自然、弘大、纯净、充满了生命力量的大自然场景,也才能帮助观影视障朋友实现遨游的梦想。

(三) 描述者在场,才能使视障者在场

我们常说,无障碍电影解说撰稿者在创作中要做到"三个在场":真情在场、体验在场、审美在场。归到一句就是描述者在场,这样才能引导视障观众实现"在场"。

很可惜,《大河唱》银幕上情绪爆裂,而解说者却无动于衷。对于影片中音乐人苏阳的几次演唱会的大场面,解说缺乏与音乐相配相和的情感投入和动态描述,让视障观影者在耳朵里充满音符的同时,无缘获得更多的"可见画面"。

印象中,苏阳演唱会的场面似乎出现过三次,包括国内和国外,都是场面狂放,音乐狂爆,观众狂欢,极其夺人眼球。这既给予了影片串联人物苏阳必要的时间份额,又体现了这位来自宁夏乡土的音乐人，致力于将黄河流域民间艺术融合于现代艺术，让更多的年轻人体验到历史悠久的民歌元素的努力和成功。进而表达传统文化艺术只有融入现代的节奏韵律和社会需求，才能焕发出新生命力的主旨。这种生命力和受欢迎度完全可以通过对演唱会的描述来展示和强调，来调动盲人观众的兴奋点。笔者注意到，影片中有着插入解说的足够空间，即使短暂覆盖掉一些现场音乐也未尝不可。但是解说者的笔墨远远不够，观影的盲人朋友觉得不解渴，也就更难以"代入"。

可能有人认为描述过多会造成啰嗦和重复。那么，撰稿时可以采取有所侧重的写法，将撰稿者自身置入现场，根据影片镜头表现内容，一次侧重苏阳表演的气质与神态，一次侧重各类观众的兴奋与参与，一次侧重场面环境的壮观和灯光效果。不一定要把每次的场面描述得面面俱到，但是综合起来，给了视障观众丰富的场面感，让他们跟着音乐、跟着解说而置身现场、融入影片，同时很自然地理解了影片人物和主题。

（四）破解象征隐喻密码，提升观影感受

电影又被称为象征隐喻的艺术。大量的象征和隐喻为观众带来了美妙的意蕴和无穷的回味。但是，对于视障者而言，则是欣赏过程中的障碍。无障碍电影解说词无法回避这些隐藏在镜头后面的意蕴，画面深处的潜台词。撰稿人能否破解这些象征隐喻密码，关乎视障观影者能否领略到真正有质量的电影，提升观影感受这样一个重要问题。

笔者曾经多次与撰稿同仁探讨过这个问题，尽管撰稿同仁见仁见智，但是视障朋友们的意见却基本一致。无障碍电影体验员陈衍在与笔者讨论色彩表达意义时认为，色彩往往是有意义的。比如夕阳，可能会有各种颜色，红色、黄色、金色，他们代表的含义又各不相同，撰稿者要予以表达，加入一些自己的感受，让色彩代表的含义明朗化。小朱观影《大河唱》后对我说，如果不点出画面中的潜台词，我们难以理解。所以希望能够尽量讲解清楚一些，将影片镜头的内涵适当地说出来。他们都是接受过高等教育的年轻视障人士，文化程度和理解力应当处于视障群体的中上层。连他们都具有这样的需求，是否正体现了无障碍电影解说脚本撰稿的一个规律：电影中运用的象征和隐喻，是由电影的形象思维艺术形式决定的，是电影语言本质的体现，是好电影成功的利器与密码。而无障碍电影解说脚本的撰写则要反向行走，需要通过语言把这个密码破解出来，直接或间接地点穿说明，让视障观众具体深切地享受到、体会到象征和隐喻的含义，走进电影艺术殿堂。

而影片《大河唱》解说词这方面的欠缺，有可能会使视障观众失却某些艺术审美。

比如，影片中多次出现大雾弥漫的场景。苏阳去见魏宗富的那段，两个人走进了重重迷雾中，还看见一颗巨大的树挺立在山坡上。这有什么意思，不会找一个好点的天拍摄吗？非也！编导其实是暗喻出身皮影艺术世家的魏宗富，面对皮影艺术在现代社会的衰落，既有迷茫无措的一面，也有恒心坚守的一面。画面无声但有语，需要我们去理解并揭破。

小叶姑娘交谈中也一再强调，在解说词中，意境内涵、潜台词可以加上去，前提是与电影表现的主题等相关。这里同样表明了脚本撰稿的规律之所在。

无障碍电影，或者无障碍影视的健康发展，有待于标准的制定。但是，笔者认为，技术的问题有时一夜就能解决，但提高撰稿艺术水准的修炼却是一个漫长的过程，需要爱心、耐心和细心，需要对接受对象的生理心理特点的了解，需要对无障碍电影规律的摸索和掌握。这样，撰稿人才能将心血和智慧融入影片，与视障观影者产生共鸣，共同形成礼赞电影的"大合唱"。

第五章　审　稿　的　方　法

一、审稿四部曲

从无障碍电影解说脚本一般的制作流程来看,撰稿者完成解说脚本以后,都要经过审稿人审稿这个环节。这个环节的目的在于进一步校准解说脚本方向和主题表达,对脚本的语言文字把关润色,对解说内容拾遗补缺,整体上进一步精细打磨,提高质量,便于后期录音及合成顺利进行。

同一部影片,往往因为个人的观赏角度、文化背景、理解深度、文字功底等不同,会对撰稿产生影响。作为审稿者,客观地说并不一定就是水平高,而是他可以从另一个角度来看影片、看稿子,发现原稿作者尚未发现的问题,以及应当表达而没有加以描述的内容。

笔者多年来参与审稿的体会主要是,审稿者首先要摆正位置。本着尊重脚本作者的原则,赏美文、析疑义、补缺失、求完善。站在这个出发点,才能较好地完成审核和修改。

审稿一般是这样四个步骤:

(一)观片阅稿明全盘

接受审稿任务后,先要将影片和解说脚本都看一遍。观看影片同样要去全面了解影片,初阅文稿主要对撰稿者的文笔风格、表达特点和整体水准有个基本的掌握，为下一步的审核修改奠定基础。

（二）节奏氛围入文稿

也许是曾经当过语文老师的习惯，笔者是习惯于将作者的稿子打印出来，一边播放影片，一边对文稿做校核、补充、修改。尽管每次都有好几十页，很费纸张，但打印出来的文稿便于反复修改。然后，再将修改内容输入电脑。有时候虽然改了，但经过斟酌还会恢复，所以，稿子上不免圈圈点点。审核修改的重点是：

- 对影片中的高潮是否准确把握和恰当表达；
- 对影片所营造的氛围是否进行描述烘托；
- 表现人物命运和性格发展变化的层次和关键点是否表达到位；
- 在一些对话间隙和一些有意义的空镜头中是否插入必要的解说；
- 是否用词准确，语句通顺；
- 再次对时间码进行定位核对等。

笔者注意到，这个方法或许带有一定的普遍性。比如，资深撰稿审稿人于江在审核影片《逆光》解说脚本时，也有这方面的体会。他在审稿中，有意识地强化了影片独特的氛围风貌。影片《逆光》是 20 世纪 80 年代很有代表性的一部优秀影片。影片不仅对当时青年人的生活和思想做了深刻的挖掘，还在电影艺术语言和风格表现上做了大胆探索，被很多人称为诗电影或散文电影。完美真实地呈现了 80 年代上海的风貌，成为影片的亮色之一。于江在审稿时，就特别注意是否对老上海元素进行应有的呈现和渲染，如弄堂、弹格路、煤球炉、上海展览馆，以及放在保温杯里的棒冰等等。通过审核修改，让浓浓的上海情调敲击视障观众的心扉，使他们感受到海派文化和生活的味道。

（三）拾遗补缺求完善

拾遗补缺意即捡取遗漏，弥补缺失，也指补充旁人所欠缺的东西。《新华成语词典》则云:弥补缺失,补充遗漏。

笔者在审稿过程中,就有过这方面的切身体会。对于一些重要的人物或场景,对于主人公性格形成,对于影片氛围表现具有作用的内容元素若有遗漏的,审稿时要及时发现并补缺。这是审稿人的重要职责之一,也是使解说脚本更加完善的必要环节。

比如,笔者在审核纪录电影《盲行者》的时候,就做过拾遗和补缺的工作。

先说拾遗。影片主人公盲人曹晟康小时候在农村因车祸致盲,其父亲看不起他,甚至借故打他,这在他心中留下了深深的阴影。所以,影片后半部曹晟康回家的这一节中,其父亲曾三次出镜,但对白旁白中均无提及是其父亲。无论有意无意都可以理解。但是,作为无障碍电影的解说稿,还是应当客观描述。笔者在第一次看片时,就觉得此人极可能是主角的父亲,虽然他在现场挺尴尬,没有说一句话。但是,当笔者拿到解说稿时发现,回家这一节解说中压根儿就没有提到父亲这个人,觉得这里可能是观察的遗漏导致描述的遗漏。笔者就在稿子中补上了。

表 5-1　《盲行者》解说脚本修改前后对比(一)

原　　稿	修改稿
01:15:52　母子二人见面,抱头痛哭;(纯粹遗漏)	01:15:50　【快快】母子相见抱头痛哭;父亲和妹妹站在身后,(父亲露面,合情合理且很有必要,因为随后还有镜头。)
01:17:23　【快】有人一饮而尽,但有位男性长辈皱眉斜了一眼曹晟康;(误判造成遗漏)	01:17:23　大家一饮而尽,但曹晟康父亲的眼神还是很生分;(让人琢磨父亲的心理、距离、歉意、狐疑?)
01:19:46　桌上放着两沓钱,曹晟康正认真清点;镜头转向一旁坐着的债主,正是家宴上斜他一眼的那位长辈;此刻,老者正眯着眼盯着曹晟康;(误判造成遗漏)	01:19:46　桌上放着几沓钱,曹晟康在认真清点;镜头转向一旁坐着的父亲,他眯着眼睛沉默地看着。(父亲是当家人,曹晟康还清房款,还是要通过父亲。尽管没有说话,但是态度还是有了变化,沉默也是一种态度,或许是惭愧,或许是对过往的反思。)

尽管从影片前面的内容看,主人公曹晟康对父亲的成见很深,抵触很大,但是观影的视障人还能从他的叙述中听到有关父亲的信息。到了回家一节,他并没有与父亲直接对话沟通,但还是帮助父亲挑起了家庭的重担,改善了家里的居住条件。所以,细心观察,曹父对儿子的态度是耐人寻味的。解说脚本中的必要表达,是对影片"此时无声胜有声"处理方式的确认和演绎。

为了确认无误,笔者还专门打电话给《盲行者》摄制组有关负责人核对,得到了肯定的答复。

再说补缺。在曹晟康回家一段时间以后,又收拾行装准备出发。临走之际,他想和女儿曹梵多交流交流,所以连叫了两声,但都没有回应。女儿在看电视节目。如果是一般节目,不提也罢。但是笔者偶然在一个材料中看到,当时曹梵所看的节目是《爸爸去哪儿》,笔者当即意识到,这档真人秀节目在此刻映射出了女儿曹梵的内心,隐含了她的希冀和失落。无论是导演的刻意安排还是恰好遇到,都有其特别的意义,必须明确点出,予以补缺。所以经过核实以后马上又对已经审核完成的脚本做了补充。

(四)敲词炼句上层楼

这一步是在电脑上操作,半屏播放影片,半屏显示文稿。对着播放的影片读解说词,随时暂停修改。在这个阶段已胸中有了宏观认识,把握了整片的内容和节奏,可以更加注重解说词与空间的适宜度,更加注重微观细节、句子提炼和文字推敲。比如,主语使用姓名还是人称代词,使用双音节词还是单音节词,使用动词的形象感,描述的画面感,的、地、得使用正确与否,句型是否适当,是否便于顺畅解说,注意修订多字漏字和错别字。

总之,在原有的基础上,经过审核的脚本一定能再上一个层次。

当然，如果有条件，审稿过程还可以增加一个盲人参与试听和讨论的环节。综合考虑他们的意见建议后，对解说文稿进行修改和定稿。这样尽管会影响一些效率，但对于提高解说脚本的针对性和艺术性，增加作品的受欢迎度，一定有好处。

比如2020年初成立的文娱无障碍项目组就专门组织了视障人员视听小组，每一部影片或每一集电视剧无障碍版制作出来后都会先给他们听，收集反馈意见后再进行修改。这些意见往往比较符合视障人士的实际需求，很有参考价值。

二、纪录电影《盲行者》解说脚本审稿小记

纪录片是以真实生活为创作素材，以真人真事为表现对象，并对其进行艺术的加工与展现的，以展现真实为本质，并用真实引发人们思考的电影或电视艺术形式。[①]

国际纪录片电影大师伊文思说过，纪录片把现在的事记录下来，就成为将来的历史。[②]纪录片最主要的特点就是它的非虚构性，不论是纪录人物，还是自然景观，都是如此。法国《电影辞典》对纪录片的定义：具有文献资料性质的、以文献资料为基础制作的影片称为纪录电影。美国《电影术语汇编》中，有关纪录片的定义：纪录片是一种排除虚构的影片。它具有一种吸引人、有说服力的主题，它从现实生活中汲取素材并用剪辑和音响增加作品的感染力。我国"中外广播电视百科全书"中关于电视纪录片的定义是：通过非虚构的艺术手法，直接从现实生活中获取图像和音响素材，真实地表现客观事物以及作者对一事物的认识与评价的

---

① 参见百度百科"纪录片"条目。
② 参见百度百科"纪录电影"条目。

纪实性电视片。记录电影和电视纪录片的真实性,首先表现在它的非虚构性,纪录片所拍摄的必须是真人真事,其次,纪录片创作的基本手法是纪录,而不是扮演。

由于纪录电影的真实性特征,以及其更加接近现实生活的特质,因此,在给视障人群观看欣赏的无障碍电影中,应当有纪录电影的一席之地。

纪录电影的无障碍版本撰稿是我们需要探索的一个新课题。

2018年6月,青年导演韩轶在参加第二十一届上海国际电影节之际,出席了自己导演、上海东注文化发展有限公司出品的影片《盲行者》无障碍解说专场。她十分感慨,有意将《盲行者》制作成第一部有预录声道无障碍版本的影片,并委托上海光影之声撰写无障碍解说脚本。于是,光影之声格外用心,格外谨慎地进行了创作。

图 5-1　视障观众来国泰电影院看《盲行者》

影片《盲行者》记录了一个真实的盲人故事,一个令人难以想象的盲行天下的传奇,一段看似不合常理却又耐人寻味的情感经历。

拿到供撰稿用的素材片后,上海光影之声邀请一名有悟性、肯钻研的撰稿人林先生撰稿,并由笔者负责审稿。动笔之初,笔者与林先生就有交流。

《盲行者》在2018年第二十一届上海国际电影节首次上映,且是当届唯一一部入围金爵奖的华语纪录片。本人在观后写了一篇影评《美在真实　美在立体　美在力量——记录电影〈盲行者〉观后》，被上海国际电影节主办方举行的"电影中的真善美"主题征文活动评为优秀影评并发表。林先生请我把影评发给他做参考。我告诉林先生，写一个好的解说脚本比写一篇影评要难得多。影评可以只取一点，放大评析，不及其余，而解说脚本则需要面面俱到；影评可以追求高度，阳春白雪，而脚本则要立足影片，尊重编导；影评可以张扬自我，任性表达，而脚本则必须关注观影的视障对象。交流中，我为该片撰稿提了几点建议：

一是强化真实感。

真实是纪录电影的生命，也是打动视障观众的核心。它与故事片的一个重大区别就是，故事片中，作者可以通过创作，通过各种手段进行意愿表达，而在纪录片中，一般作者只是隐蔽在镜头之后，让位于人物的表达，让位于真实性。撰稿者要做到：

第一，在开场的影片介绍时予以强调；

第二，注意不要忽略给人真实感的元素，诸如：人物姓名、人物之间关系、工作地点、店名、旅游国家和城市名称、标志性建筑等；

第三，导演有意刻画的细节，要予以加强和渲染，比如主人公每一次在国外旅游途中与女儿的通话；比如这个坚强的男人在女儿的房间里全片唯一的一次流泪。

二是把握全片总体结构，突出重点和高潮。

纪录电影毕竟不像故事片，具备引子、开篇、铺垫、高潮和尾声等一般结构，但是它仍然是有结构的，结构之间也有着内在联系。

《盲行者》主要是由曹晟康行程的四大块构成：泰国、印度、美国、家乡。其间穿插他的工作、亲情、回忆、盲友交往等等。要深刻理解旅行给他带来了什么——观景、异国风情、识人、快乐、友爱。工作对他来说是立足的支撑点，经济的来源。他的每一块钱，都来自工作。要寻找每一段旅行中的某些重点或泪点，还有人生中的重要场景和事件，用心描述表达好。抓住影片的两个高潮，一是在海边，是他抒情言志的亮点；一是回家，表达中国人的传统观念：故土难离、亲情难断、父爱如山。这一块焦点是父女关系，女儿的希冀和疏离，衬托曹晟康坚强而又特立独行的性格品质。

三是展示曹晟康的人生态度和性格特点。

首先，曹晟康是个很有个性的后天致盲的残疾人。纪录片叙述中把他的不幸遭遇和经历的点点滴滴穿插在全片各处。特殊的压力造成了他强力的反弹，解说稿中要予以厘清和表明。

其次，曹晟康有着坚定的信念和特别的追求，比如在大海边的豪言壮语，在印度时的人生思考。

再次，性格中强硬的一面和柔情的一面，又毫无违和感地统一在他的身上。比如，在陈氏养生会所讨要工资一段，貌似无赖其实无奈，解说不评论谁是谁非，只关注残疾人生存现状之不易。回到家乡的感人场景和与女儿在一起时的矛盾心理，都是复杂而真实的。要写好这些关键的情景细节，展示人物性格的丰富性。

四是在解说稿的总体上要追求气势和传神。

导演韩轶六年跟拍，点滴寻真，不作人设；主角曹晟康盲行天下，气贯中外，有瑜有瑕。因为这是一部盲人题材的纪录片，撰稿者要努力使前来观看的视障朋友产生代入感，让他们不像观看其他无障碍影片那样可以置身剧外，而是去寻找共同点，寻找共鸣点，把自己代入其中，被人物所打动。第二十一届上海国际电影节时在国泰电影院放映了现场解说的《盲行者》。放映结束后，视障观众围住主角曹晟康和导演韩轶交流合影的热烈场景，就是有力的印证。当然,这里的代入感并不是号召大家都去"盲行天下",而是视障朋友都需要这种不屈不挠的精神支撑,渴望获得更多的社会各方的尊重。还有在语言上,可以灵活一些。曹晟康的人生充满曲折和诗意,我们没有理由让解说词的语言呆板无神。

不久,林先生将脚本初稿发给笔者审稿,这已经是一部很好的解说脚本了。叙述到位,描写细腻,适当发挥,对于一些涉及外国的人文历史景点,在可能的情况下,给予补充说明。这个稿子令我在基本面的修改上省去了许多精力,可以将更多的时间和精力放在打磨完善上。

笔者在修改定稿时,更加注意了以下几个问题:

第一,影片中有否冲突,在哪里?是人设还是客观存在?现在许多反映人文的纪录片都在寻找和追求戏剧性,平铺直叙式的方法多被制作者抛弃了。但是,人为地制造矛盾冲突,有时会显得做作而受到诟病。

第二,影片中曹晟康特别要强,特立独行。他是通过拥抱世界的精彩,来实现内心的自我满足。他对于成功、成名是看重的。他是个有经历的人,也是一个有争议的人。他这种个性的前因后果,只是点点滴滴地通过回忆构筑起来的。解说脚本要给主人公对命运的真切体味留有丰富的解读空间。

第三,强化影片的情感力量。《盲行者》的情感力量也十分厚重。只是编导并不说话,隐藏在摄影机后面拍呀拍。400小时的素材,剪辑成90分钟的纪录片,取舍中就有感情在,影响别人的方式上也很独特。镜头画面就是编导要说出的话。影片并未对拍摄的内容作是非评判,更多的是客观真实的展示。我们只有深刻理解编导的深意,才能准确地传递给视障观影者,让他们去理解、思考和判断人物行为。

第四,再现影片为观众勾勒的盲人的生活世界。影片展示他们的日常生活、谋生劳动、婚姻家庭及人生态度等，还展示了他们与外界的各种人际关系，包括与家人、与盲人朋友、与老板、与社会其他人。尤其要让观众感受到他们那种自尊的坚守与自卑的脆弱，对亲情的期盼与敏感，有的人要拥抱精彩的世界，有的人则满足于自我内心的体验，审稿中要力求把影片展示的盲人生活的复杂性多面性表达得更加饱满细腻。

而上述这些都要体现在解说稿点点滴滴的修改上。

表 5-2 《盲行者》解说脚本修改前后对比（二）

原　　稿	修改稿
02:27　镜头保持在仰拍的角度，长城上草木深深，清风微微掠过树梢，曹晟康沉浸在自我编排的舞蹈中，时而伸展运动，时而又像是在打拳击，双手自由向四周挥舞着，最后双脚离地蹦起来，尽情宣泄和释放着情绪。	02:30　长城边草木深深，清风掠过树梢，曹晟康沉浸在自我发挥的舞蹈中，时而像伸展运动，时而又像是打拳击，双手自由挥舞，腰部轻轻扭动，最后还双脚离地跳起来，无比轻松，尽情宣泄。蓝天绿树土黄城墙上的一点红，构成了一幅美丽的画面。
08:49　李宏福夫妻相濡以沫，恩爱有加；	08:49　【快】妻子体贴地为李宏福穿上外套；李宏福告诉大家。
14:03　曹晟康被地勤人员搀扶着，走绿色通道；盲友的歌声其实也是对他出国的担心；	14:04　工作人员搀扶着曹晟康走绿色通道。（解说覆盖歌声）盲友的歌声还在回荡，既有激励，还有担忧。
30:32　一波一波的海浪涌上滩头，激起白色的浪花；港湾的霓虹，把海面映衬得五颜六色；曹晟康独立滩头之上，享受着大自然的美妙；	30:32　曹晟康挥着手臂，说出他的豪言壮语。浪花前仆后继，港湾霓虹璀璨，海面被映衬得五颜六色；曹晟康独自站立在海边滩头；
40:00　镜头一转，字幕出现"印度"。	40:00　镜头俯瞰混沌的灯光，散乱的人群。出现字幕"印度"。
49:13　镜头一闪，红彤彤的晚霞映在古城上空；曹晟康漫步河堤回忆说；	49:13　镜头一转，落日半掩，红霞满天。曹晟康缓缓走在河边，打开沉重的回忆。
01:17:53　曹晟康摸着一棵参天大树，笔直的树干，斑驳的树皮，茂盛的枝叶；	01:17:54　曹晟康摸着这棵笔直的参天大树，树皮虽斑驳，枝叶却茂盛；

（续表）

原 稿	修改稿
01:19:11　他摸摸门楣想找回当年的刀痕；然后他推门走进屋内。 01:19:17　（对白）非常不喜欢这个地方，它给我少年时期，带来了痛苦。都过去了。 01:19:36　曹晟康走出屋门。	01:19:11　他摸索着门楣，然后他推门走进屋子。 01:19:17　（对白）非常不喜欢这个地方，它给我少年时期，带来了痛苦。 01:19:29　曹晟康走出屋子，走进阳光。 01:29:34　都过去了。
影片结尾： 01:31:03　出现侧面跟拍镜头：曹晟康的盲杖由一根变为两根，行走在沙漠中的公路上，周边沙丘上牧人在放牧一群骆驼；蓝色的天穹下，古铜色的沙漠一望无际，十分壮美；夕阳西下，但是曹晟康丝毫没有停歇的意思，他踽踽而行，晚霞照在他脸上；他迎着晚霞而行，沿着通往天边的大路一直向前……	01:31:00　【抒情】镜头推近，蓝衣红裤的曹晟康继续行走，手中的盲杖由一根变为两根，他行走在沙漠里的公路上。蓝天夕阳，景色瑰丽，路边沙丘上的骆驼镶上了金色的轮廓；作为一个志向高远的盲行者，曹晟康还在走。 01:31:22　【慢慢、抒情】金色的晚霞中，一路向前的盲行者曹晟康渐渐成为一幅剪影，他越走越远，最后融入了壮丽的大自然。

实际上，并非审核修改稿就一定更好，但它是在原有基础上进行的思考和加工，已经被实践证明很有益处。

附录一　上海无障碍电影大事记

（2007—2020）

2007 年

3 月 15 日，志愿者王世杰在闵行区江川街道社区活动室为盲人讲解影片《三峡好人》，闵行区残联有关领导，市盲人协会前主席计瑞弟参加。媒体作采访报道。

图 1　讲解结束后王世杰接受记者采访（王世杰提供）

7 月 21 日，上海市残疾人福利基金会和上海市盲人协会联合成立"为盲人讲电影"志愿者讲解团，著名电影导演谢晋担任该团名誉顾问。成立仪式上，市残疾人联合会理事长徐凤建向讲解员陈家祯、王世杰颁发志愿者证书。

2008 年

3 月 17 日，中央电视台"夕阳红"栏目播出 15 分钟的专题片《光明吟》，首次报道上海的盲人电影解说服务。

2008 年下半年，上海电影集团退休专业人员蒋鸿源为影片《非诚勿扰》撰写了无障碍解说脚本，而后制成盲文，由盲人录音后，刻入数字多功能光盘（DVD），制作成第一部残障人士自娱自乐性质的无障碍电影。

图 2　蒋鸿源在无障碍电影放映现场

Barrier Film)《高考 1977》。

图 3　无障碍电影《高考 1977》光盘
（上海电影评论学会提供）

图 4　有关报道

2009 年

1 月，无障碍电影《非诚勿扰》与视障朋友见面。

4 月 23 日，上海市残疾人联合会、上海图书馆和上海电影评论学会联合成立全国首个"无障碍电影工作室"。在上海图书馆放映了首部真正意义上的无障碍影片（No

5 月 13 日，由上海市残疾人联合会、上海图书馆、上海电影评论学会共同主办的"携手盲童，点亮心愿"无障碍动画电影专场放映活动在市盲童学校举行，"无障碍电影工作室"向该校赠送了无障碍影片《高考 1977》光盘。

6 月 8 日，"无障碍电影工作室"制作的无障碍电影《高考 1977》《大耳朵图图》《樱桃》等被中国电影博物馆永久收藏。

10 月 15 日，上海市慈善基金会副会长周建萍一行来到上海电影评论学会考察评估无障碍电影项目。

2009 年间，"无障碍电影工作室"借助上海电影译制片厂、上海美术电影制片厂等电影机构及社会资源，将 7 部国内外新片制成无障碍电影光盘，通过上海公共图书馆向残疾人提供免费借阅服务，同时发放各区残联和特殊学校。

2010 年

4 月，上海残疾人读书指导委员会授予"无障碍电影工作室""文化助残，共享文明"锦旗。

5 月 13 日，徐汇区徐家汇街道举办"无障碍电影进社区、进家庭"实事项目启动仪式。

5 月—10 月上海世博会举办期间，残疾人综合馆《生命阳光馆》滚动播映无障碍电影宣传片，向国内外参观者宣传上海无障碍电影的成长与发展。为此，上海电影评论学会无障碍电影项目荣获上海市精神文明建设委员会颁发的"迎世博贡献奖"。

图 5 世博会生命阳光馆

2011 年

3 月，上海电影评论学会主办的公益项目"残障人士观摩无障碍电影系列活动"成功启动，上海电影（集团）有限公司、上海美术电影制片厂、上海市残疾人联合会、上海图书馆等共同参与。项目历时一年，共制作无障碍电影《让子弹飞》《非诚勿扰2》《简·爱》等15部，举行无障碍电影观摩会120余场。

图6 "无障碍电影展映月"启动仪式
（上海电影评论学会提供）

4月22日，"说句话儿给党听"2011年上海市残疾人读书系列活动启动仪式在上海图书馆举行。上海市残疾人联合会、上海图书馆、上海电影评论学会联合推出"无障碍

图7 启动仪式现场
（上海电影评论学会提供）

电影放映"服务项目，计划在全市范围内设置100个无障碍电影放映点，培训100名无障碍电影放映志愿者，推动无障碍电影走进社区。

7月28日上午，国泰电影院放映了该影院第一场盲人无障碍电影《建党伟业》，由王世杰撰稿并解说。市残疾人联合会宣文体处负责人、无障碍电影志愿者蒋鸿源等到场。

图8 王世杰为盲人讲解电影
《建党伟业》（王世杰提供）

2011年下半年，上海人民广播电台8名新闻播音员：田

静、王涛、路平、金蕾、杨烁、张早、刘洁、曲大鹏加入无障碍电影志愿者队伍,并发起无障碍电影解说公益项目。此后,越来越多的播音员、主持人加入其中。

7月,静安区残联等单位举行纪念建党90周年"阳光电影"无障碍电影推介公益活动,放映无障碍电影《建党伟业》。区残联、市盲协、本市各区盲人代表等约300人观看。

11月25日至27日,上海电影评论学会首次举办"电影造型人物、电影道具触觉艺术展览"。展览提供了影片《大耳朵图图》中的人物或道具制作的"感觉艺术品",供盲人触摸品鉴。在此基础上,学会于2012年正式举办跟随无障碍电影放映活动展出的"电影造型人物、电影道具触觉艺术展览",增加了电影中经常出现的国旗、国徽的浮雕件,以及阿凡提、蒙娜丽莎、埃菲尔铁塔等的浮雕件,帮助盲人理解电影。

图9　电影道具触觉艺术展
（上海电影评论学会提供）

据2011年上海市残疾人事业统计分析报告披露,当年全市范围内已设立4个无障碍电影放映点。

2012 年

1月,上海市残疾人工作要点提出,成立"盲人电影院",发展无障碍电影。

6月27日,上海首家无障碍电影院在国泰电影院正式揭牌,并放映了由联合院线提供的韩国新片《雅典娜:无间谍局》,王世杰作无障碍解说。无障碍电影院公益项目由上海市残疾人联合会、上海市无障碍环境建设推进工作联席会议办公室推出,开创了商业影院提供无障碍电影服务的先河。揭牌仪式上，12名上海广播新闻中心播音员和资深讲解志愿者受聘成为无障碍电影讲解员。国泰电影院将于每月第四周在200座大厅免费放映无障碍电影专场，视障人士凭残疾证即可领票观影。

**图10 首块无障碍电影院铭牌
（国泰电影院提供）**

**图11 国泰电影院时任业务经理
张涌良（左一）、无障碍电影撰稿人
蒋鸿源（左二）与视障观众朋友合影**

7月26日、8月30日，上海市盲人协会共组织200余名视力残疾人在国泰电影院观看了无障碍电影《画皮2》和《机械师》。

9月，宝山区和嘉定区的两家商业影院挂牌成为无障碍电影院。

12月，国际残疾人日到来前夕，在"共享阳光，感知世界"为主题的"中国无障碍电影"捐赠仪式上，上海电影评论学会与上海音像出版社向视听残障人士代表捐赠近万套无障碍电影音像制品。

图12 "共享阳光，感知世界"捐赠仪式

2013 年

1月30日，上海市残疾人联合会在上海图书馆召开"2013年无障碍电影工作座谈会"。

4月21日,由上海市精神文明办、上海市残疾人联合会、上海广播电视台主办的"爱上海,做公益"2013年无障碍电影公益活动启动仪式在百联西郊广场举行。

图13　志愿者签名

4月,上海电影评论学会启动在黄浦区的10个社区实施的"失能、失聪、失明老人观摩无障碍电影"项目,并举办电影造型人物、电影道具触觉艺术展览。活动为期一年,其间放映无障碍电影百余场,直接受益达5 000余人次。

6月至9月,上海市的普陀、松江、闸北、杨浦、浦东、长宁、徐汇等区确定影院加入商业院线无障碍电影放映活动,方便残障人士就近观看。上海广播电视台"无障碍电影解说微信群"建立,方便每月无障碍电影解说任务发布和志愿者"抢单"。

8月10日,上海市委宣传部、上海市发展和改革委员会、上海市财政局、上海市残疾人联合会等12个部门联合签署的《关于推进本市残疾人文化建设的实施意见》发布。该意见强调:要从加大经费保障和加大政策支持两个方面,加大对残疾人文化建设的保障力度。要发展无障碍电影,逐步在区县增加无障碍电影放映专场和社区无障碍电影放映点的数量,满足残疾人多样化的文化需求。

图14　《关于推进本市残疾人文化建设的实施意见》在上海市残疾人联合会网站的页面截图

10月15日国际盲人节，上海市残疾人联合会、上海广播电视台在上海影城联合举办上海市首届"无障碍电影日"活动。一批知名广播电视节目主持人和播音员作为无障碍电影解说志愿者参加。上海市人大常委会副主任吴汉民、上海市副市长时光辉出席。无障碍电影解说志愿者方舟、金蕾和丁镭现场演示了《致我们终将逝去的青春》等影片无障碍解说片段，现场观众戴上眼罩体验视障人士观影感受。印海蓉等广播电视播音主持与盲人韩颖合作朗诵诗歌《梦想电影院》。活动放映了无障碍影片《团圆》。当日，上海市17家区县电影院都放映了无障碍电影，由上

图16　广播电视台解说志愿者与盲人代表共同朗诵诗歌

海广播电视台的播音主持志愿者现场解说。据统计，一年来，全市无障碍电影院为残疾人放映了40余场无障碍电影，观影残疾人达6 000多人次。

11月21日，《上海市实施〈中华人民共和国残疾人保障法〉办法》由上海市第十四届人民代表大会常务委员会第九次会议修订通过，自2014年4月1日起施行。该《办法》中对开设无障碍电影专场、举办无障碍电影日作出了明确的规定。这是全国首个用法规形式设立的无障碍电影日。

12月28日，上海广播电视台广播新闻中心无障碍电影项目获得由上海团市委、市文明办、市社会建设工作领导

图15　上海市首届"无障碍电影日"活动主会场上海影城

小组、市民政局和市慈善基金会共同颁发的 2013 年度上海十大青年公益项目称号。

12 月 30 日，公益新天地园举行第三届公益伙伴日活动。在无障碍电影展示体验现场，循环播放无障碍电影《集结号》和上海广播电视台广播新闻中心制作的无障碍电影宣传微电影《失明 33 天》。上海市委副书记李希、副市长时光辉到场参观，听取情况介绍。

12 月，上海电影评论学会的无障碍电影服务项目获得国家民政部"全国优秀志愿服务项目"二等奖。

图 17 "全国优秀志愿服务项目"二等奖奖牌（电影评论学会提供）

2014 年

1 月 15 日，上海市政府公布 2014 年与人民生活密切相关的十件实事工作计划，其中第五项为：在全市 16 家影院开设无障碍电影专场，为 2 万人次视力残疾人提供无障碍观影服务。

1 月，闵行区区级机关"我是你的眼——无障碍电影进社区"志愿者项目正式启动，招募机关青年党员志愿者 50 余人，邀请资深无障碍电影人士王世杰作志愿者培训。

3 月 26 日，徐汇区残疾人联合会与区文化局联合为田林街道"汇影心听"社区无障碍电影放映点揭牌。同年，该区又先后开设了徐家汇、天平、湖南、凌云、漕河泾街道及华泾镇等 6 个社区无障碍电影放映点。

4 月 21 日，上海广播电视台广播新闻中心的无障碍电影志愿者项目荣获"上海市十大社会主义精神文明好人好事"称号。

4 月 29 日，由上海高智网络股份有限公司投资的上海新华数字电影院线有限公司与徐家汇街道主办的无障碍电影《毛泽东与齐白石》首映式在徐家汇社区文化中心举行。该片解说尝试采用语音合成技术，通过"数字电影"平台放映。

6月12日，闵行区区级机关"我是你的眼——无障碍电影进社区"志愿者在莘庄阳光之家进行了首场无障碍电影解说。

7月16日，中国残疾人联合会副主席、常务副理事长孙先德一行在沪考察，恰逢上海无障碍电影放映日，他们与盲人们一起观赏了无障碍电影。

7月17日，上海高智网络股份有限公司将第一部数字版无障碍电影《毛泽东与齐白石》载入机顶盒发放至试点社

图18　上海高智网络股份有限公司在制作合成无障碍电影

区放映。该公司2014年共完成数字版无障碍电影16部。

7月25日，普陀区残疾人无障碍电影公益专场，放映动画片《龙之谷：破晓奇兵》。该片无障碍解说脚本由该片编剧钟岳峰撰写。这是本市第一部由制片方人员撰写的无障碍解说脚本。

9月4日，上海市残疾人联合会在徐汇区召开各区县残联分管领导及宣文干部参加的现场会议，部署10月15日"无障碍电影日"的相关事宜和2015年无障碍电影进社区工作。上海高智网络公司代表介绍设立新华数字电影院线的相关情况，并现场演示无障碍电影放映机。2015年起，市残联与上海新华数字电影院线有限公司合作，建立社区无障碍电影院线放映点，定期播放无障碍影片。

10月15日，由上海市残疾人联合会和东方广播中心共同举办的"上海市第二届无障碍电影日"活动在徐家汇社

区文化活动中心举行,活动主题为"无障碍电影进社区"。上海市政府、市文明办、市残联、上海文化广播电影集团有限公司、徐汇区委、区府的有关领导同志参加,与无障碍电影公益讲解员、撰稿人等志愿者代表亲切交谈,并与解说志愿者代表,盲人代表等共同启动社区无障碍电影院线。当日,全市各区县17家商业影院放映了无障碍电影《从哪儿来,到哪去》。

图19 第二届上海市无障碍电影日活动新闻报道截图

11月,上海市残疾人联合会与上海高智网络股份有限公司签署《无障碍电影项目合作协议书》。

12月3日,拥有100多名志愿者的上海广播电视台无

障碍电影公益解说项目获首届中国青年志愿服务项目大赛银奖。

据上海市残疾人事业发展统计公报公布,2014年,无障碍电影列入市政府实事项目,全市20家影院开设无障碍电影放映专场,全年放映了12部国内外新片,累计放映192场,受益残障人士达2万人次。

2015年

3月21日,闵行区区级机关"我是你的眼——无障碍电影进社区"公益项目举办培训交流会。

图20 培训会现场

4月18日,2014年度上海市公共文化建设101个创

新项目公告发布,"盲人编剧蒋鸿原'独守'无障碍电影——文化志愿服务,关注特殊人群"入选。

图 21 蒋鸿源(右)与解说志愿者、上海广播电视台主持人印海蓉在放映现场(蒋鸿源提供)

6月份,上海高智网络公司开始正式发放数字无障碍电影机顶盒,供街道乡镇放映点播映。

10月15日,由上海市残疾人联合会、上海广播电视台东方广播中心共同举办的上海市第三届无障碍电影日活动在上海电影译制片厂举行。市残联、东方广播中心和上海电影译制片厂共同签署《无障碍电影公益项目三方合作协议》。为无障碍电影解说做出积极贡献的10位志愿者被评

为"无障碍电影公益之星",嘉定广播电视台被授予"最佳组织奖"。

图 22 三方签署合作协议

图 23 上海广播电视台部分无障碍电影解说志愿者合影

12月5日,东方网报道了无障碍电影盲人撰稿审稿员韩颖女士的事迹。

据上海市残疾人事业发展统计公报公布:2015年,上海稳步推进社区无障碍电影工作,在社区设立60多个无障碍电影放映点,成立4个无障碍电影剧本撰稿团队,撰写

无障碍电影剧本 35 部,委托广播电台录制无障碍电影 16 部。商业影院全年放映 12 部无障碍电影,志愿者 200 余人次参与现场解说。

2016 年

2 月,上海首家无障碍电影机构"上海光影之声无障碍影视文化发展中心"(简称"上海光影之声")正式成立,法定代表人为无障碍电影撰稿审稿人、盲人韩颖女士。

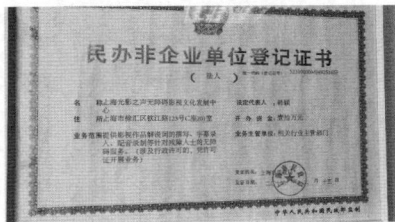

图 24　上海光影之声无障碍
影视文化发展中心登记证书
(上海光影之声提供)

3 月 16 日,《上海市人民政府贯彻国务院关于加快推进残疾人小康进程意见的实施意见》发布,提出通过政府采购、慈善捐赠、定向资助等

形式扶持开展残疾人群众文化活动,创建特色品牌。增设"阳光院线",实现无障碍电影放映点街镇(乡)全覆盖。

4 月 15 日,上海市公共文化服务工作协调小组将上海电影评论学会"安老无障碍电影服务云计划"列入《上海市 2015 年公共文化建设 150 个创新项目公告》,该项目通过移动互联网为老年人提供无障碍电影服务。

5 月,纪录短片《我是你的眼——闵行区无障碍电影志愿者行动纪实》由中央党校求索录像社向全国发行。

7 月 28 日,上海市残联宣文体处负责人参加无障碍电影放映活动,并与解说脚本撰

图 25　上海市残联宣文体处
处长周新建(左二)、蒋鸿源(右二)、
印海蓉(左一)(蒋鸿源提供)

稿人蒋鸿源,解说志愿者、上海广播电视台著名主持人印海蓉合影留念。

9月,上海光影之声组织一批失明人士担任无障碍电影观影体验员。

9月28日,上海市政府印发《上海市残疾人事业"十三五"发展规划》,规划在主要发展指标第18项规定,到2020年,"街镇(乡)无障碍电影放映点覆盖率要达到100%",具体要求:建立"阳光院线",在全市所有街镇的社区文化活动中心及残疾人活动场所设立无障碍电影放映点,并逐步向居(村)委活动室延伸。

10月15日,上海市残疾人联合会和东方广播中心联合举办上海市第四届"无障碍电影日"活动。仪式为金山广播电台、上海广播电视台技术运营中心广播技术部颁发2016年度无障碍电影最佳组织奖,为2016年度无障碍电影十大公益之星颁发荣誉证书,广播主持人集体表演了诗朗诵《长征》。上海16家影院放映了无障碍电影《我们诞生在中国》。

图26　上海第四届无障碍电影日
解说志愿者代表合影

10月31日,韩颖代表"上海光影之声"团队参加市残疾人创客201项目选拔大赛决赛。

图27　韩颖在选拔赛场上介绍
无障碍电影项目

11月,上海电影评论学会开始实施"安老助残无障碍电影服务云计划",项目为期三年。

图 28　老年和残障人士观摩无障碍电影
（上海电影评论学会提供）

11月8日，上海光影之声与复旦大学拓客科技教育协会 TECC 联合开展无障碍电影撰稿志愿者招募活动，光影之声资深撰稿审稿人对志愿者进行培训。

12月2日，上海光影之声无障碍电影项目获得市残疾人创客 201 项目选拔大赛二等奖，得到市残联创业孵化支持。市残联理事长、党组书记王爱芬，副理事长郭咏军等领导看望并鼓励韩颖。

图 29　上海市残疾人联合会
领导鼓励韩颖

12月6日，76岁的朗诵艺术家过传忠先生来到广播大厦，录制影片《辛亥革命》无障碍解说词。到场的还有解说词撰稿人王世杰、审稿人韩颖、广播电视台志愿者曲大鹏、"上海光影之声"志愿者于江、马卫等。

图 30　过传忠在录音

图 31　志愿者在广播大厦前合影。
从左至右：于江、王世杰、曲大鹏、
过传忠、韩颖、马卫。（张喜枝摄）

2017 年

2月23日，国泰电影院放

266

映国产影片《摆渡人》无障碍专场。该片导演张嘉佳、男主角的配音演员叶青在放映结束后与视障观众交流互动。该片同时在上海全市 16 家影院放映。来自上海广播电视台的播音主持人和喜马拉雅 FM 爱心主播团队分别为视障观众现场解说。

图 32 《摆渡人》导演、
主创人员见面会

图 33 影片《摆渡人》导演张嘉佳
在见面会上

同日,市残联兼职副理事长金晶、宣文体处负责人等一行来到上海光影之声办公室考察无障碍电影工作。

3 月 10 日,上海光影之声资深撰稿审稿人于江、马卫、沈颖闻通过微信群,对复旦大学 40 余名撰稿志愿者进行了线上培训。在近 2 个半小时里采用文字、语音、图片等形式,进行了专题解答和自由问答。

5 月 7 日,复旦大学拓客科技教育协会 TECC 举办的首届无障碍电影节开幕。

图 34 大学生志愿者代表发言

图 35 全体合影

5月9日,著名播音艺术家陈醇、著名主持人文仪在广播大厦为影片《遵义会议》无障碍解说脚本录音。

图36 陈醇(左)、文仪(右)在录音

6月21日,上海电影评论学会在上海国际电影节举办之际,为视障人士放映无障碍电影《春蚕》。

7月12日至13日,台湾视力障碍者组织"葡萄园关怀协会"代表团一行5人访问上海市盲人协会,参观了上海光影之声无障碍影视文化发展中心,观看了无障碍电影《小时代》。

8月12日,本书作者、无障碍电影志愿者马卫的摄影作品《上海视障人的文化大餐——无障碍电影》在上海市民政局、上海市福彩中心举办的慈善摄影大赛中荣获二等奖。

图37 获奖照片

10月12日,中央电视台《新闻1+1》节目播出《盲人电影院:谁是你的眼》专题,专门介绍无障碍电影。主持人白岩松对上海无障碍电影给予高度评价。

10月13日,上海市残疾人联合会、东方广播中心在国泰电影院联合举办第五届上海市无障碍电影日活动。活动向上海市定点商业影院颁发"无障碍电影放映点"铭牌;向推进社区无障碍电影发展的"上海光影之声"授予2017年度"阳光院线"社区无障碍电影团队奖。活动放映了由秦怡、佟瑞欣主演的影片《青海湖畔》，佟瑞欣亲自为残障观众解说。上海全市 16 个区的定点商业电影院放映该片。

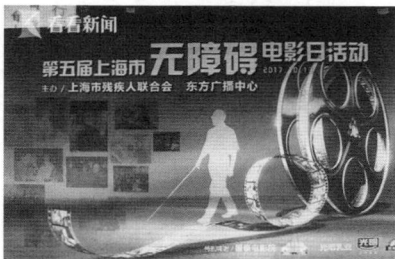

图 38　第五届上海无障碍
电影日宣传背景牌

10 月 21 日，上海光影之声举办首次无障碍电影研讨会。一批新老无障碍电影撰稿志愿者、上海广播电台解说志愿者代表、无障碍电影后期合成机构代表及盲人观众代

图 39　本书作者马卫在研讨会上发言

图 40　董琳娜女士在研讨会上发言

表等出席。西班牙巴塞罗那自治大学博士、上海外国语大学在读博士生董琳娜(Irene Tor Carroggio)女士出席研讨会并介绍了欧洲无障碍电影概况。

据有关部门统计，截至 2017 年底，上海各区定点商业影院先后开设无障碍电影专场。共有 18 家商业影院每月为残疾人放映一场无障碍电影，每年放映 200 多场次，为 2 万余名残疾人提供观影服务，5 年来累计服务达 10 万余人次。

2015 年起陆续设立的社区"阳光院线"，至 2017 年已在上海全市开设 160 多个社区无障碍电影放映点。一大批播音员主持人、电影演员、朗诵艺术家等参与院线现场解说和脚本录音制作志愿活动。

图41　无障碍电影志愿者
在上海广播大厦录音棚工作
（右为录音师汤泓,左为曲大鹏）

2018 年

1月10日,上海光影之声与徐汇区古美街道残联、古美齐心社区助残服务中心联合举办无障碍电影专场活动,放映《触不可及》,并座谈听取视障人士的意见建议。

图42　电影《触不可及》无障碍版
放映现场

1月17日,东方电视台新娱乐频道《嘎三胡》节目播出反映上海无障碍电影的专题短片。

1月23日,广播艺术家张民权为影片《百鸟朝凤》录制无障碍解说词。

图43　张民权在录音

4月17日,复旦大学拓客科技教育协会 TECC 举行第二届无障碍电影节。

图44　大学生志愿者蒙眼
体验无障碍电影

4月20日,上海市慈善基金会"蓝天至爱计划 CSR 在行动"项目签约会在浦东举行。上海光影之声的阳光社区无障碍电影公益项目成功入选。

5月2日,闵行区区级机关"我是你的眼——无障碍电影志愿者行动"2018年度启动仪式在江川路街道钟书阁书店举行。

5月5日,上海光影之声召开2018年无障碍电影研讨会,主要讨论制定首部《无障碍电影解说词撰写规范(试行)》。

5月28日,"六一"儿童节前夕,又值第19个"上海助残周"之际,上海广播电视台无障碍电影志愿者团队和上海光影之声志愿者团队来到上海盲童学校,为视障儿童放映无障碍电影《萌犬好声音》。上海广播电视台主持人李欣和青年歌手黄龄现场解说。此次儿童节无障碍电影专场活动首次同时在上海、成都、青岛、西安、南京、重庆、杭州、扬州等八个城市开展,由上海

方面统一提供解说脚本,各地的志愿者前往当地盲校、特殊教育学校进行现场解说。

图45 李欣(右)和黄龄(左)在八城市无障碍电影儿童专场活动展示牌前合影

图46 志愿者与盲校学生接触导盲犬

6月14日，上海市第二届听障妇女儿童家庭公益电影季开幕式暨聋人纪录片创作大赛开幕式启动仪式举行。

图47 开幕式启动仪式
（上海电影评论学会提供）

6月25日，第二十一届上海国际电影节期间，金爵奖入围竞赛纪录片《盲行者》在国泰电影院举办了盲人无障碍版公益放映，这是我国电影史上第一次有视障群体参与国际电影节。影片放映前，影片主角曹晟康、导演韩轶、制片

图48 视障观众排队等候

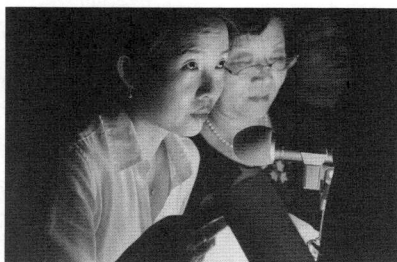

图49 韩轶与志愿者顾卫芳共同解说

人柯文思等主创人员与来自全市的 200 余名盲人朋友见面交流。导演韩轶与解说志愿者顾卫芳共同现场解说。

同日，上海《新民晚报》上由上海市残联主办的《阳光天地》专栏（253 期）刊登《30 人话 30 年 上海残疾人事业跨越式发展》专题，刊登了上海无障碍电影发起人蒋鸿源的《盲人圆梦无障碍电影》和全国自强模范、上海光影之声主任韩颖《关爱点亮我的人生》的文章。

9月1日，上海广播电视台无障碍电影公益解说团队被上海市残疾人联合会、上海市人力资源和社会保障局评为"上海市扶残助残先进集体"。

9月25日,上海光影之声在徐汇区长桥街道面向视障群众开展调研活动并为他们放映无障碍电影。

图 50　无障碍电影问卷调研现场

10月15日,上海市残疾人联合会、上海人民广播电台联合在国泰电影院举办上海市第六届无障碍电影日活动,活动主题是"为你点亮心里的灯"。上午在影院的2号厅举行颁奖仪式,市残联副理事长郭咏军及市盲人协会、东方广播中心等机构负责人向获得"2018年度无障碍电影解说志愿者组织奖"的浦东广播电视台志愿者团队、"'阳光院线'社区无障碍电影十佳志愿者"、"商业院线无障碍电影解说十佳公益之星"、上海广播

电视台技术运营中心广播技术部等颁发了奖状、锦旗和荣誉证书。

随后放映故事片《那些女人》。该片主演、上海演员剧团团长佟瑞欣与广播电视台志愿者余音共同作现场解说。230余名视障群众参加颁奖活动并欣赏电影。同时,国泰电影院在1号厅为200余名视障群众放映无障碍电影《顾盼盼的音乐梦想》。当日,上海

图 51　志愿者马卫向广播电视台解说志愿者代表曲大鹏赠送摄影作品（程虹摄）

图 52　佟瑞欣（左）与余音共同解说

市 16 个区的定点商业影院分别为视障人士放映该片。

同日下午,在新衡山电影院为上海市盲童学校的 200 余名学生专场放映喜剧动画电影《阿凡提之奇缘历险》无障碍解说版。该片在当月全国上映,基本实现了无障碍版和大众版同步问世。导演刘炜来到放映现场与视障孩子们互动。上海广播电视台解说志愿者陈蔚作现场解说。

上海广播电视台无障碍电影公益解说团队和上海光影之声精心策划,联手南京、杭州、贵阳、成都、重庆、青岛、南宁、哈尔滨、南通、西安、什邡、扬州、上饶、安庆、鹤壁、长沙、宁波等共 18 个城市,发起了"无障碍电影进校园——全国爱心联动第二季儿童专场活动",为盲童放映《阿凡提之奇缘历险》。据各地不完全统计,受益儿童合计达 1 000 多人。

图 53　导演刘炜与孩子们交流互动

图 54　开心的盲校学生们

图 55　全国联动宣传版面

10月24日,徐汇区无障碍电影"邻里汇"放映点揭牌并举行首映式。至2018年10月,该区已经在13个街镇布设了18个放映点,实现了街镇100％全覆盖和"邻里汇"100％全覆盖。

10月29日,上海光影之声在上海市残疾人联合会201创客空间举办中美无障碍电影制作经验交流活动。美国音频描述协会(LLC)主席施

耐德(Joel Snyder)博士应邀出席并作专题讲座,双方进行了友好交流。"光影之声"中心主任韩颖、志愿者团队成员等共计约40人参加。

10月31日,上海电影评论学会主办的第二届听障妇女儿童家庭公益电影季闭幕式暨聋人纪录片创作大赛颁奖典礼在上海市群艺馆举行,活动集中展示了项目取得的主要成果,表彰了一批优秀聋人无障碍电影作品及创作团队。

图56　交流活动会场(上海光影之声提供)

图57　韩颖主任(右)与施耐德博士交流(上海光影之声提供)

**图58　闭幕式颁奖
(上海电影评论学会提供)**

11月13日,上海光影之声无障碍电影文化发展中心在复旦大学举行第四批无障碍电影解说脚本撰稿志愿者

培训活动。

12月5日，上海市残疾人联合会副理事长郭咏军及相关部门负责人在国泰电影院调研本市无障碍电影活动情况。

12月15日，上海—杭州无障碍电影志愿者交流活动在上海举行。

图59 曲大鹏介绍

图60 杭州广播电台无障碍电影志愿者雷鸣交流

12月24日，该月院线无障碍电影放映主旋律影片《李保国》。该片导演赵琦来到普

陀区无障碍电影活动现场，为视障观众们讲述影片主创团队深入太行山区实地采访拍摄创作过程。

图61 影片《李保国》放映中，志愿者在解说

截至2018年底，由上海广播电视台牵头组织的无障碍电影解说团队的志愿者已经发展到330余人，其中包括播音员、主持人，还吸收了演员、朗诵爱好者、大学相关专业师生等，在上海市18家影院提供无障碍电影解说，全年推出院线无障碍电影专场达221场，服务视障人群多达2万余人次。上海"光影之声"共制作完成供"阳光院线"放映的无障碍电影50部，为商业院线无障碍电影专场提供解说脚本5部。"阳

光院线"无障碍放映点发展
至 185 个。

2019 年

1 月 4 日，上海市残疾人
联合会印发《2019 年上海市残
疾人工作主要安排》，提出增
加商业影院无障碍电影放映
数量，鼓励、支持无障碍电影
志愿者团队发展。

2 月 22 日，商业院线放映
大年初一上档的贺岁片《飞驰
人生》无障碍版。《飞驰人生》
导演韩寒先后出席徐汇区新
衡山电影院和普陀区华谊兄
弟上海影院举行的导演见面
会。上海市残疾人联合会副
理事长郭咏军出席。《飞驰人

图 62　导演韩寒在《飞驰人生》
视障朋友见面会上

图 63　上海市残联领导与
志愿者代表座谈

生》是沪上首部在放映档期同
步推出的无障碍专场影片。
放映结束，市残联领导与无障
碍电影志愿者代表座谈。

2 月 23 日，韩寒在他个
人微博上感言："走进电影
院，看到那些优秀的主持人
在为台下的数百名视力障碍
观众朗读着电影配说词，我
很感动。以后我本人以及亭
东影业制作出品的所有电
影，都会在上映第一天同时
提供无障碍版本的拷贝。电
影就是造梦，想象力是我们
拥有的至高情感与权利，电
影属于每一个人。"

3 月，全国人大代表、中
国电影导演协会副会长贾樟
柯，在第十三届人大二次会
议上递交了《关于发展我国

277

无障碍电影事业的议案》,希望推动中国无障碍电影发展,满足广大残疾人朋友的文化需求。这是全国"两会"历史上收到的第一份有关无障碍电影的提案。贾樟柯在接受采访时说:提出议案的初衷是在13年前的2007年,他导演的电影《三峡好人》在上海的支持下做成了给视力障碍人士看的版本,收到了良好的效果。

4月2日,复旦大学拓客科技教育协会 TECC 第三届无障碍电影节开幕。

图64　大学生志愿者与
"光影之声"志愿者

4月10日,上海光影之声创办人、主任韩颖入选上海市精神文明建设委员会"2018年度社会主义精神文明建设十佳好人好事"。

4月19日,上海电影评论学会主办的第三届听障妇女儿童家庭公益电影季开幕式暨聋人微电影创作大赛启动仪式举行。该届活动设计方案荣获上海市妇联2019年度妇女儿童家庭公益服务创新项目大赛一等奖。

图65　上海电影评论学会秘书长
黄一庆(中)、活动形象大使
赵文娜(右三)与志愿者代表合影

4月25日,徐汇区人大常委会副主任朱伟红带领执法检查组对徐汇区贯彻实施《残疾人保障法》工作情况开展调研。对徐汇区积极推动无障碍电影进社区,提前实现了街镇及社区无障碍电影放映点100%全覆盖的目标表示肯定。

4月26日，闵行区区级机关"我是你的眼"无障碍电影志愿者团队成员举行会议，分享参与无障碍电影志愿行动心路历程，研商2019年进一步做好该公益项目。

5月13日，在全国助残日和上海助残周之际，上海广播电视台东方广播中心、市残联、普陀区残联在普陀区华谊兄弟上海影院举办影片《进京城》无障碍电影专场放映和主创人员见面会。影片导演胡玫、主演马敬涵来到现场与200余名视障听障人士交流互动。

图66　《进京城》无障碍电影放映仪式

5月16日，在第六次全国自强模范暨助残先进表彰大会上，上海广播电视台无障碍电影公益解说团队获"全国助残先进集体"荣誉称号。团队发起人、上海东方广播中心曲大鹏代表团队前往北京参加表彰大会，并接受习近平等党和国家领导人接见。

图67　上海广播电视台无障碍电影志愿者团队在新衡山电影院

5月13日至6月1日，由上海广播电视台无障碍电影公益解说团队、上海市志愿服务公益基金会七彩之心专项基金、上海光影之声和上海亭东影业有限公司主办的"无障碍电影进校园全国爱心联动"（第三季）《飞驰人生》放映专场，联合上海、杭州、南京、安徽、青岛、哈尔滨、宁波、成都、什邡、扬州、长沙、西安、重庆、鹤壁、安庆、潍坊、菏泽、上饶、珠海、佳木斯、贵阳、芜湖、乌鲁木齐等23个城市盲童学校和特殊教育学校共同举行。

当地广播电视台播音员主持人志愿者参加现场解说。

谈。据介绍,该公益解说团队的总人数已经达到了385人。

图68 无障碍电影《飞驰人生》进校园全国联动宣传图

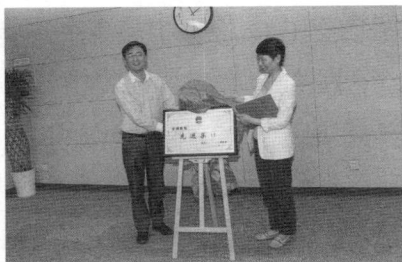

图69 郭咏军(左)与金丹(右)交接奖牌

图70 与会人员合影留念

6月6日,上海市残疾人联合会与上海广播电视台举行"全国助残先进集体"奖牌交接仪式。市残疾人联合会副理事长郭咏军、上海广播电视台纪委书记金丹出席。上海广播电视台无障碍电影公益解说团队发起人曲大鹏和团队代表参加交接仪式并座

6月15日,上海外国语大学在读西班牙博士留学生董琳娜(Irene Tor Carroggio)与上海广播电视台无障碍电影解说团队志愿者在徐汇区残联的协助下,假座华东师范大学进行无障碍电影机器人语音合成与真人配音试验调研,对使用人工智能语音合成为无障碍电影解说进行配音技术进行探索。

8 月 9 日，由国际公益学院华东发展中心和上海广播电视台无障碍电影公益解说团队主办的中外无障碍电影交流分享沙龙在浦东兰馨悦立方影城举行。沙龙放映了于同日上映的新片《上海堡垒》，浙江大学传播学教授、《听见　看见——影视媒体的无障碍传播研究》一书作者李东晓，上海外国语大学西班牙在读博士留学生、视觉讲述研究学者董琳娜（Irene Tor Carroggio）作专题发言。京沪两地助残公益组织代表就中国无障碍电影的机遇与挑战等话题进行交流。20 余位视障人士参加了观影交流活动。

图 72　浙江大学传媒学院教授李东晓在交流中

图 71　交流分享沙龙

10 月 15 日，以"庆祝新中国成立 70 周年，感受英雄荣耀时刻"为主题的第七届上海市无障碍电影日活动在国泰电影院举行。活动由上海市残疾人联合会、上海人民广播电台主办。上海广播电视台无障碍电影解说志愿者团队曲大鹏向视障朋友报告团队获得"全国助残先进集体"荣誉称号的喜讯。为了配合国庆 70 周年献礼影片《攀登者》无障碍放映活动，主办方特邀中国登山家、2019 年"劳伦斯体育奖"获得者夏伯渝,纽约长岛残奥会冠军、现任上海市盲协主席赵继红,前中国轮椅击剑队队长、雅典残奥会冠军张冲担任嘉宾,与残障观众互动交流,分享他们身残志坚的奋斗经历,传递勇敢无畏,攀登高峰的精神力量。上海其余 16 家无障碍电影院同时放映无障碍电影《攀登者》。

图 73　影厅会场

图 74　上海市残联宣文体处处长
孙献忠(左)与上海市盲童学校
教导主任李忠在活动现场

同日,徐汇区残疾人联合会与上海光影之声无障碍电影文化发展中心在虹梅街道社区文化活动中心联合举办"汇影有爱——徐汇区 2019 年'无障碍电影日'暨社区无障碍电影五周年活动"。

图 75　上海大学教师吴笑(左)
与韩颖共同主持活动
(上海光影之声提供)

同日,闵行区残联与上海国际康复活动中心联合成立的无障碍电影诺宝展映基地举行揭牌仪式,并组织视障朋友观看了无障碍电影《遵义会议》。

10 月 15 日,国际盲人日和第七届上海市无障碍电影日之际,上海广播电视台无障碍电影公益解说团队牵头全国 41 个城市的盲童学校和特殊教育学校开展了"无障碍电影进校园"全国爱心联动(第四季）活动，为残障儿童放映电影《烈火英雄》。在上海盲童学校放映现场，登山家夏伯渝为孩子们讲述了自己登山追梦的故事。

图76　无障碍电影《烈火英雄》进校园活动宣传图片

11月15日，上海电影评论学会举办"第三届听障妇女儿童家庭公益电影季活动"闭幕式。本届活动期间，共制作无障碍电影10部，微电影创作大赛产生聋人公益微电影获奖作品10部，举办聋人公益电影讲座等专题活动。仪

图77　获奖人员合影

式上播放了聋人微电影大赛获奖作品《她的故事》《请给我一片蓝天》。

10月17日，"上海发布"根据上海市残联提供的资料发布公告：截至2019年10月，上海市总计已经开设商业无障碍电影院21家，设立社区放映点230个，可供观看的社区无障碍电影超过180部。同时公布了21家影院的名称、所在区、联系电话，方便残障人士电话咨询和前往观看。上海广播电视台无障碍电影公益解说团队自2013年以来，在商业院线无障碍影院共为视障人士提供了1 200多场解说服务。

11月26日，上海市电影发行放映行业协会联合上海电影家协会、上海电影评论学会、上海电影技术厂有限公司创设的"至爱影院——无障碍观影"项目启动仪式在红星电影世界上海汶水路超级店举行。这是一种全新的视障人士无障碍观影形式。仪式宣

布了聘请的艺术家、技术专家顾问名单。中国传媒大学电视学院、中宣部电影技术质量检测所、上海市委宣传部、上海红星美凯龙影业发展有限公司的有关负责人、影片《大河唱》导演杨植淳等到会致辞。仪式结束后放映了无障碍版纪录电影《大河唱》。

图78　仪式上视障人士代表合影庆祝

11月30日，上海电影评论学会的无障碍电影活动参加宝山区社区艺术节，现场展示了学会制作的无障碍电影《流浪地球》《晚秋》《上海的女儿》及自制微电影《她的故事》等光盘，介绍了学会举办的第三届听障妇女儿童家庭公益电影季的实施情况和成果。

12月29日，上海光影之声举办2019年无障碍电影撰稿研讨会。研讨会围绕脚本撰稿"声画同步"专题进行研讨。

图79　资深撰稿人于江发言

图80　残疾人代表林勇（左一）、孙晔（左二）、陈歆（右二）、孙科弥（右一）出席研讨会（上海光影之声提供）

2020 年

1月6日，"至爱影院——无障碍观影"项目召开新闻发布会，宣布由上海出品的首部无障碍商业电影《囧妈》已经完成无障碍音轨制作，将于1月25日（大年初一）在上海50

家星级影院与通行版同时登陆院线,视障人士将实现与家人同场观看新片的愿望。上海率先成为国内无障碍观影方式与国际接轨的城市。项目发起人之一、《囧妈》的导演暨主演徐峥出席新闻发布会并致辞。项目形象大使、为《囧妈》录制无障碍音轨的青年演员黄轩出席。上海市电影局、上海电影发行放映行业协会、上海市慈善基金会等单位负责人,项目平台单位代表及首批 50 家影院的代表出席新闻发布会。

图 82　黄轩接受采访

图 83　徐峥团队与市电影局、市电影家协会、市慈善基金会等领导合影

1 月 15 日,在上海市十五届人大三次会议上,市人大代表王秋月表示,上海无障碍电影已列入市政府基本公共服务项目,成为上海残疾人事业文化的品牌项目,但仍有很大提升空间,建议将无障碍电影列入无障碍环境建设立法,让无障碍电影真正"无障碍"。

5 月 13 日,上海市精神文明建设工作会议表彰了一批

图 81　徐峥致辞

先进模范,上海广播电视台无障碍电影公益解说获得优秀志愿服务品牌项目称号。

5月19日,在第九个国际无障碍宣传日即将到来之际,由深圳信息无障碍研究会、上海译迩信息科技有限公司、上海电影评论学会、第一财经公益基金会、上海出版印刷高等专科学校等联合组建的文娱无障碍项目组,应邀参加信息无障碍产品联盟发起的公益发声主题活动,播出项目组首部无障碍影片《山河故人》先导片,导演贾樟柯发来视频为宣传推广活动助阵。先导片发布宣传覆盖微博、微信、今日头条、百度、搜狐、中新网、人民网等90余家互联网和媒体平台,引起很大关注。在上海发起、主创基地设在上海的文娱无障碍项目携手北京、广州等地团队,以精心打造高品质无障碍文娱作品、实现多元化欣赏场景、形成科学高效制作流程标准为目标,切实丰富视障人群的文化生活。

图84 《山河故人》无障碍版宣传图片

6月16日,徐汇区残联和上海光影之声推出的"汇影心听"无障碍电影网络放映厅在喜马拉雅FM的支持下正式开播,首档播出的无障碍电影是《西虹市首富》,该活动将上海市政府的实事项目"阳光院线"服务延伸到了网络上,以适应疫情防控要求和残障人士的需求。

7月16日,由上海电影家协会、上海出版印刷高等专科学校、上海出版传媒研究院主办的"新媒体背景下无障碍电影建设与传播研讨会"在市文联大楼召开。市文联副主席沈文忠,上海出版印刷高等专科学校校长、上海出版传媒研究院院长陈斌教授,上海电影集团艺委会副主任汪天云,以及上海电影家协会、上海电影评论学会、上海电视艺术家协会、上海盲人协会等机构负责人等出席。上海市关心、支持、制作、传播、研究无障碍电影的专家学者和相关人士等参加。与会人员围绕无障碍电影与文化产业发展、上海文化品牌打造，无障碍电影传播与政府政策规制、校企合作培养人才，以及行业标准建设等问题，进行了深度交流研讨。

图85　新媒体背景下无障碍电影建设与传播研讨会(上海出版印刷高等专科学校提供)

资料来源：报刊、机构官网、微信公众号、有关社会团体及参与者

马卫编辑、整理

附录二 上海光影之声三次 "无障碍电影研讨会"述评

　　2020年2月6日清晨,笔者照例在5点左右起来。窗外还是一片黑暗,正月十三了,甚至没有一颗寒星。巨人般的城市还没有醒来。

　　这是一个冬天的战疫,一个还在战疫的冬天。这一个不能外出逛街、聚会、看电影的春节,倒给了我大把的时间整理书稿,增补大事记。

　　冥冥之中,脑海中突如电光石火,闪过几个短句:"紧贴实践,注重焦点,迈向专业"。这两天,我正准备把"上海光影之声第一次无障碍电影研讨会纪要"的附录,扩展成三次无障碍电影研讨会综述,当我在发言材料、录音资料中寻找头绪时,突然云开见曙光,主题和脉络都有了!

　　2017年至2019年上海光影之声关于无障碍电影的三次研讨会,虽然不是大咖云集,也做不到论文成叠,但是其大胆初创的意义,专注重点的苦心,现在看来,仍然弥足珍贵。

一、三次研讨会概况

(一)第一次研讨会　2017年10月21日

上海光影之声无障碍影视文化发展中心筹办的无障碍电影

研讨会在漕宝路的诺宝中心举行。这是上海首次召开无障碍电影研讨会。

上海无障碍电影发起人王世杰、"光影之声"资深撰稿人、审稿人和一批年轻解说脚本撰稿志愿者参加研讨。研讨会还邀请了市残联宣文处负责人、上海广播电视台解说志愿者团队代表、无障碍电影后期制作机构代表，以及盲人观众代表等出席，参加人员共计 40 人。

研讨会首先回顾总结了"光影之声"无障碍电影制作开展情况，为优秀解说脚本撰稿志愿者和复旦大学撰稿团队颁证。随后，与会人员围绕无障碍电影解说脚本撰稿艺术和方法进行发言。

交流发言题目如下：

1.《解说词撰稿中的几个问题分析》　　　　　　　王世杰
2.《浅谈电影动作画面的解说词撰写》　　　　　　于　江

图 86　2017 年研讨会合影（上海光影之声提供）

3.《撰稿者应有的精神修炼和艺术追求》　　　马　卫

4.《990 新闻主播从解说人的角度谈解说词》　曲大鹏

5.《撰稿中如何保持原片原味》　　　　　　　沈颖闻

6.《类型片中的客观与主观》　　　　　　　　林　勇

7.《欧洲无障碍电影概况》　　　　　　　　　董琳娜①

最后,市残联宣文体处处长周新建发言。

两个半小时的学术研讨交流内容十分广泛,与会人员都表示有启发和收获。

（二）第二次研讨会　2018 年 5 月 5 日

本次研讨会首先对"上海光影之声"成立一年多来无障碍电影制作情况进行回顾,然后重点讨论《无障碍电影解说词撰写规范》（讨论稿）。会议邀请了一批有创作经验的无障碍电影解说脚本撰稿人和盲人观众代表等进行集中研讨。与会人员围绕该规范的制定原则、思路、内容、重点、架构等做了重点发言。远在广州工作的资深撰稿人章娜通过微信连线作了发言。

几位撰稿人的发言都非常坦率且有见地,对于修改完善"撰写规范"很有帮助。

笔者记录了几位发言者的主要观点:

王世杰:恰当留白的作品才是高端的作品;

韩　颖:解说脚本的语言运用极其重要;

庄雪莲:隐藏自己的观点,把画面交给观众;

林　勇:解说词与画面对位的确定性和可适当调整性;

吕璇璇:忠于原片,尊重导演的构思,尊重演员的创造,要做好传播者;

于　江:探讨不同类型影片撰稿手法变化,不排除对影片作

---

① 　董琳娜是西班牙巴塞罗那自治大学、上海外国语大学博士生,西班牙籍。

精准点评。

　　笔者在发言中主要谈了三个问题：

　　1.我们面对着怎样的电影新时代与无障碍电影发展的新阶段；2.怎样正确评估撰稿队伍和撰稿水平现状；3.美国网飞公司的《音频叙述撰写指导手册》给我们的启发思考。结论是：深度思考盲人需求，不忘初心扎实前行。发言最后提出了制定《无障碍电影解说词撰稿规范》应取的态度：天地至繁，慎言对错；广纳良策，无问西东；探究规律，行稳致远。

　　会上还宣读了因病致盲的同济大学高级工程师、盲人计算机系统研发专家、中残联特聘信息无障碍专家朱双六的书面发言。他对《无障碍电影解说词撰写规范》从内容到结构都提出了很专业的修改建议，并对今后可派生的两大体系，即培训教材和行业标准进行了展望。

　　研讨会以后，"光影之声"再次征求具体修改意见，《无障碍电影解说词撰写规范》（试行）于同年7月定稿。

图87　2018年研讨会合影（上海光影之声提供）

（三）第三次研讨会　2019 年 12 月 29 日

这次研讨会的主题为：无障碍电影解说词撰稿的"声画同步"。光影之声团队成员、资深解说脚本撰稿人和部分年轻志愿者等约 40 人参加研讨会，市残联宣文体处处长孙献忠应邀出席。主持人、"上海光影之声"中心主任韩颖做开场白之后，便进入交流发言环节。交流发言题目如下：

1.《谈谈"声画同步"》　　　　　　　　　　　　　于　江

2.《撰稿规则千万条，"声画同步"第一条》　　　　马　卫

3.《无障碍电影撰稿中如何做到"声画同步"》　　　顾伟联

4.《如何处理战争片中的"声画同步"》　　　　　　林　勇

5.《"声画同步"与留白》　　　　　　　　　　　　庄雪莲

6.《镜头切分——"声画同步"的方法之一》　　　　蔡　茵

7.《片头曲的"声画同步"》　　　　　　　　　　　樊　力

8.《场景转换中的"声画同步"》　　　　　　　　　钱雨彤

9.《从一个摄像的身份出发谈"声画同步"》　　　　宣　宸

10.《从一个作家和解说人的角度谈"声画同步"》　吴斐儿

11.《从后期合成角度谈"声画同步"》　　　　　　　凌英韬

图 88　2019 年研讨会合影（上海光影之声提供）

二、三次研讨会之比较

三次会议的相同之处,会前周密准备,发言通知到人;议题有集中有开放,但研讨范围明确,都在解说脚本撰稿范畴;开会时先对工作进行总结等等,不再赘言。三次研讨会的不同之处和特点如下。

第一次,是探索中的起步,议题相对开放。在国内尚没有这方面研讨会的消息报道和举办先例可循。发言选题开放,涉及解说词撰稿多个方面的问题。

在重点和方向尚不明确的情况下,以开放式的思路集思广益,是自然的,也是必要的。实际上,讨论不够集中,观点较分散,甚至跑题的情况也在所难免。

第二次,研讨话题同一而角度多样。研讨会目标就是讨论《撰写规范》,虽然涉及解说脚本撰写的诸多方面,但是发言意见相对集中。发言者既对讨论稿发表意见,同时也对自身的撰稿体会经验进行梳理和总结。本次研讨会,对于无障碍电影的发展和规范化,对于撰稿质量效率的提高,都具有积极作用。实际上,这次研讨会对于撰稿新人又起到了以会代训的作用。研讨会的最终成果是为《撰稿规范》征集了许多有益意见,使之成为上海第一部无障碍电影撰稿方面的指导性规范。

第三次,选题特定,开口较小,便于深入。这样确定选题,便于多角度讨论,达到一定深度。研讨会的不少发言,除了 PPT 演示,还有短视频加持,提高了发言效果,颇有一定专业色彩。纵观这些发言内容,从理论方面看,有对"声画同步"定义到运用的探讨,有对"声画同步"是原则还是方法的辨析;从应用场景方面看,有"声画同步"中的镜头切分,场景转化中的"声画同步",战争片中的"声画同步"等;从专业技术方面看,有关专业人士从解说者的角度、从电影摄像层面、从后期制作合成的技术要求出发,谈了对"声画同步"的理解和要求。本次研讨会虽然请了两位并非是撰稿人出席,但是他们都能从各自业务专长的角度围绕主题发言,给参会者带来了不同的收获。

客观地说,大部分资深撰稿人本身具有文科学历背景和文化教育新闻宣传等方面的工作经历,加之多年来的撰稿实践经验,已经有了很高的撰稿水平,这种高水平,来自对无障碍电影撰稿的"用力、用心、用情",来自对事业的专心融入和严谨态度。

三、反思不足

一是在发言时间长短的安排。第一次每人的发言时间为 20 分钟,可以做到既不冗长,也足够表达;第二次时间的大致相同,因为是专题讨论,可以有话则长,无话则短;第三次每人发言限时 8 分钟,还包括 PPT 中举例的影片视频片段的时间,显得有一些急促,被笑称为"快闪研讨"。当然,研讨会应当有话则长,无话则短。发言时间长短的规定,还是需要根据实际认真考量。

二是研讨会的理论层面显得薄弱。有的发言问题切得很准,举例也十分恰当,但是论证观点解决问题的理论依据显得薄弱,缺乏说服力。多年来,上海无障碍电影发展中存在的问题之一,就是缺乏高等院校的参与。这两年来,北京的无障碍电影事业已经在尝试与高校合作,而且是中国传媒大学这样的专业高校密切合作,这样既有理论基础,又有专业人才,推动很有力度。这是无障碍电影加速全面发展必要条件,也是上海无障碍电影需要尽快补上的短板。

三是研讨会还是缺少一点全国视野和世界眼光,除第一次研讨会上有一位外国学者发言以外，尽管在整体策划和交流中，凸显务实，但眼光不广，高度略逊。这是今后应当加强和提高的。

总之，紧贴实践，关注焦点，迈向专业，这是上海光影之声无障碍电影撰稿研讨会走向成熟的脚步，也是无障碍电影研讨应有的价值取向。

我们相信，上海光影之声的志愿者们，将与全国各地众多投身于无障碍电影事业的人们一起努力耕耘，必将迎来无障碍电影理论研究和实践创新百花齐放的春天！

马　卫

附录三　上海光影之声"中美无障碍电影制作经验交流会"纪要

一、交流会概况

2018 年 10 月 29 日,上海光影之声无障碍影视文化发展中心假座洛川东路上海市残疾人联合会 201 创客空间,举办中美无障碍电影制作经验交流活动。美国盲人委员会音频描述主管、美国口述影像协会(LLC)主席施耐德博士(Joel Snyder)应邀出席,并作专题讲座。上海光影之声中心主任韩颖女士和志愿者团队成员、闵行区无障碍电影撰稿团队代表、无障碍电影数字化合成机构负责人等约 40 人参加交流会。

施耐德博士是国际公认的世界上最早的"口述影像"专家。他善于将视觉图像翻译为生动的语言,主要为盲人和视觉障碍人群服务。施耐德博士出版有专著 *The Visual Made Verbal*(《视觉化口头表达》)。

在讲座中,施耐德博士介绍了口述影像在美国的产生、用途和普及情况,结合播放无障碍影片片段的音频,阐述文稿撰写的艺术特点和要求。最后,他强调了口述影像的几个重要元素:观察、选择、语言和录制。

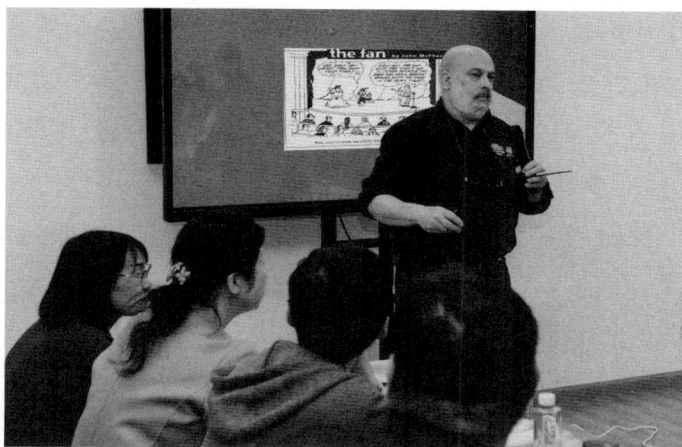

图 89　施耐德博士在讲授中（上海光影之声提供）

　　韩颖主任介绍了上海无障碍电影的起步和发展，以及上海光影之声成立以来的工作开展情况。

　　互动交流阶段，与会人员就美国无障碍电影发展趋势，如何处理无障碍电影制作数量和质量的关系，无障碍电影视觉讲述撰稿的难点问题，视障人群如何便捷欣赏无障碍电影，以及无障碍电影发展中涉及的版权等问题，进行了广泛深入的交流。

图 90　施耐德博士与解说脚本撰稿志愿者交流

四个小时的交流活动内容丰富,互动热烈,学术气氛浓郁。据悉,这是上海首次开展无障碍电影制作方面的中外交流活动,对于学习借鉴国际先进理念和经验,促进上海无障碍电影制作水平提高,具有积极的意义。

用一位参与交流活动同仁的话说:"这种国际化的交流研讨很有意义,既是为我们打开一扇通向世界的窗户,更是为了与世界一起前进,为视障人群的福祉而努力!"

二、施耐德博士谈声音描述艺术

施耐德博士讲座的内容十分丰富,有一些观点十分经典有益。笔者根据现场翻译录音整理出以下十条。

1. 声音描述其实是一种文学艺术形式。文学艺术是一个很宽泛的定义,如果从狭义上来说,可以说声音描述是一种诗歌,是一种像日本的俳句那样的诗歌,短小精悍的诗歌。

2. 声音描述是用尽可能少的语言去描述可以被看到的东西,然后将这些视觉上的东西,变成语言文本上的东西,变成听觉上能够听到的东西,变成可以用口头表述出来的东西。用简洁的、生动的、富有想象力的文字去将视觉图像中想要传达的东西传达出来,传达给有需求的人群。

3. 在声音描述中,时间点是非常重要的。脚本上要有很清楚的时间码标注,画面与时间的结合,每一个时间都要卡得很精准,为后期制作的人做参照。所有的文字都是围绕着原有的画面声音来创作的。

4. 观察。这是最重要的。仔细观察会知道很多东西。一个高效的解说员,会提高自己的敏锐性,变成一个很活跃的观察者,提升自己的视觉文化素养,把周边可见的视觉世界,用更高的维度呈现出来,然后把这些图像分享给周围的人。

5. 选择。排除之后才有强调,让观众看到更多的重要的东西,所以要将无关紧要的东西剔除出去。一个描述者必须去编辑,或者去精选他所看到的东西:什么是最重要的,什么是对人们理解和欣赏作品最关键、最值得注意的部分。只有通过选择、排除、强调,才能明白事物的本质。还要注意那些一带而过的细节,可能是后面情节的伏笔。

6. 语言。要用最恰当的语言去表述。用词要准确和有音韵。要用客观的、生动形象的、具有想象力的语言去描述画面。

7. 要会用比喻,用象征来修饰。比喻和象征等修辞手法,可以使解说更具有画面感,描述者要有情趣和有想象力地去讲一些独特的东西。你的想象力在你聚焦的范围之外。有些比喻其实并不是在画面中,是描述人想象出来的。但是这些语言可以帮助盲人在理解这些画面的时候,增加合理的艺术性。

8. 要谨记,用简洁和凝练的语言去描述。一定程度上讲,少就是多。写得更短、更凝练往往需要更多的时间。这样,解说语言就能保持很大程度上的客观性。不能过度地去解读、解释那些东西,去包装那些东西,让听众自己去决定。

9. 动作可能表达他的内心情感,但你不能去臆测,不能用主观臆想去表达。我们看见的一个事物,不是一个事物的客观本身,而是通过自己的主观意识反映出来的映像。

10. 电影中有一些声音上的留白,其实这些留白是电影制作中刻意体现的艺术性的东西。这时,再加上一些声音描述,就会破坏艺术本身想留给大家的思考空间。这时不妨保守一些,尊重导演想要通过空白传达的信息。

（以上根据经验交流会中文翻译录音整理摘录,现场口译:刘迪一）

图 91　施耐德博士与翻译刘迪一

图 92　韩颖女士向施耐德博士赠送残障儿童制作的纪念品

图 93　中美无障碍电影交流会全体合影

三、伊朗影片《天堂的颜色》片段无障碍解说词（中英文对照）

伊朗影片《天堂的颜色》是 Varahonar Company 制作发行的剧情片，于 1999 年 2 月 8 日上映。该片讲述了对生活充满热诚与希望的视障孩子穆罕默德短暂的一生。此小节是描述穆罕默德把一只从窝里掉到地上的雏鸟，艰难地送回树上鸟窝的过程。施耐德博士在讲座中举例分析了该片段场景描述技巧。

表 1　《天堂的颜色》解说脚本分析（中英对照）

英　文	中　文	撰稿技巧
Mohammed kneels and taps his hands through the thick ground cover of brown curled leaves. A scrawny nestling struggles on the ground near Mohammed's hand. His palm hovers above the	穆罕默德跪下来，手穿过地上厚厚的卷曲状棕色树叶轻轻拍打。 地上，一只骨瘦如柴的雏鸟在他手边挣扎着。 他抬起手掌罩在幼鸟的	描述树叶的颜色，告诉听者这个季节是秋天。颜色在描述中是非常重要的，可以有很多作用。

无障碍电影

（续表）

英　文	中　文	撰稿技巧
baby bird. He lays his hand lightly over the tiny creature. Smiling, Mohammed curls his fingers around the chick and scoops it into his hands. He stands and strokes its nearly featherless head with a fingertip. Mohammed starts as the bird nips his finger. He taps his finger on the chick's gaping beak. He tilts his head back, then drops it forward. Mohammed tips the chick into his front shirt pocket. Wrapping his legs and arms around a tree trunk, Mohammed climbs. He latches onto a tangle of thin, upper branches. His legs flail for a foothold. Mohammed stretches an arm between a fork in the trunk of the tree and wedges in his head and shoulder. His shoes slip on the rough bark.	上方,然后把手轻轻地放在这个幼小的生命上。他微笑着屈起手指,把这只小鸟包入手中。他站起身,用一根手指尖轻戳小鸟还没有长出什么毛的脑袋。 当这只鸟开始咬他的手指时,穆罕默德先用手指轻轻点点雏鸟的喙,让它头向后仰,又向前倾。手中的鸟儿叽叽叫着,树上也有鸟儿喳喳应着。穆罕默德仰头往上,停了一会儿,随后,他将这只雏鸟放进衬衫口袋。然后用腿和胳膊缠住一棵树干,开始向树上攀爬。 他一只手抓住高处细一些的树枝,双腿摸索着寻找支撑点。他将一只手臂穿过树杈,顺势挤进自己的脑袋和肩膀,他的鞋子在粗糙的树皮上打着滑。	在这里的动作描述,是把这只掉落到地上的雏鸟"包"入手中,而不是用"抓",不用"拎",这样生动而准确。几个动词,都是用的 T 打头的,听起来音效舒适。
He wraps his legs around the lower trunk, then uses his arms to pull himself higher. He rises into thicker foliage and holds onto tangles of smaller branches. Gaining his footing, Mohammed stands upright and cocks his head to one side.	他将双腿缠绕在低处的树干上,利用胳膊使劲把自己往上拉,他成功地爬上了高处更茂密的树叶丛中,并抓住了一把交缠着的枝条,设法立稳脚跟。他站直身子,向一侧偏头倾听。	特别强调了要描述好人物在爬树时的动作。
An adult bird flies from a nearby branch. Mohammed extends an open hand. He touches a branch and runs his fingers over wide, green leaves. He pats his hand down the	一只成年鸟儿从身旁的树枝上飞过。穆罕默德伸出手掌,触摸到一根树枝,一丛宽阔的绿叶在指缝中掠过。 他用手估摸了一下树枝	这里提到一只成年的鸟儿飞过,这个细节很重要,为下一节这只鸟儿的出现埋下伏笔。

302

（续表）

英　　文	中　　文	撰稿技巧
length of the branch. His fingers trace the smooth bark of the upper branches, search the network of connecting tree limbs, and discover their joints. 　　Above his head, Mohammed's fingers find a dense mass of woven twigs—a bird's nest. 　　Smiling, he removes the chick from his shirt pocket and drops it gently into the nest beside another fledgling. 　　He rubs the top of the chick's head with his index finger. Mohammed wiggles his finger like a worm and taps a chick's open beak. Smiling, he slowly lowers his hand.	的长度，手指顺着平滑的树枝一直探索向上，试图寻找树枝盘结的交叉点。 　　在他的头顶上方，他的手指触摸到了一团编织紧密的枝条——这就是鸟儿的小窝，才比穆罕默德的巴掌大一点点。 　　他微笑着，将雏鸟从衬衫口袋中掏出来，轻轻地放入鸟窝中，放在另一只小鸟的身边。 　　他用食指轻轻搓揉雏鸟的脑袋，又像蠕动的虫子一样扭动着手指，轻轻地逗弄着窝里的两只小鸟。 　　穆罕默德微笑着慢慢放下了手。	

马　卫

附录四　有爱，就没有障碍①

　　我的笔拙，画不出宏伟画卷，谱不出壮丽乐章。我只想写写上海为盲人服务的无障碍电影公益之事和公益之人。

　　你在街面上，在公共场所很少见到盲人，但是在上海，有户籍的持证视障人有9万多人，加上没有办证和流动人口中的视障者，超过16万人。他们或者失明后告别了电影，或者从来没有看见过电影。当电影已经成为人们文化娱乐的重要组成部分时，盲人们也希望有机会走进广阔五彩的电影天地。于是，无障碍电影诞生了。

　　所谓无障碍电影，就是在电影放映时，由解说人员利用电影对白、旁白的间隙，对影片的画面、人物、情节以及内涵进行描述解说，帮助盲人们扫除障碍，欣赏电影艺术。

　　上海无障碍电影的起步在国内不是最早，但是加速较快，发展均衡持久。

　　2007年春节后的一天，闵行区江川街道活动室，一位叫王世杰的老人举着话筒，为一屋子的盲人讲解电影《三峡好人》，简单

---

　　①　此文在上海作家协会、文汇报社主办的"爱我中华"庆祝新中国成立70周年征文中获得三等奖，并刊载于《文汇报》2019年10月27日第四版。

爱心之举，成为上海无障碍电影的滥觞；

2008年的秋天，曾长期从事电影工作的蒋鸿源将描绘电影《非诚勿扰》画面与剧情的解说声音刻录进电影光盘，制作成第一部无障碍电影DVD，发放到社区供盲人欣赏；

2012年，上海市残疾人联合会联手国泰电影院推出全国首家无障碍电影专场，至2013年全市各区均有商业影院每月定期选一部新片开专场，由市广播电视系统志愿者做现场解说；

2013年，上海人大常委会将无障碍电影活动列入了修订后的《上海市实施〈中华人民共和国残疾人保障法〉办法》，无障碍电影开始得到立法机构的关注和倡导；

2016年，"上海光影之声无障碍电影文化发展中心"成立，吸引了一大批志愿人士，撰写解说脚本，录音制作合成，每年制作50部以上数字化无障碍电影作品，重点解决乡镇社区视障人群欣赏电影的需求。

在上海，无障碍电影日活动已经成为每年的标配，撰稿研讨、中外交流、志愿者培训也间或开展。

多年来，作为志愿者队伍的一员，我目睹了无障碍电影发展中所遇到的种种困难，更见证了无障碍电影人的热情与韧性，他们打破障碍，心系盲人，用文字留住画面，以言语重塑光影，推动着无障碍电影公益事业的风雨前行。

相比新中国70周年，上海无障碍电影的12年是短暂的，但对于视障人群来说，却是珍贵的一轮岁月：文化生活丰富了，"看"电影的梦想实现了，融入社会的渠道多了一条。一位无障碍电影公益人感慨道，盲人们未必真正听懂了电影，可是他们在意有人在乎他们，珍惜有人愿意与他们分享。后天致盲的黄女士是无障碍电影影迷，每月都从郊区赶到市区欣赏无障碍电影。她说："原来我们一般不出门，很多盲人在网上聊天，几年十几年都没有碰过面。无障碍电影放映以来，大家都会借此相约相聚。"

无障碍电影从一个侧面体现了一个城市对弱势群体的温度。上海的无障碍电影公益服务已经成为文化助残的金色品牌。2019 年 5 月 16 日，在第六次全国自强模范暨助残先进表彰大会上，上海广播电视台无障碍电影公益解说团队获得"全国助残先进集体"荣誉称号。

对于众多志愿者而言，这是一个"予人玫瑰，手有余香"的美好实践。SMG 主持人、解说志愿者何卿曾经说起这样一件事。有一次她在影院解说完毕，收拾东西准备离开，发现许多盲人在她旁边排起了队，起初以为是通常的要签名、拍合影，没有想到大家是要摸摸她的脸庞，以表达感激。何卿惊讶中被感动，感动中催生了坚守。公益只是拂面风，灵魂才是目的地。

也许我所描述的并不惊艳动人，但这应当是新时代宏伟画卷中的一笔，应当是中华民族伟大复兴壮丽篇章中的一节。

也许，读到此文的朋友对无障碍电影是陌生的，但你一定认同，我们伟大的祖国正是在克服各种障碍中不断前进、更加伟大；每个人的人生也是在克服障碍中成长成熟，在助人克服障碍中更加丰富而美丽。

爱我中华，让我们从克服障碍，向上向善的一点一滴做起！

马 卫

附录五 美在真实 美在立体 美在力量——纪录电影《盲行者》观后①

2018年6月19日,在上海影城7号放映厅,由韩轶导演,曹晟康主演的纪录电影《盲行者》在上海国际电影节首映。主人公曹晟康的故事打动了我,打动了在场的所有观众。

影片真实地反映了盲人按摩师的人生经历。曹晟康孩提时代因车祸致盲,后来遭家人鄙夷,与妻子离婚。他用梦想与毅力挑战社会的歧视与偏见,靠自己的双手,不但养活了自己,养大了女儿,还帮家中盖起了楼房,竟然靠几句简单英语,独自游历了六大洲的34个国家,成为我国第一位周游世界的盲人,甚至在纽约的中国城开了一家自己的按摩店。

好的纪录片一定是美的,《盲行者》即是!

美在真实。影片真实地展示了盲人的境遇,可谓步步惊心,处处艰难。在社会上,可见到的盲人很少,而了解他们,特别是了解他们内心的人则更少。影片《盲行者》带领观众走进了盲人曹晟康的世界。镜头是如此客观,登长城时他靠手摸城墙感受;参

---

① 本文获第二十二届上海国际电影节和2018年上海市民文化节共同举办的"电影中的真善美"市民征文活动"佳作奖"。

观海洋馆时茫然追问鱼在哪里;走在斑马线上,车辆疾驶并不避让;盲人朋友的老婆还是花钱买的;与按摩店老板的讨薪争执更是让人动容扎心。影片还带领我们走进曹晟康的内心世界,亲人的鄙夷激起了他的自立要强,女儿的疏离让他内心矛盾痛苦,追求"梦想"、努力坚守的不易,等等。镜头后面的韩轶始终冷静客观。就像她在接受凤凰娱乐采访时所说,"我是一个导演,我最大的责任是把他的故事真实地还原出来,展示他在里面呈现的所有状态。"说实在的,影片给观众的视像和感觉并不美,但的确真实。难怪此片又名《不完美的精彩》。当你走出影院回味时,美的意味悄悄升华。一个盲人能够受到点点滴滴温情给予,这就是美;一个 17 岁时绝望到在大树下挽好绳圈准备了结的残疾人,经过奋斗成为中国盲人周游世界第一人,这就是美;一个走向世界的盲行铁汉,还有着回报娘恩、抚养女儿的柔情与担当,这就是美!

美在立体。韩轶跟拍六年,积累了 400 小时的丰富素材,创作出了一部有着立体感的作品。社会是立体的,良善晴天之下有丑行污浊;人物是立体的,既有行走世界的豪情,也有故乡难回的隐痛;导演的表达更是立体的,从初始拍摄曹晟康生活旅行的轨迹,到探寻他之所以旅行跋涉不停的内心动因,后来甚至希望在作品中更多地探讨人性的复杂。6 年的孕育等待是寂寞的,但是导演韩轶用她题材独特、内涵丰富的作品,实现了等待的目的。

美在力量。影片着力外化这个与众不同的盲人不屈从命运的力量。曹晟康认为,我不比健全人差! 他宣布:按摩是我的工作,但不是我的梦想。他的梦想是做中国第一位周游世界的盲人! 于是,镜头带领我们跳出了他的小环境,跟随他走向了大世界：泰国、印度、美利坚……！

当下有一句很流行的话，这个世界抛弃你的时候，连看都不看你一眼。而老曹却不信这个邪。在海边，他大声宣布，我看不到一望无际的大海，我要让大海看到我！曹晟康的器官是残缺的，生活是残缺的，甚至他的性格也有缺陷，有那么点偏激而狭隘。但是，在这个世界，他的精神力量却没有缺席！以梦为马，体现价值，启迪人生。其实，导演韩轶拍摄这部影片的真正意向并非仅在于关注曹晟康6年间的行走足迹。她认为，"这不仅是一部关于特殊人群的影片，其中的人生选题、家庭关系乃至活着的意义，是所有人都会面对的问题。"于是影片主旨有了哲学的意味。影片一定触动了许多观众曾有过而未言表的"挟泰山以超北海"的壮怀雄心，只不过影片将曹晟康的所想所做所胜展示了出来。影片给观众的激励和升华不言而喻。

真实之美让影片具有生命力，立体之美让影片富于启示力，力量之美则让影片充满正能量。一部人物纪录电影，"三美"在身，夫复何求！

最后，需要特别提到的是，6月25日，在制片方的大力支持下，本届电影节参展竞赛影片《盲行者》，在上海首家挂牌的无障碍影院国泰电影院举办了盲人无障碍版公益放映。放映前，影片主人公曹晟康、导演韩轶、制片人柯文思等主创人员专程前来与200余名盲人朋友见面。韩轶还亲自参与了现场解说。这是我国电影史上第一次视障群体参与国际电影节，必将成为体现上海国际电影节奉行的"国际性、专业性、惠民性"办节主旨的真实案例。放映结束，清秀和善的80后导演韩轶与视障朋友热烈交流、频频合影。她告诉采访媒体，尽管《盲行者》不是仅仅关注弱势的盲人群体，但她还是被现场热情簇拥的视障朋友所深深感动，她希望自己能够做得更多。

影片之外,美在延伸。这可否算第四美?

马　卫

于上海虹桥

二〇一八年六月二十六日

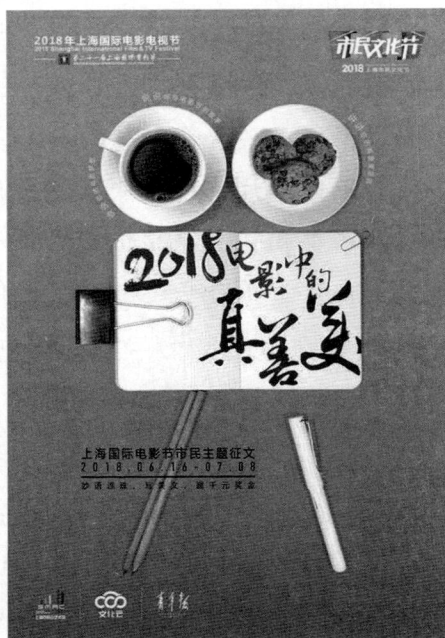

图 94　2018 年上海国际电影节获奖影评揭晓

附录六　无障碍电影解说稿
撰写规范(试行)提纲[①]

服务于视障人士的"无障碍电影"是指:用准确精练的文字,对电影中没有对白的画面加以恰当的表述,并进行解说配音,从而帮助视障观众无障碍地理解欣赏的电影。

为了给来自社会各界的撰稿者提供一个便于遵循的标准,保证无障碍电影解说稿的基本质量,特制订本规范。

1. 基本规范

1.1. 准确

1.1.1. 准确表述画面内容、与情节相关的人物关系、事件背景、时间地点等

1.1.2. 保持内容完整

1.2. 客观

1.2.1. 写眼中所见而非心中所感

1.2.2. 不对片中人物、事件做评论

1.2.3. 不推测片中人物的心理

2. 文字表述规范

---

① 　发布于 2018 年 6 月。

311

2.1. 表述规范

2.1.1. 解说尽可能与画面同步

2.1.2. 从观众感知角度表述

2.2. 文字运用规范

2.2.1. 表意贴切、具体明确

2.2.2. 明白易懂,避免使用不容易听懂的小众化用语和文言词语

2.2.3. 指代明确

2.2.4. 避免歧义

3. 字数规范

3.1. 每一段解说词的字数与可解说时间要匹配

3.2. 如果画面节奏较快,内容较多,可使用概述来控制字数

3.3. 如果画面节奏较慢,则要在细致观察的基础上写出画面细节来控制字数

4. 解说词与对白、音乐、音效的关系处理规范

4.1. 解说词与对白

原则上不能覆盖对白。

4.2. 解说词与音乐、音效

4.2.1. 适当保留主题曲

4.2.2. 适当保留一些重要的音效和背景音乐

5. 特定内容的表述规范

5.1. 片名

5.2. 非对白字幕

5.2.1. 片头介绍制作单位等内容的字幕

利用片头字幕播放时间做必要的解说。

5.2.2. 片中介绍人物身份和时间地点等的字幕

5.2.2.1. 单独解说

5.2.2.2. 嵌入解说词中

5.2.3. 片头片尾介绍故事背景等内容的字幕

照录为解说词。

5.3. 非字幕的银幕文字，如伴随情节出现的重要的短信、微信、书信、日记等，写清载体和内容

5.4. 非普通话对白

非普通话对白包括外语对白、少数民族语言对白和难以听懂的方言对白。

5.4.1. 直接解说

5.4.2. 融入解说词中

5.5. 片中人物出场时的称呼

5.5.1. 使用代称

5.5.2. 直接给出其姓名身份

5.6. 镜头语言表达和画面切换提示

5.6.1. 镜头语言表达

应准确、通俗、明白。如用"俯拍""仰拍""航拍""推近""拉远""特写"等。

5.6.2. 画面切换提示

5.6.2.1. 画面切换可以用"画面转（跳、切换、回）到"等加以提示，也可以直接写切换后的人物、地点或场景

5.6.2.2. 对于回忆、梦境等画面，必须提示

5.7. 电影中的色彩

遇到与情节相关而需要写明的色彩，照实描写。

5.8. 电影中涉及暴力和性的画面

不刻意回避也不着意渲染，客观地择要表述。

6. 格式规范

解说稿必须符合本中心制定的格式规范。

上海光影之声无障碍影视文化发展中心

参 考 文 献

一、图书

[德]维尔纳·法尔史提希:《电影分析基础教程》,唐媛媛译,世界图书出版公司 2016 年版

[法]米歇尔·福柯等:《宽忍的灰色黎明》,李洋选编,李洋等译,河南大学出版社 2014 年版

[法]雅克·奥蒙、[法]米歇尔·玛丽、[法]阿兰·贝尔卡拉等:《现代电影美学》,崔君衍译,中国电影出版社 2016 年版

[美]保罗·齐特里克:《好剧本是改出来的》,周舟译,北京联合出版公司 2016 年版

[美]吉姆·派珀:《看电影的门道》,北京联合出版公司 2016 年版

[美]诺曼·荷林:《引人入胜的策略——影片建构教程》,胡东雁译,复旦大学出版社 2017 年版

[美]帕蒂·贝兰托尼:《不懂色彩 不看电影——视觉化叙事中色彩的力量》,吴泽源译,世界图书出版公司 2014 年版

[美]托马斯·福斯特:《如何欣赏一部电影》,沈悦译,南海出版公司 2018 年版

〔美〕亚历克斯·爱泼斯坦:《编剧的策略》(修订版),贾志杰、季英凡译,四川人民出版社 2018 年版

〔美〕约瑟夫·M.博格斯、〔美〕丹尼斯·W.皮特里:《看电影的艺术》,北京大学出版社 2010 年版

〔英〕吉莉恩·罗斯:《观看的方法——如何解读视觉材料》,肖伟胜译,重庆大学出版社 2017 年版

卜佳俊、戴连君、唐李真:《无障碍与信息技术》,辽宁人民出版社 2019 年版

段培君等:《无障碍国家战略》,辽宁人民出版社 2019 年版

龚金平:《光影之魅——电影鉴赏的方法与实践》,复旦大学出版社 2016 年版

贾磊磊:《什么是好电影——从语言形式到文化价值的多元阐释》(修订本),中国电影出版社 2015 年版

李东晓:《看见听见——影视媒体的无障碍电影传播研究》,浙江大学出版社 2013 年版

李杰:《分镜头脚本设计教程》,中国青年出版社 2018 年版

李力:《万物有色——电影色彩语言研究》,中国传媒大学出版社 2017 年版

梁明、李力:《电影色彩学》,北京大学出版社 2018 年版

梁明、李力:《镜头在说话——电影造型语言分析》,世界图书出版公司·后浪出版公司 2010 年版

林黎胜:《时间与视点——中国电影的叙事研究》,中国电影出版社 2017 年版

王竞:《纪录片创作六讲》(修订版),北京联合出版公司 2016 年版

徐婉珊著、香港盲人辅导会策划:《连接两个世界的声音——香港口述影像十年》,香港三联书店 2019 年版

尤红斌、王玉明主编:《电影美学——史学重述与文化建构》,上海三联书店 2010 年版

赵雅丽:《言语世界中的流动光影——口述影像的理论构建》,台湾五南图书出版股份有限公司 2002 年版

郑功成主编:《中国残疾人事业研究报告(2018)》,社会科学文献出版社 2018 年版

郑世彦:《我看电影心理学》,广西师范大学出版社 2018 年版

中国残疾人联合会编:《中国残疾人事业统计年鉴(2018)》,中国统计出版社 2018 年版

二、期刊、报刊、网络文章

〔比利时〕Aline Remael:《从视听翻译到无障碍传播:实时字幕、口述影像与声音字幕》,丁方舟译,《浙江传媒学院学报》第 21 卷第 4 期,2014 年 8 月

《"光明影院"首获国际电影节公益大奖》,微信公众号"中传新闻传播学部"推送文章,2019 年 12 月 10 日

《〈无问西东〉——2018 年中国电影的动人开场白》,《文汇报》2018 年 1 月 24 日

《Hi 中国人|心目影院》,中国网 2017 年 12 月 20 日

《关灯拆电影:从同评观影到互联网电影》,搜狐网·上海采风,2017 年 4 月 12 日

《吕世明:依法提升无障碍设计与设施高标准高质量》,载《华夏时报》,新浪财经 2019 年 3 月 16 日

《暖心,在这里用耳朵"看"电影》,微信公众号"上海发布"推送文章,2019 年 6 月 28 日

《全国人大代表贾樟柯呼吁发展无障碍电影事业》,人民网

2019 年 3 月 15 日

《全职口述影像员　香港仅一人》,《大公报》2018 年 10 月 14 日

《日本影院为视听障碍者提供设备支持》,中国社会科学网 2016 年 3 月 14 日

《视障人士的电影院——"心目影院"在京息影,整装再出发》,新浪网 2018 年 5 月 27 日

《为黑暗带来一点光明,一位古稀老人 12 年的坚持》,微信公众号"上海市残疾人联合会"推送文章,2018 年 7 月 31 日

《张艺谋谈科幻电影:讲的永远是人的故事和情感》,中国新闻网 2014 年 6 月 12 日

曾广昌:《无障碍电影在发展》,《电影评介》2012 年第 9 期

程晓筼:《让视障人士享受电影,"至爱影院"上海启动》,澎湃新闻 2019 年 11 月 28 日

崔君衍:《电影心理学的若干问题——西方现代心理学怎样解释电影》,《电影文学》1986 年第 8 期

邓婉晴:《意识口述影像　盲人如何看电影》,《街报》2016 年 3 月 31 日

刘芯邑:《在"心目影院"触摸色彩》,《民生周刊》2013 年第 23 期

罗馨儿:《用不断革新的影像语言描摹人性的幽微和时代的辽阔——改革开放 40 周年最具有影响力的 20 部国产影片》,《文汇报》2018 年 12 月 15 日

马波:《普及型无障碍电影推广模式》,《中国新闻出版广电报》2015 年 9 月 10 日

马波:《浅议无障碍电影》,《当代电视》2016 年第 5 期

马波:《无障碍电影的艺术特色和二度创作》,《中国残疾人》

2016 年第 2 期

潘祥辉、李东晓:《绘声绘色:中国无障碍电影的发展及展望》,《浙江学刊》2013 年第 4 期

潘祥辉、李东晓:《视听障碍人群信息汲取的传播研究》,《重庆社会科学》2011 年第 9 期

钱好:《如果没有美感,文学翻译还能算文学么》,《文汇报》2018 年 12 月 7 日

阙政:《盲人也能"看"电影了》,《新民周刊》2017 年 1 月,总第 924 期

王一萍:《用镜头记录下的旅途故事》,《新民晚报》2017 年 11 月 11 日

魏骅:《新华调查:探访北京为盲人讲电影的"心目影院"》,新华网 2008 年 9 月 10 日

吴宗艺、谢桢桢:《中国视障口述影像的发展现状与大陆推广》,《新闻研究导刊》2015 年 10 月

徐剑梅:《时代给了你机遇,要对得起这个命运 本报记者在波士顿专访张艺谋》,《新华每日电讯》2018 年 6 月 1 日

鄢秀、罗康特:《新时代的翻译研究:口述影像理论与实践的重要性》,《东方翻译》2019 年第 4 期

杨永春、杨一苗:《中国电影要在传统文化基础上借鉴创新——访〈南方车站的聚会〉导演刁亦男》,《新华每日电讯》2019 年 5 月 20 日

姚丽萍:《上海市人大代表王秋月:让无障碍电影真正"无障碍"》,《新民晚报》2020 年 1 月 5 日

张鹏:《14 年他帮助 2 万盲人"看"电影》,《北京青年报》2018 年 12 月 24 日

张艺谋:《就拍这块土——〈黄土地〉摄影体会》,《电影艺术》

1985 年第 5 期

赵雅丽:《口述影像研究——语言世界的秘密后花园》,《中华传播学刊》2002 年 12 月

赵雅丽:《口述影像——一个翻译与再现观点的对话》,《新闻学研究》2002 年第 20 期

赵雅丽:《视障学生对口述影像卡通电影理解机制之研究》,《广播与电视》2003 年 7 月

周瑛、顾朝兵:《我国盲人信息获取障碍问题研究》,《现代情报》2014 年第 7 期

朱俊溢:《口述影像——视障者在光影世界中行走的秘密》,黑龙江残疾人福利基金会网站,2019 年 3 月 11 日

三、内部资料

北京市红丹丹视障文化服务中心编:《视觉讲述手册——电影讲述》,内部资料,2015 年

上海光影之声无障碍影视文化发展中心:《无障碍电影解说稿撰写规范(试行)》,内部资料,2018 年

于江:《无障碍电影解说词撰写基础》,内部资料

后　记

写这本书,因为知道很难,所以我用了三年的时间来决定。

这难后来都一件一件地兑现了,预见到的和没有预见到的。

但是,我还是坚持了下来,这本书终于付印。

此书的标题有过几次修改,从《为黑暗世界重塑光影——无障碍电影向善向美之路》,再到《你所不知道的电影讲述——无障碍电影向善向美之路》,到目前的《无障碍电影——向善向美之路》,唯一不变的是向善向美,这是无障碍电影发展的必由之路,也是我内心的认同和坚守。

从事无障碍电影,只有秉持向善之心,才能追寻艺术之美;也只有对电影艺术之美、无障碍表达之美锲而不舍,才能真正实现向善的初心。

用了三年的时间,我完成了心愿,交上了作业。这期间亦苦亦甜,况味自知。

退休以后,我曾经的同事,我的朋友们过着各种各样花式退休生活。而我乐在书卷中游览,在陌生的路途上奔走,在无障碍电影世界探索。多少次,凌晨四五点钟,我站在窗前,近处的楼房几无灯光,城市睡意尤酣。但是,远处的徐家汇方向总是灯火辉映层云,显露城市生机。再往远看,东方甫亮,便有红日跃出,令人充满信心。

每当书写陷入焦灼苦闷，我喜欢播放盲人歌手萧煌奇的歌《你是我的眼》，当唱到高亢之处"因为你是我的眼，让我看见了这个世界就在我眼前"，内心总能获得灵感和力量。

我更愿回忆和感谢那些暖意与援手，足以令我忘记被浇淋的冷水和轻慢偏见。

感谢上海无障碍电影先行者王世杰、蒋鸿源，让我更多更深入地了解无障碍电影；感谢上海光影之声团队的韩颖、于江，给了我精神力量和实践交流机缘；感谢上海广播电视台无障碍电影解说志愿者团队曲大鹏，提供了许多参与无障碍电影活动的机会；感谢上海市残疾人联合会宣文体处孙献忠处长，不吝指教和尽力支持；感谢曾经的出版人沈美新先生，为本书内容架构出谋划策；感谢无障碍电影身体力行者、上海电影评论学会黄一庆秘书长，既提供资料，又鼎力支持本书出版；感谢国泰电影院的张欣妮书记，为了我要的一张具有历史意义的"无障碍电影院"牌匾照片，疫情期间翻腾仓库；感谢西班牙朋友，口述影像研究者董琳娜博士，为我提供域外信息，与我交流研究心得；还要感谢本书的编辑张晓玲和张晓婷两位女士，把一个新鲜而生涩的课题，编辑得如此优美可读。

特别要感谢素不相识的复旦大学教授周斌老师，作为影视艺术理论研究方面的权威，我曾经忐忑地给他发了一封邮件，讲述写作此书的缘由和主要内容，并附上了详细目录，希望听到专家的意见。原以为大概率会石沉大海，未曾想很快收到周教授的回邮，给予热情肯定和鼓励，让我有信心完成全书。还要感谢上海大学上海电影学院教授刘海波，我们之间原本并无交集，但是作为上海电影评论学会副会长，刘教授欣然提笔为会员写下书序。令人仰止的师德风范，流芳不止于校园。

　　纸短意长,还有许多师友的名字,在书中或许没有提到,但是他们的点滴相助,都会永记吾心。

　　正是有了这些师长和同道,让我在研究和写作过程中,更多看到社会对无障碍电影的理解支持,更加关注无障碍电影人的艰难坚韧,更加享受与众人交流互动的快乐。

　　虽然书中大部分照片为本人拍摄,但是在此对提供图片的朋友和采用网上图片的相关方表示衷心感谢。

　　最后,要感谢我的太太,是她的鼎力支持,解除了我的后顾之忧。

　　这一切充分表明,无障碍电影的向善向美之路,正是由无数热爱支持她的人们所开拓,所铺就。而我只是一个连接点,一位发声者,一块铺路石。

　　明天,明天的明天,我还将反思这本书,当然不会再用三年。

　　与一群志同道合的朋友,一起奔跑在无障碍电影从现实走向理想的道路上,回头有一路的故事,低头有坚定的脚印,抬头有清晰的远方。

　　我的反思,是为了今后更加清晰的远方。

　　收笔之日,不期高赞,只愿俯身甘做前浪。我们需要后浪,我们呼唤后浪,我们希望在同一条奔涌的河流!

马　卫

于上海虹桥

图书在版编目(CIP)数据

无障碍电影:向善向美之路/马卫著.—上海:
上海人民出版社,2020
ISBN 978-7-208-16725-4

Ⅰ.①无… Ⅱ.①马… Ⅲ.①视觉障碍-残疾人-电
影放映-社会服务-研究-中国 Ⅳ.①D669.69 ②J943

中国版本图书馆 CIP 数据核字(2020)第 188790 号

责任编辑 张晓玲 张晓婷
封面设计 一本好书

无障碍电影
——向善向美之路
马 卫 著

出 版 上海人民出版社
(200001 上海福建中路 193 号)
发 行 上海人民出版社发行中心
印 刷 常熟市新骅印刷有限公司
开 本 720×1000 1/16
印 张 21.25
插 页 10
字 数 243,000
版 次 2020 年 11 月第 1 版
印 次 2020 年 11 月第 1 次印刷
ISBN 978-7-208-16725-4/J·585
定 价 88.00 元